湖南省高校人文社科重点基地"近现代中国翻译

MTI翻译

教学的多元探索

Case Studies of Translation Teaching for MTI

◉ 王慧 禹玲 著

辽宁大学出版社 沈阳
Liaoning University Press

图书在版编目（CIP）数据

MTI翻译教学的多元探索/王慧，禹玲著. --沈阳：
辽宁大学出版社，2024.7
ISBN 978-7-5698-1553-5

Ⅰ.①M… Ⅱ.①王…②禹… Ⅲ.①英语－翻译－教学研究－研究生教育 Ⅳ.①H315.9

中国国家版本馆 CIP 数据核字（2024）第 073707 号

MTI 翻译教学的多元探索
MTI FANYI JIAOXUE DE DUOYUAN TANSUO

出 版 者：辽宁大学出版社有限责任公司
　　　　　（地址：沈阳市皇姑区崇山中路66号　　邮政编码：110036）
印 刷 者：鞍山新民进电脑印刷有限公司
发 行 者：辽宁大学出版社有限责任公司
幅面尺寸：170mm×240mm
印　　张：18
字　　数：325 千字
出版时间：2024 年 7 月第 1 版
印刷时间：2024 年 7 月第 1 次印刷
责任编辑：李天泽
封面设计：高梦琦
责任校对：田苗妙

书　　号：ISBN 978-7-5698-1553-5
定　　价：88.00 元

联系电话：024-86864613
邮购热线：024-86830665
网　　址：http://press.lnu.edu.cn

前　　言

在经济全球化趋势日益加剧、中国的经济社会飞速发展、中国在国际舞台上发挥着越来越重要作用的背景下，我国的外语教育面临前所未有的机遇与挑战。习近平总书记在 2021 年 9 月 25 日给北外老教授的回信中说："深化中外交流，增进各国人民友谊，推动构建人类命运共同体，讲好中国故事，需要大批外语人才，外语院校大有可为……努力培养更多有家国情怀、有全球视野、有专业本领的复合型人才，在推动中国更好走向世界，世界更好了解中国上作出新的贡献。"新时代的外语教育要主动服务于国家参与全球治理和民族复兴的伟大事业，站在提升中国软实力的政治高度，努力培养更多国家亟需的高层次翻译人才。

湖南科技大学外国语学院自 2010 年获得翻译硕士（MTI）专业学位授予权以来，一直致力于培养适应我国经济、文化、社会建设需要的高层次、应用型笔译专业人才；注重培养具有扎实专业素养和语言能力以及优秀道德品质的专门人才；注重兼顾人才培养的实践性与学术性，力求达到"学"与"术"的统一。经过十余年的摸索，学院在翻译教学方面积累了丰富的经验。

《MTI 翻译教学的多元探索》是在观察课堂教学的基础之上，以理论为指导，对翻译教学的规律进行的经验总结。主要围绕如下五个中心：一是如何通过翻译教学，有效提高 MTI 学生的翻译能力，包括"中译英""英译中"，以及笔译和口译的能力；二是如何提高学生的理论素养，运用理论知识来指导实践，促进翻译水平的提高；三是如何将课程思政融入翻译教学，实现"立德树人"的根本任务；四是如何采用新兴的教学方法，改进传统课堂，体现"以学生为中心"的教学理念；五是如何运用网络和多媒体设备等现代化的教学媒介来辅助教学。

本书中案例所涉的教学内容丰富，包括小说和散文等文学文本的翻译，也涉及经贸、新闻、商务、娱乐等应用文本的翻译，主题涵盖文学、经济、中国传统文化、西方文化等方面的内容。本书可以为基础笔译、基础口译、文学翻译与赏析、中国经典文化外译、英汉经贸翻译、外宣资料翻译、跨文化交际与翻译等MTI课程的教学提供借鉴，也可以为英语专业学科英语的教学提供案例。

此案例集是我们对过去经验的总结，希望在此基础上，能进一步探索，与时俱进，不断增长人才培养的经验；也希望能抛砖引玉，在MTI的教学方面引发更多的思考。

王　慧

2023 年 11 月 28 日于湘潭雨湖

目　　录

案例一 立德树人导向下《论语》中"仁"字的翻译教学①②

摘 要：《论语》作为中国传统文学的代表，其翻译历来受到中外学者的广泛关注。其中，"仁"是《论语》的核心词汇，承载着孔子学说的中心思想。"仁"字的翻译是《论语》翻译的核心问题。Y 老师的"《论语》中'仁'字的翻译"一课，采用问题链教学模式，坚持以问题为导向，从课堂导入、译本分析、翻译实践、翻译总结等四个教学环节入手，引导学生掌握《论语》中"仁"字的翻译方法与原则，同时辅以品德教育，以适应教育"立德树人"的根本任务和国际交流的需要。

关键词：问题链教学模式；"仁"字翻译；《论语》

Fostering Virtue：Translation of the Character of "Ren" in The Analects of Confucius

Abstract：As the representative work of Chinese traditional culture，the Analects of Confucius and its translation have always been widely studied by Chinese and foreign scholars. "Ren" is not only the core word in the Analects of Confucius，but also the central idea of Confucian theory. Therefore，how to translate the word "Ren" needs to be focused on. In the lesson of "Translation of the Character of 'Ren' in The Analects of Confucius"，question chain teaching method is applied，with question-orientated model，which guides students to master the translation

---

① **作者简介：**杨烨，女，湖南常德人，湖南科技大学外国语学院英语笔译专业研究生；王慧，女，湖南科技大学外国语学院副教授，硕士生导师。
② **编制说明：**按照调研学习及当事人的要求，作者对案例所涉及的学校名称、人员及相关数据，做了必要的掩饰性处理；本案例仅供教学之用，无意提倡或暗示某种管理理念、方法或体制比其他的理念、方法或体制更为有效或合理。

methods and principles of the word *"Ren"* in *the Analects of Confucius* from the four teaching steps of introduction, examples analysis, translation practice and summary, and is supplemented with moral education to fullfill the fundamental task of "fostering virtue" education in China and meet the needs of international exchanges.

　　Key words：Task-based learning method；translation of *"Ren"*；*the Analects of Confucius*

一、背景信息

　　"仁"是孔子思想的核心，体现了《论语》思想体系的关键要义。作为儒学术语和所有道德的总和，"仁"字的理解和翻译多种多样。但由于中西方文化及语言的差异造成其翻译的困境。例如，同一术语的翻译版本众多，概念表述不完整，文化内涵的丧失，甚至是误读误译等。这些翻译问题多源于儒学典籍在外译的过程中不断地被译者诠释、解读、构建、改写，甚至是挪用和歪曲。儒学术语的重要地位也显示了儒学术语的翻译与当前中华文化传播的密切关系。因此，本教学案例以"仁"字的翻译为例，探讨如何引导学生正确处理术语的翻译，以达到翻译的最佳效果。

　　立德树人是教育的根本任务，是高校的立身之本。习近平总书记在党的二十大报告中指出"全面贯彻党的教育方针，落实立德树人根本任务，培养德智体美劳全面发展的社会主义建设者和接班人"，① 明确了新时代人才培养的任务和使命。实现英语翻译课程与思政要素的教育协同，使学生在潜移默化中受到思想的丰厚滋养，实现立德树人的润物无声，能够为立德树人根本任务的落实提供重要保障。

　　本案例来自 Y 老师给 2022 级 MTI 学生上的一堂翻译实践课，该班共有学生 19 名，学生在本科阶段基本上修的是英语专业，基础较好。课程内容是"《论语》中'仁'字的翻译"，主要包括课堂导入、译本分析、翻译实践和翻译总结四个环节。本课运用问题链教学模式，通过层层递进的问题将课堂分为四个环节：第一步，互相分享信息，激发学生的兴趣，帮助

---

　　① 习近平. 高举中国特色社会主义伟大旗帜，为全面建设社会主义现代化国家而团结奋斗 [N]. 人民日报，2022—10—26，(01).

学生明确学习目标。第二步，带领学生进行译本对比分析。第三步，学生分组进行有关翻译实践，开展师生问答互动，并进行互评等环节。第四步，教师与学生共同反思，教师布置课后作业。同时，教师从立德树人重要论述的三个核心要义出发，即"培养担当民族复兴大任的时代新人，全方位多要素协同育人，为党育人、为国育才"，① 培养具有文化自信、勇于担当的学生，使学生在具备国际视野的同时，具备传播中国文化的能力。

Y 老师在教学的创新性主要体现在：一是将翻译教学与思政教育结合，以立德树人为导向，谨遵其三个核心要义，以英语为媒介深入学习中国传统经典名著及其蕴涵的思想观念、人文精神、道德规范，培养具有中国传统文化知识和道德素养的学生，进一步落实教育促进人的全面发展的目标；二是采用问题链教学模式展开教学，尊重学生的主体地位，将课堂细分为多个问题链，多方位推动学生学习，提高学生学习效率；三是以网络 QQ 为依托，让学生能够在课堂中高效进行译文审阅和交流，培养学生品鉴能力和沟通能力。

二、案例正文

（一）补充背景知识，初探儒学核心

上课铃声响起，22 级翻译专业的同学们坐在座位上，打开了电脑和课堂笔记本，检查自己课前整理好的资料。Y 老师面带微笑，走进教室，准备开始今天的讲课：

"同学们早上好，课前老师让同学们搜集和整理了有关《论语》的知识，有没有同学想来分享一下呢？"

听到 Y 老师的提问，同学们纷纷举起了手。

A 同学率先回答："因为《论语》是有关孔子的言论集合，所以我搜集了孔子的生平。孔子是春秋时期鲁国人，中国古代伟大的思想家、政治家，儒家学派创始人，被列为'世界十大文化名人'之首。"

C 同学继续举手回答道："《论语》共 20 篇 492 章，以语录体为主，叙事体为辅，被列为'四书'之一。"

---

① 陈旻，李燊. 新时代高校立德树人"四位一体"落实机制的整体构建探析 [J]. 北京联合大学学报，2023，（01）：13—17.

Y 老师面露赞赏，点点头说道："不错，A 同学和 C 同学总结了孔子的生平和《论语》的创作背景，老师这里也有一些资料能够帮助同学们了解《论语》。《论语》内容上以教育为主，也包括哲学、历史、政治、经济、艺术等方面的知识，从中可以看出许多当时社会政治生活的状况，看出孔子和他的弟子们的人格修养、治学态度和处世方法。"Y 老师打开了提前准备的 PPT（见图 1.1）。

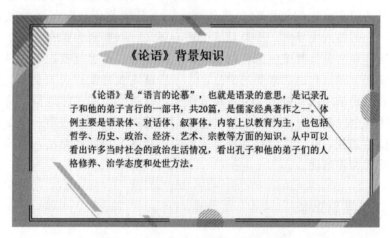

图 1.1 PPT 页面：《论语》背景知识

Y 老师说道："刚刚我们已经一起学习完了背景知识，有没有同学了解过《论语》中的高频字呢？不确定的不妨猜一猜，万一中了呢？"

同学们哈哈大笑，课堂慢慢活跃起来。

C 同学抢答："孔子的'子'字！"

大家纷纷"咦"了一声，随后笑声充满了整个教室。

Y 老师也不禁跟着笑了笑，说道："C 同学很聪明啊！不可否认这个字肯定是最高频的，大家继续加油！"

A 同学不甘示弱："'道'字。"

X 同学沉思了一下说："不知道'民'字算吗？"

Y 老师点点头，回道："'道'字和'民'字都算高频字，下表统计了《论语》的高频字，大家可以看一下。"（见图 1.2）

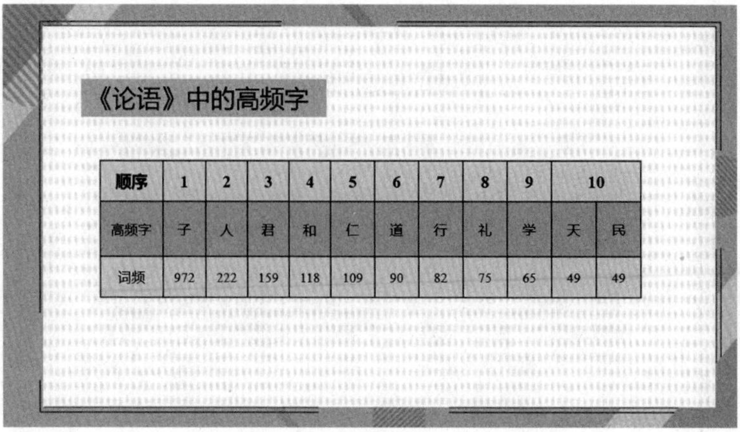

顺序	1	2	3	4	5	6	7	8	9	10	
高频字	子	人	君	和	仁	道	行	礼	学	天	民
词频	972	222	159	118	109	90	82	75	65	49	49

图 1.2　PPT 页面：《论语》中的高频字

同学们看向 PPT。Y 老师说道：“这些高频字仿佛穿珠之线，贯穿全书，我们可以称其为典籍术语。术语的处理在典籍英译中十分重要，引起了很多学者的关注。可目前的翻译现状是，有的翻译很不准确，很难让外国读者理解原文的涵义及其文化内涵。对于涉及中国文化的典籍术语，如果翻译不准确，轻则引起外国人对我们传统文化的误读，重则影响国家文化软实力的提高。所以，探讨《论语》翻译离不开对其术语翻译的研究。‘仁’字在《论语》中出现频率达 109 次，是孔子思想中的核心原则，充分反映了儒家思想价值的核心。因此这节课我们将围绕‘仁’字的英译展开学习，学习如何翻译《论语》中的‘仁’字。同学们知道孔子的仁学思想是怎样产生的吗?”

C 同学回答：“可能和当时的社会背景有关，但是具体的，我还需要查一查资料!”

A 同学答道：“我觉得可能和孔子的性格有关。”

Y 老师鼓励地笑了笑，说道：“不错，两位同学提到的原因都有一定道理，还有同学要补充吗?”

同学们面露难色，陷入思考。

Y 老师继续说道：“没有关系，老师这里给出了仁学思想产生的背景。同学们请看 PPT。”说完，Y 老师将 PPT 翻到下一页。(见图 1.3)

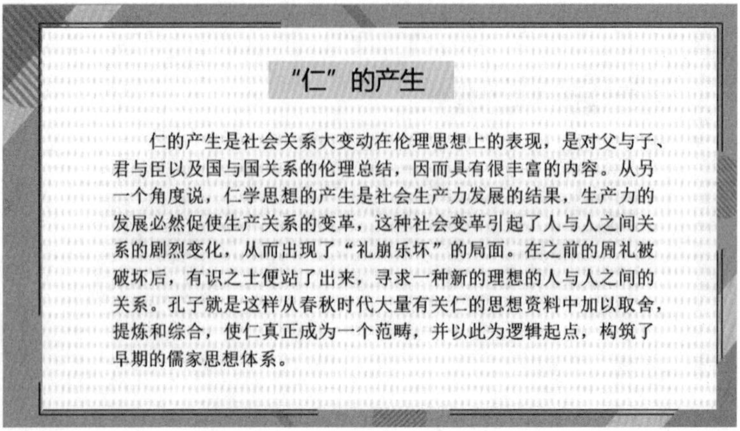

"仁"的产生

仁的产生是社会关系大变动在伦理思想上的表现，是对父与子、君与臣以及国与国关系的伦理总结，因而具有很丰富的内容。从另一个角度说，仁学思想的产生是社会生产力发展的结果，生产力的发展必然促使生产关系的变革，这种社会变革引起了人与人之间关系的剧烈变化，从而出现了"礼崩乐坏"的局面。在之前的周礼被破坏后，有识之士便站了出来，寻求一种新的理想的人与人之间的关系。孔子就是这样从春秋时代大量有关仁的思想资料中加以取舍，提炼和综合，使仁真正成为一个范畴，并以此为逻辑起点，构筑了早期的儒家思想体系。

图 1.3　PPT 页面："仁"的产生

Y 老师说："从社会时代背景的角度而言，孔子所处的是春秋时代，正是中国社会由奴隶制开始向封建社会过渡的大转变时期。仁的产生是社会关系大变动在伦理思想上的表现，是对父与子、君与臣以及国与国关系的伦理总结，因而具有很丰富的内容。同学们了解过儒学典籍英译的意义吗？"

同学们不约而同点点头，C 同学大声说道："可以对外传播中国文化！"

Y 老师说："对了，英译儒学典籍可以帮助传播中华优秀文化！如何翻译儒学典籍中的精华对宣传中国文化的影响也非常大。在当下，中国文化'走出去'需要译者积极发挥主观能动性，依据自身的文化价值观，助力中华优秀文化外宣，主动发出自己的声音，尝试构建中国话语体系。在翻译活动中，译者根据自己的文化价值观，采用音译、加注等翻译方法，力求在最大限度上表达出中国文化的内涵。我们本土译者理应为中国文化'发声'和'代言'，相信大家一定也可以做到！接下来，我们将学习《论语》中'仁'字的处理方式，在这个过程中同学们能够更加深入地意识到典籍英译的意义所在。"

　　教学评价：本教学环节以导入型问题链的形式展开。通过让学生搜集、分类并整理有关《论语》的知识，作为本课学习的知识储备。Y 老师设置层层深入的问题，将儒学背景知识作为课堂导入，比如从"《论语》中的高频字有哪些？"到"仁学思想是怎样产生的？"再到"翻译'仁'字有怎样的意义？"，以此充盈课堂内容，激发学生对知识体系的学习兴趣和研究动机。本环节的重点在于激发学生对典籍英译的学习兴趣。由于学生对内容的了解程度不同，在教学过程中，Y 老师用问答形式循序渐进导入新的知识。另外，Y 老师阐述了译者自身的文化价值观和主观能动性对典籍英译的影响，并将这一思想内化为教学环节的目标之一，即思政目标，引发学生对学习中国国学经典的兴趣，并主动承担以翻译为媒介传播儒学典籍的任务，鼓励学生坚定中国文化自信，形成自己的文化价值观，为本国文化"发声"和"代言"。

（二）译评品名家，探赜"仁"之精义

停顿片刻，Y 老师接着说道："《论语》包含着丰富的人生哲理，一直受到中外学者的关注，成为展示中华优秀传统文化的重要窗口。'仁'字作为核心思想贯穿于《论语》当中，其涵义极其丰富且寓意广泛，如何翻译不同语境中的'仁'字也成为我们学习的重难点。在学习过程中，我们首先需要研究《论语》的不同译本。同学们知道《论语》有哪些译本吗？"

Z 同学率先举手："许渊冲先生非常擅长翻译诗歌和文学经典，我读过他的《论语》译本。"

Y 老师补充道："没错，许渊冲先生出版过《论语》译本。他获得过'中国翻译文化终身成就奖'，是亚洲第一位获得'北极光'杰出文学翻译奖的翻译家。相信大家在过去的翻译学习中都曾拜读过许渊冲先生的作品。还有其他译本吗？"

D 同学小声说道："我知道辜鸿铭先生也翻译过。"

Y 老师肯定地点点头，说道："不错，辜鸿铭先生是我国有名的翻译大家，热衷于向西方人宣传东方的文化和精神。西方人曾流传一句话：到中国可以不看三大殿，不可不看辜鸿铭。以上提到的都是咱们中国的译者，同学们有没有了解翻译过《论语》的外国译者呢？"

听到老师的询问，有的同学摇摇头，有的用平板和电脑搜索起来。D 同学说道："前段时间我去图书馆的时候见到过韦利翻译的版本，但是还没来得及细看。"

Y 老师点点头，然后补充道："同学们对于中国典籍的翻译可能了解还不够深入。韦利主要研究东方学与中国学，并致力于把中国古典名著翻译成英文。后面的课堂学习中我们也会接触到不少他的译本，感兴趣的同学可以课后多研究他的译本。"

说完 Y 老师在多媒体课件中列出了主要的《论语》英译本。（见表1.1、表1.2）

表 1.1　《论语》国外主要译本

国外主要译本			
序号	作者	书名	出版时间
1	James Legge 理雅各	*The Philosophy of Confucius*	1861
2	Arthur Waley 亚瑟·韦利	*The Analects*	1938
3	Ezra Pound 庞德	*Confucian Analects*	1956
4	Roger T. Ames 安乐哲	*The Analects of Confucius*	1988
5	Charles Muller 查尔斯·穆勒	*The Analects of Confucius*	1990

表 1.2　《论语》国内主要译本

国内主要译本			
序号	作者	书名	出版时间
1	辜鸿铭	*The Analects of Confucius*	1898
2	林语堂	*The Wisdom of Confucius*	1938
3	刘殿爵	*Confucius：The Analects*	1979
4	许渊冲	*Thus Spoke the Master*	2005
5	吴国珍	*The Analects of Confucius*	2012

　　Y 老师接着说："表上所列是《论语》的主要译本，还有一些其他的译本，同学们可以在课后去搜集阅读。本节课我们主要选取五个译本作为材料去学习《论语》中'仁'字的翻译。大家先看到'樊迟问仁。子曰：爱人。'这句话，以下是不同的译者对这句话的翻译，同学们先浏览一下，重点关注"仁"字的翻译。大家两人为一组互相讨论，说说你喜欢或者不喜欢哪一种翻译，为什么？给大家 8 分钟的思考和讨论时间。"（见图 1.4）

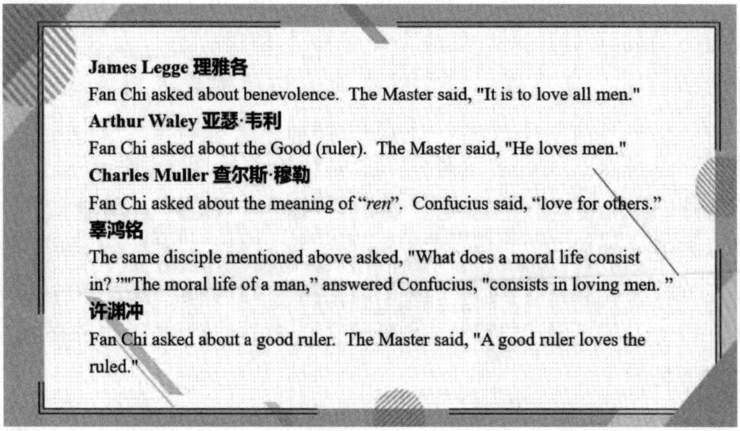

> **James Legge 理雅各**
> Fan Chi asked about benevolence. The Master said, "It is to love all men."
> **Arthur Waley 亚瑟·韦利**
> Fan Chi asked about the Good (ruler). The Master said, "He loves men."
> **Charles Muller 查尔斯·穆勒**
> Fan Chi asked about the meaning of "*ren*". Confucius said, "love for others."
> **辜鸿铭**
> The same disciple mentioned above asked, "What does a moral life consist in?" ""The moral life of a man," answered Confucius, "consists in loving men. "
> **许渊冲**
> Fan Chi asked about a good ruler. The Master said, "A good ruler loves the ruled."

图 1.4 PPT 页面："樊迟问仁。子曰：爱人。"翻译文本

Y 老师拍了拍手道："时间到了。有没有哪一组想来分享一下？"

Z 同学回答："我们这组发现这五个版本中大部分采用了直译的翻译方法，各个版本的差异体现在'仁'字和'爱人'。'爱人'在此处指'仁'的含义。我和搭档经过讨论，觉得理雅各的译文最好，他将'仁'译为'benevolence'，意指人心地善良，与后面提到的'love all men'相呼应。"

B 同学说："我和搭档同意 Z 同学的观点，但是我觉得将'仁'字直接音译成'*ren*'更好，因为'仁'字在英语里没有对应词，直接音译不仅可以保留'仁'字基本含义，而且能够宣扬中国文化特色。"

Y 老师说："看来大家都对这个句子的翻译有了不同的看法，这是正确的。译文并不是唯一的，只有好的和更好的。在这个句子中，我们需要注意如何将'仁'字翻译地道。通过分析我们可以得知：'爱人'在此处是对'仁'字的解释。那么，'仁'在此处就是指关爱他人的品行，关爱他人的思想。① 大家现在可以用电子设备来搜索一下上面五个译本中使用的'仁'字翻译的英英释义，然后分享一下你觉得哪个说法更合适？"

H 同学说："我查了英英词典，'benevolence 指 an act intending or showing kindness and good will; an inclination to do kind or charitable acts; disposition to do good'，意为仁慈，慈悲或仁爱，在此句中比较适合。'humanity'的英英释义是'people in general; the state of being a person rather than a god, an animal or a machine; the quality of being

---

① 杨久红. 理雅各《论语》英译本中关键词的内涵浅析 [D]. 辽宁大学，2017.

kind to people and animals；the quality of being humane'，强调的是人道，即将人类与动物区别开来，在这个句子中不是很合适。而 'a moral life' 指道德生活，用它来解释 '仁' 既不能表达 '理想人格'，也不能体现 '初心之善'，我觉得过于片面。音译 'ren' 我觉得也是可行的！"

同学们纷纷点点头，表示赞同，课堂讨论的热度在渐渐升温。

Y 老师回道："这个想法是正确的。在翻译过程中，同学们应该善用英英词典来更好地确定用词，大家可以尝试使用以下列举的英英词典网站来查阅英英释义。第一个网站里面有词汇来源的解释以及几乎全部同义词的列举，非常实用。这个译例中，根据含义来寻找对应词和音译都是可行的方法。"（见图 1.5）

图 1.5 PPT 页面：权威英英词典网站

Y 老师接着说道："大家想一想这五位译者分别采用了什么翻译策略呢？"

W 同学回答："我能确定的是，穆勒用的是异化策略！"

Y 老师说："W 同学讲对了其中一个。翻译策略一般有两种，归化和异化。上面提到的五位译者中大多数都采用了归化策略，归化强调译者在翻译中尽量向译文接受者靠拢，因此译文通俗易懂。而穆勒使用了音译法，属于异化策略。异化与归化相反，强调译者在翻译中向原文作者靠拢，能够保留原文的语言与文化特质，保留异国风味，但有可能会造成译文生硬不自然。由于不同译者身处的社会、历史、政治、文化背景各不相同，他们对译本的理解也会千差万别，所以会采用不同的翻译策略。我们无法说哪一种策略更好，所以大家拿到译文，更应该放到语境中去细细品味。"

同学们不约而同点点头。

　　Y老师说："孔子在此处提倡'仁'，就是要求人与人之间互相关爱，达到社会和谐。①《论语》中，孔子有几处直接回答了弟子关于'仁'的提问，每次都给出了不同的答案，每个答案都解释了'仁'的一部分内涵。因此经过前面对名家译本的分析，我们可以清楚地了解到不同译者对'仁'字的理解不同，如何处理'仁'字的翻译也需要我们遵从前面的分析步骤。不知道同学们有没有从中获取到一些做人的道理或者学习到什么优秀的传统文化呢？在学习上，在生活中，我们要怎么做才能体现'爱人'呢？"

　　X同学自信地站起来说："'爱人'就是要关爱他人。在学习上可以帮助同学解答难题等；在生活中，可以做到乐于助人，从生活的点点滴滴入手，比如在公交车上给老人让座等。这些都是我们可以做到的事情。"

　　Y老师说："关爱他人，我们可以先从一件一件的小事做起，比如开展志愿服务活动等等。学习过优秀的思想后，老师希望同学们也能落到实处。通过学习名家的翻译，我们应该对'仁'字的翻译有了一个初步了解。下面我们继续翻译几个例子，仍需要重点考虑的是'仁'字在其中的翻译。"

教学评价：在本教学环节，Y老师设置了两条问题链递进展开教学——认知型问题链和迁移型问题链。通过聚焦学生关注和感兴趣的名家译本，Y老师将赏析环节转化为各种问题，然后将其形成环环相扣、层层深化的问题链，从"你了解过哪些名家译本？"深入到"这位译者对此句的处理有哪些优势？"。学生在解答问题的同时，不知不觉对《论语》各译本产生更加深入的认知和理解。其后，鼓励学生大胆提出问题，从每一个问题入手，引导学生挖掘更深层次的问题，形成问题链，并引出"归化"与"异化"两种翻译策略。通过师生问答与互动，Y老师帮助学生初步探索"仁"字的英译原则。至此，完成认知型问题链的设置。随后，Y老师展开迁移型问题链的教学，迁移型问题链可以纵向关联课程中其他知识点，实现知识或学科的拓展。②在《论语》英译的探究与学习中，Y老师用问题链进行重点迁移，潜移默化对学生进行品德教育，引导学生思考如何在日常生活中贯彻"仁"字的精华——"爱人"。此处的问题链为思政教学服务，鼓励学生将优秀传统品德应用于生活中，提高学生思想觉悟，以达到"德育"的目标。

---

　①　张天治.《论语》中"礼""仁""学"绎释［D］. 南京大学，2018.
　②　刘孝利. "案例问题链"教学模式在实践中的应用及效应［J］. 教育教学论坛，2016，(05)：158－159.

（三）实践鉴真知，发扬"仁"之精神

经过对不同译本的学习与探析，同学们对《论语》中"仁"字的英译有了初步体会。接下来进入本节课的下一环节：实践环节。

Y 老师说道："同学们先尝试翻译'子曰："巧言令色，鲜矣仁!"'这个句子。给大家 8 分钟的时间去翻译，翻译完后可以互相讨论。"

8 分钟后，Y 老师拍了拍手道："时间到了，有同学想来分享一下吗？错了没有关系。"

T 同学有些羞涩地回答："The Master said, 'the man who has artful speech and flashy manners is not heartful'。'巧言令色'是一个成语，我着重将它的含义表达出来。这个词主要指花言巧语和伪善的人，所以我使用了'artful'和'flashy'这两个词。"

听完 T 同学的回答，Y 老师朝他赞赏地笑笑，然后说道："T 同学的翻译很不错，带有他自己的理解。你能给大家解释一下你对'仁'字的处理方式吗？"

T 同学点点头，回答："因为'仁'字带有文化色彩，在英语中没有完全对应的词。我仔细考虑了一下，'仁'字在这个句子中可能更偏向于'真诚'这一层含义，因此我将其处理为'heartful'。"

Y 老师说道："不错，有其他的同学要补充或者分享一下自己的翻译吗？"

A 同学略有疑惑回答道："我对'巧言令色'的处理方式和 T 同学差不多，但是我对'仁'字的处理有不同的想法。我搜索了这个句子的含义，'鲜矣仁'指这种人很少是仁德的。'仁'在此处指仁德，所以我处理成了'virtue'。"

Y 老师继续提问："同学们还有不同的处理方式吗？"

一阵沉默后，W 同学跃跃欲试："我有不同的想法，'仁'字在此处更倾向于'仁道、人性'。不知道我理解的是不是正确，整个句子我翻译成了'The Master said, clever words and a pleasing countenance—little humaneness there!'，'仁'字我尝试处理成了'humaneness'。"

A 同学有些疑问："那'仁'字究竟怎么翻译才对呢？"

Y 老师说道："在这里，孔子把'仁'作为最高的道德原则、道德标准和道德境界。他第一次把整体的道德规范集于一体，形成了以'仁'为核心的伦理思想结构。[①] 从这个释义中，我们可以得知'仁'与'德'的

---

① 蔡新乐.《论语》之中"仁"的英汉译解原理简论［J］. 外语与外语教学，2020,(02):69—83.

意思高度相关。理雅各和一些同学都将此处的"仁"字翻译成'virtue'。根据《牛津高阶英汉双解词典》第 9 版，'virtue'指的是'behavior or attitudes that show high moral standards；a particular good quality or habit；an attractive or useful quality'，即道德层面上好的行为、人物或是一种良好的道德品质，强调的是某种具体的美德，所以基本含义比较对等、恰当。理雅各在'virtue'前面还加上了'true'这个单词，突出了'仁'字中的道德境界，大家觉得'virtue'前面还可以用哪些单词修饰呢？"

同学们都很疑惑，一时之间没有人能给出答案。

Y 老师在黑板上写下"perfect"这个单词，笑着说："大家考虑一下'perfect'这个单词，它适合放在这个句子中吗？"

听到 Y 老师的提问，T 同学立马举手回答道："我觉得可行。用'perfect'一词，较为清晰地描述了'仁'内涵的丰富性及包容性，用在这里很合适！"

Y 老师回答："不错，T 同学的想法是正确的。'perfect virtue'比'virtue'多出'perfect'，强调全德。在儒学语境中，'全德'并不是具体德行的简单相加，'perfect virtue'能够更加全面系统地诠释其内涵意义，突出一种理想状态。此句中的'仁'字被赋予了德行范畴。因此，在处理'仁'字的过程中，如果'仁'字在当时的语境中包含德行范畴的含义，我们都可以考虑使用'perfect virtue''true virtue'或者'virtue'这一类词。老师给大家提供了理雅各的版本作为参考译文，大家请看 PPT。"（见图 1.6）

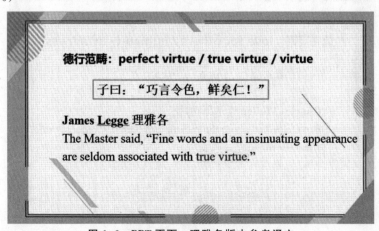

图 1.6　PPT 页面：理雅各版本参考译文

　　Y 老师说："孔子此语,意在告诫他的弟子,无论是做人还是做事,都应真诚坦荡。要在言行上服从于真善的准则,不去刻意地追求外在的装饰。若是利用花言巧语讨好别人就是为假作恶,这样做是无法修成完善人格的。同时,他期望弟子们努力提高个人修养,看清社会上的各色人群,更加合理地处理人际关系,并最终走向成功。大家也应该学习孔圣人提供给我们的道德启示,拒绝花言巧语,做一个真诚的人!"

　　同学们纷纷点点头。

　　Y 老师接着说:"同学们觉得第一个句子中的'仁'字与此处的'仁'字含义相同吗?"

　　大家异口同声回答:"不相同!"

　　Y 老师点头道:"是的,第一个'仁'字是指关爱他人,属于情感范畴,而第二个'仁'字属于德行范畴。在中国古代文学作品中,作者常常给一个字赋予多种寓意,代表了不同的情感境界,'仁'字同样也是如此。前面给大家提供了德行范畴的范本,同样,我也会给大家提供情感范畴的示范。以我们学习过的句子为例,此处我选择了穆勒的版本作为参考。穆勒在音译的基础上对'仁'字做了解释,即'love for others'。在儒学的语境中,'爱人'是指从爱父母、爱兄弟这样一种情感向外伸展,进而爱君爱长爱所有人。从亲情之爱、手足之爱、夫妻之爱展开,始终持有一种'恭敬'之心,以获得自我及他人的'仁'。大家请看 PPT,当'仁'字处于情感范畴的时候,我们可以尝试将其翻译为'love for others'。"(见图 1.7)

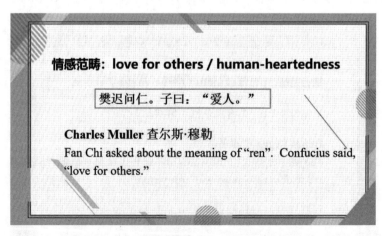

情感范畴: love for others / human-heartedness

樊迟问仁。子曰:"爱人。"

Charles Muller 查尔斯·穆勒
Fan Chi asked about the meaning of "ren". Confucius said, "love for others."

图 1.7　PPT 页面:查尔斯·穆勒版本参考译文

同学们在笔记本上做好了记录。

Y 老师说："接下来我们将继续学习'仁'字在第三个范畴的翻译。同学们试着翻译下一个句子,'子曰:"唯仁者,能好人,能恶人。"'给同学们 5 分钟的时间,大家两人为一组试着翻译一下,可以相互讨论。"

Y 老师拍拍手说:"时间到了,有同学主动分享吗?"

D 同学回答:"我们这组的翻译是 'The Master said, "It is only the benevolent man who can love the good and dislike the wrong". '"

H 同学也很积极:"我和搭档讨论了之后,将'humanity'用在了我们的翻译中,整个句子我翻译成了 'Confucius said, "It is only the men of humanity who know how to love men or to hate men". '"

Y 老师说道:"两位同学的译文均采用了强调结构,与原文的句子结构是吻合的。表面看来问题不大,都是可行的。但是如果将二组的译文回译成汉语,问题就出现了。D 同学译:'只有仁德之人才能爱人,才能恨人。'此译文显然不合逻辑,难道不是仁德之人就没有爱人与恨人的权利吗?H 同学译:'只有仁德之人知道怎样爱人,怎样恨人。'相比而言,H 同学的翻译较为恰当。那大家觉得这个句子中的'仁'字属于什么范畴呢?"

A 同学皱着眉头,有些迟疑地回答:"还是属于德行范畴吗?"

Y 老师朝同学们笑了笑,说道:"大家注意看这个句子中的'好'和'恶',通过这两个字能联想到什么呢?"

Z 同学大声说道:"人之初,性本善!"

Y 老师欣慰地点点头,说道:"对了,通过'好'和'恶'两个字,我们能够很自然地联想到孟子的'性本善'和荀子的'性本恶'。'善'与'恶'都与人的本性有关,这个句子中的'仁'也更加凸显人的本性,所以属于人的本性的范畴。前面两组的同学提到的'benevolent'和'humanity'都能够有效诠释'善'这一本性。在前面的赏析环节,我们已经具体了解过这两个词汇,在此处不再赘述。它们都具有仁慈、人类以及生而为人的本质属性的意思。①"

大家听完,都若有所思地点了点头。

Y 老师接着解释道:"这个句子大致意思是:作为凡夫俗子,人人都有自己的好恶标准,并且或多或少对某些人带有成见,所喜好的人未必就是好人,所憎恶的人也未必就是坏人。这里老师给大家提供许渊冲先生的

————————

① 郭婷.《论语》中文化负载概念的翻译［D］. 湖南师范大学,2010.

译文作为参考，同时也为大家总结了'仁'字被赋予人之本性这一范畴的含义时可以参考的翻译，比如'benevolent'、'humanity'和'goodness'等等，都能够很好地体现'仁'字的人性范畴。许渊冲先生选取了'benevolent'这个词。"（见图1.8）

图 1.8　PPT 页面：许渊冲版本参考译文

　　Y 老师说："《论语》教给我们的不只有翻译方法，还有处世准则和做人标准。翻译了这个句子之后，同学们有什么感悟吗？"

　　W 同学早已按捺不住，迅速地举起了手："现实中，我们在做判断时，经常以个人之好恶为标准，这是不对的。在做出判断时，我们应该多思考，不能随意依靠自己的想法做出判断，而是多参考是非和道德标准。"

　　D 同学也举手："我们也可以多读好书，好书能教给我们许多处世准则，能够帮助我们在必要的时候做出判断。"

　　Y 老师："不错，看来同学们都有了一些感悟。希望大家能将这些想法付诸实践，这样才能督促自己尽善尽美。回到翻译的学习，通过练习，我们已经学习了'仁'字的三个范畴，是哪三个呢？"

　　A 同学抢答："第一个是情感范畴，再一个是德行范畴，第三个是人性范畴。"

　　听完 Y 老师和同学们不约而同点了点头。

　　Y 老师说："咱们的学习还没有结束，最后一个句子是'子曰："孝悌也者，其为仁之本欤"'。给大家 5 分钟时间翻译，翻译完后请上传到 QQ 群，我们一起来评选一下谁翻译得更地道。"

　　5 分钟后，Y 老师说："时间到了。大家请仔细查看 QQ 群中的译文，然后分享你觉得好的译文，并分析好在哪里。"

　　听完老师的要求，同学们都认真地阅读并思考起来。几分钟后，X 同学站了起来面向大家说道："我觉得 A 同学的翻译很好,她的翻译是'Confucius said,"filial piety is the basic principle of a human being!"'她的译文主要是直译,但是胜在简洁,读起来很顺畅。"

Y 老师说："有同学要补充的吗?或者有同学主动分析一下此处的'仁'字是什么范畴的吗?"

A 同学说："此处的'仁'是指'孝悌'。古代人们很注重孝道,甚至用孝道来制约人,所以我觉得这句中的'仁'字属于社会规范的范畴。"

Y 老师说："不错,A 同学提出了自己的看法。'孝'指子女对父母的敬爱与恭顺,'悌'指子女之间的友好亲善。同意社会规范这个范畴的同学请举手。"

超过半数的同学举起了手。

Y 老师接着说道："看来大部分的同学都已经掌握了如何去分析'仁'字在不同语境中的含义。大家的想法是正确的,此处的'仁'字属于社会规范的范畴。孔子所处的春秋时代是一个社会急剧变化的时代,整个社会严重失序,因此孔子在阐述'仁'字时会有意识地提出一些对人的规范,比如臣子要服从天子,子女要孝顺父母等等,这些社会规范对维持当时的社会秩序也起到了一定的作用。那么如何翻译才能体现'仁'字的这一范畴呢?我们需要把注意力放在'规范'上,安乐哲在其《论语》译本中将'仁'译作以'authoritative'为中心词的一系列词组,其基本义项为'having or proceeding from authority; clearly accurate or knowledgeable','authoritative'这一译词突出'权威性',使'仁'的人际社群性显现了出来,强调了社会结构和社会规范对个体的制约。"(见图 1.9)

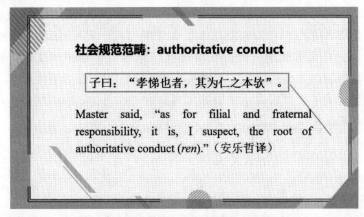

图 1.9 PPT 页面:安乐哲版本参考译文

Y 老师说："孔子提出的社会规范对人潜移默化的影响能够让人于无形中逐步接受自己的身份，认同自己的社会地位，并且将自己的行为与自身相适应的社会制度或规范有效地统一结合起来。① 孔子的这一系列社会规范思想对于处理人民内部矛盾和人与人之间的各种社会关系都有一定的可取之处，具有一定的积极作用。这个句子中提到的'孝悌'思想也需要我们重点注意，这是我们中华民族的传统美德。现在人们对于孝道的认识大多体现在外在形式上，这与孔子提出的孝道是相悖的。我们要做的应该是从内心体会孝道，并努力实施，而不是想一下，做一下。"

Y 老师继续说道："同学们看安乐哲的译本，有发现什么特色之处吗？"

G 同学迫不及待回答："我刚刚就发现了并且不是很理解，安乐哲在'authoritative conduct'后面还用括号补充了'仁'字的拼音。"

Y 老师说："是的，音译也不失为一种好方法。前面我们讨论的几个句子都采用了归化策略，倾向于帮助外国读者理解'仁'字的不同含义。比如辜鸿铭先生曾明确在序言中指出，他翻译的目的是希望受有一定教育的英国人能够读懂他的译本，消除他们之前对于中国人的偏见，并且改变他们对中国人的误解。这也是我们国家大多数译者的倾向。同学们想一想，异化策略是不是也能担负起传播文化的重任呢？"

有些同学皱着眉摇摇头，大多数同学肯定地点了点头。

Y 老师说："异化策略当然也可以！'仁'字包含了丰富的内涵，有时无法完美地展示其含义，而音译'ren'可以保留其精神实质，同时还可以保持这个核心概念在《论语》中的贯穿和统一。最重要的是，中国综合国力和文化软实力有了巨大的飞跃，世界比较关注中国文化，中华民族的文化已有足够的魄力和实力来站在本土文化的角度上将《论语》推向世界。当我们处在文化劣势的时候，可以通过归化尽力传播中华文化，消除误解，但是现在的我们还在处于劣势吗？并没有。我们已经慢慢朝着文化优势的地位迈进了。直接采用中国的汉字拼音'ren'来表示'仁'，可以用中国元素来推动本土文化的发展，才是真正地使中国文化走出国门。音译'仁'的可行性是建立在中国文化软实力发展的成就之上，反过来，音译也将进一步提高中华文化在世界文化上的地位。"

---

① 刘白玉. 中国传统文化元素翻译策略探讨：以《论语》核心词"仁"英译为例［J］. 山东外语教学，2011，(01)：96—100.

有的同学听完已经在笔记本上写写画画起来。

Y 老师拍拍手继续说道："作为'孔子的道德标准'的'仁'是种完美人格，是对各种品德的总的概括，其内涵具有模糊性与多义性，它的具体内涵仍然要放到具体的语境中去分析。这节课我们主要学习了'仁'字最主要的四个范畴，这四个范畴构成了'仁'字翻译的大致体系。"

本节课进入了尾声。

教学评价：本教学环节以探究型问题链为主导，设计主体是学生，避免了"填鸭式"学习。学生将自己的任务以口头和发表在 QQ 群的形式展示出来，以便能更生动形象地向全班或小组进行展示。随后，Y 老师采用一系列层层递进的问题鼓励学生探究"仁"字的英译，通过问答引导学生学习"仁"字在不同语境中的不同含义，循序渐进提示学生发现'仁'字中"情感、德行、人性和社会规范"这四个主要哲学内涵范畴的具体译法，最后提出音译的建议，帮助学生学习'仁'字在不同语境的情况下的处理方式，培养学生的反思能力。

同时，Y 老师坚持显性教育和隐性教育相统一，不仅带领学生学习译例，并且让学生在学习翻译的过程中了解《论语》中的优秀思想，对学生进行品德教育，达到"德育"的效果。例如在"子曰：'唯仁者，能好人，能恶人。'"这个句子的翻译学习中，用句子中包含的好恶标准教育学生，即好恶标准不是自己定的，而是以是非标准为基础，不能随心所欲。在整个翻译实践中，Y 老师从'仁'字的四个内涵范畴展开，分别对学生进行了道德教育，鼓励学生保持爱人之心，乐于助人；遵守孝道与社会规范；善用是非标准，不随心所欲；避免花言巧语，努力做一个真诚的人！

（四）反思固根本，"仁"译走向世界

Y 老师说道："我将本节课学习的'仁'字的四个主要哲学内涵制成了思维导图，同学们请看课件。"（见图 1.10）

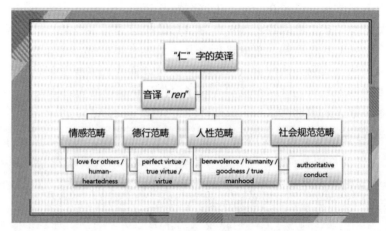

图 1.10   PPT 页面："仁"字的四个主要哲学内涵

"学习完了'仁'字的翻译，对于儒学典籍术语的英译，同学们有没有产生一些启发呢？在具体的典籍英译中，要确定一个术语如何翻译应该怎么做呢？"

X 同学回答："首先应该分析具体含义。我国国学经典名著大多是由文言文写成的，用词精练简洁，含义丰富广阔，我们在翻译不能拘泥于一个词。"

Z 同学说道："我也觉得。"

Y 老师点点头说："不错，'仁'字的英译，应该避免追寻单一的对等词，而应该允许多个译词构成的译词群共同运行在文本中，来完成文化传播的使命。在翻译像'仁'这样的儒学术语时，如何避免以偏概全是从事中国古代文化经典翻译的译者所面临的共同难题。这样的原则适合我国大部分的儒学典籍术语的英译，但是具体的实践和后续的补充需要我们以后去慢慢研究。"

课堂的最后，Y 老师缓缓说道："今天的课程中，咱们学习了《论语》中'仁'字的两种处理方式，分别是根据含义翻译和音译。其中'仁'字的含义主要包括情感、德行、人性和社会规范这四个范畴。以上就是我们今天学习的内容。"

同学们都肯定地点点头。

Y 老师继续说："今天我们也学习了很多优秀传统文化，译者在翻译中国文化之前，应了解自己的文化，具有这种文化自觉，即文化意识，然后将优秀的东西传播出去。而中华文化之精髓存在于中国的典籍，它是中华五千年传统文化的积淀。由于中国典籍蕴含了中华文化的精华，典籍外译也就成为中华文化传播的重要一环。其中，文化自觉将起到至关重要的作用。在典籍翻译中，如果我们不能认真思考中国文化，不能具有文化自觉的立场，我们的理解就会出现偏颇。我们的翻译就不会有境界可言，那最终会导致我们对典籍的翻译出现误差，翻译策略就会出现问题，从而制约中国文化在西方的传播与接受。作为译者，我们有责任保证自己的翻译质量，为中华优秀文化的传播献出自己的一份力量！"

　　Y老师说完，教室里响起了热烈的掌声。

　　接着Y老师将一个文档发到了QQ群，然后说："同学课后需翻译这个文档中的句子。句子都选自于《论语》，在翻译的过程中需要落实我们今天学过的知识，保留分析过程，完成后将文档发在QQ群里。老师在下节课会进行点评。"

　　教学评价：此教学环节通过归纳型问题链展开。归纳型问题链是一个温故而知新的教学过程，是一种总结式问题链，主要教学目标是让学生在学过的知识体系中将碎片化的知识点进行内化。在此教学环节中，Y老师首先通过思维导图带领学生回忆知识点，引导学生对本节课的知识点进行归纳总结，学生在问答中主动思考，将课本上的知识经过大脑进行相应的加工处理，在头脑中形成自身的知识体系，比如'仁'字翻译的四个内涵范畴等。Y老师在学生总结的基础上加以补充，并布置课后作业，以便提高和巩固教学效果。最后，Y老师引导学生思考如何提升文化自觉，在翻译教学中启发学生思考如何以英语为媒介宣传中国传统文化，鼓励学生为中国文化走向世界献出自己的一份力量，推动中国文化典籍走出国门，走向世界。

三、总结

　　"仁"字作为儒家思想的核心理念，是孔子思想的核心和精髓。但"仁"的思想极其丰富，寓意极其广泛，在西方的语言文化中是没有对等概念的，译者要对"仁"字的翻译下一番功夫。"仁"字的翻译不能一以贯之，而是要在不同的语境中采用不同的翻译方法。

　　在本教学案例中，Y老师采用了问题链教学模式，尊重学生的主体地位，注重激发学生的兴趣，鼓励学生主动提出问题。在导入型问题链环节中，Y老师用问答形式循序渐进导入新的知识，引起学生对《论语》翻译的学习兴趣。在认知型问题链的设置中，Y老师带领学生进行多译本对比分析，提高学生鉴赏能力，打好实践基础。同时，对学生进行品德教育，完成迁移型问题链环节的教学。在探究型问题链的开展中，Y老师通过问答循序渐进提示学生发现"仁"字中"情感、德行、人性和社会规范"这四个主要哲学内涵范畴的具体译法，并提出音译的建议。最后，通过展示思维导图，引导学生对本节课所学知识点进行总结，实施归纳型问题链环节的教学。

Y老师在翻译教学中以孔子的仁德思想为指导，循序渐进对学生进行思政教育，实现翻译教学与思政教育相结合。"仁"字的翻译教学从情感、德行、人性和社会规范四个方面展开，Y老师也从这四个方面分别对学生进行德育：在情感范畴的教学中，鼓励学生保持爱人之心，乐于助人；在德行范畴的教学中，引导学生树立优质的品德，不要花言巧语，成为一个真诚的人；在人性范畴的教学中，强调善用是非标准，不随心所欲；在社会规范的教学中，督促学生遵守孝道与社会规范。英译的过程也将价值塑造、知识传授和能力培养融为一体，实现立德树人的根本任务。最后，Y老师引导学生辩证地看待中西方文化的差异，提高学生在翻译中传播中国文化的意识，为提高中国国际影响力、讲好中国故事、提升文化自信搭建语言"桥梁"。

案例思考题

1. Y老师在实现翻译教学与思政教育相结合的过程中，都采取了哪些措施？

2. Y老师采用的问题链教学模式是一种怎样的模式？在教学中发挥了怎样的作用？

3. 在师生互动过程中，Y老师是如何引导学生独立思考，积极解决问题的？

4. Y老师在反思环节采用了思维导图，是否存在还需要改善的地方？

5. Y老师在课堂中还可以运用哪些网络手段来辅助教学？

四、案例使用说明

(一) 适用范围

适用对象：MTI 教师、翻译硕士、翻译专业本科生。
适用课程：文学翻译、中国文化经典外译、翻译专业教师发展。

(二) 教学目的

1. 掌握《论语》中"仁"字的常见翻译方法。
2. 培养学生思辨能力，提高学生翻译中的传播中国文化的意识。
3. 培养翻译专业教师的创新能力与思维品质。

(三) 关键要点

1. 相关理论
问题链教学模式：问题链教学模式主要是指根据学生的已有知识经验和知识障碍点，教师认真分析研究知识点和确定教学目标、教学重点与难点，将知识点设计成层层递进、螺旋上升且具有整体性、系统性、激发性的一连串的教学问题，是一组有中心、有序列、相对独立而又相互依存的问题。

2. 关键知识点
"仁"字翻译教学、问题链教学模式、翻译教学设计。

3. 关键能力点
培养学生综合文化能力，能把中国传统文学经典和翻译实践结合起来，并在翻译实践过程中，培养学生的独立思考和创新能力，同时在讨论中提高学生合作能力。通过课中练习和课后练习提高学生知识储备，最终提高学生的翻译能力。

4. 案例分析思路
通过分析 Y 老师在课堂上对学生实践的分析和将思政教育引入翻译教学的创新点，引导翻译专业教师与教研员在翻译教学中实践问题链教学模式，为翻译专业教师创新课堂教学设计提供借鉴。

(四) 教学建议

1. 时间安排：研究生标准课两节（90 分钟）。

2. 环节安排：提前布置预习任务→多译本对比分析→开展相关翻译实践→解决问题→师生反思→课后作业布置。

3. 人数要求：25 人左右的班级教学。

4. 教学方法：以学生为主导，以问题为驱动。

5. 工具选择：多媒体教室，其他工具根据教学内容而定。

6. 活动建议：课前要求学生自行搜集相关课程内容资料，教师也要根据教学内容进行教学设计的初步构建。上课过程中让学生独立思考完成任务，辅以师生互动和学生讨论，尽量让更多的学生参与课堂。下课后教师及时进行教学反思，总结得失，以便改进后续的教学行为。

（五）推荐阅读

[1] 蔡新乐.《论语》之中"仁"的英汉译解原理简论 [J]. 外语与外语教学，2020，(02)：69－83.

[2] 陈旻，李燊. 新时代高校立德树人"四位一体"落实机制的整体构建探析 [J]. 北京联合大学学报，2023，(01)：13－17.

[3] 郭婷.《论语》中文化负载概念的翻译 [D]. 长沙：湖南师范大学，2010.

[4] 刘白玉. 中国传统文化元素翻译策略探讨：以《论语》核心词"仁"英译为例 [J]. 山东外语教学，2011，(01)：96－100.

[5] 刘孝利."案例问题链"教学模式在实践中的应用及效应 [J]. 教育教学论坛，2016，(05)：158－159.

[6] 习近平. 高举中国特色社会主义伟大旗帜，为全面建设社会主义现代化国家而团结奋斗 [N]. 人民日报，2022－10－26，(01).

[7] 杨平.《论语》核心概念"仁"的英译分析 [J]. 外语与外语教学，2008，(02)：61－63.

[8] 杨久红. 理雅各《论语》英译本中关键词的内涵浅析 [D]. 沈阳：辽宁大学，2017.

[9] 张天治.《论语》中"礼""仁""学"绎释 [D]. 南京：南京大学，2018.

案例二　翻译工作坊教学模式下的《心既能安处处家》文学翻译教学实践①②

摘　要：文学翻译与非文学翻译不同，不仅要将作品的词句表达清楚，还要将原文中的历史文化背景、文化传统和不同国家之间的审美情趣尽可能地用目的语准确地表达出来。因此在进行文学作品英译时，要能够敏锐且细致地感知到文化差异的存在，并巧妙地运用对方语言进行解读、重构和再创造。S 老师的《心既能安处处家》文学作品英译教学一课，采用翻译工作坊（Translation Workshop）教学模式，注重实践过程，以学生为中心，以目标为导向，通过四个教学环节使学生掌握文学翻译技巧，并增强其翻译能力和跨文化交际能力。

关键词：翻译工作坊模式；文学翻译；MTI

Teaching Practice of Literary Translation in Translation Workshop："Home Can Be Anywhere Your Heart Doesn't Wander"

Abstract：In literary translation, different from non-literary translation, translators should not only express the words and phrases clearly, but also accurately express the historical and cultural background, cultural traditions and aesthetic taste connotated in the source text as accurately as possible in target language. Therefore, when translating literary works into English, it is necessary to perceptively and

---

① 作者简介：宋沁沁，女，湖南湘潭人，湖南科技大学外国语学院英语笔译专业研究生；旷战，男，湖南湘潭人，湖南科技大学外国语学院副教授，硕士生导师。

② 编制说明：按照调研学习及当事人的要求，作者对案例所涉及的学校名称、人员及相关数据，做了必要的掩饰性处理；本案例仅供教学之用，无意提倡或暗示某种管理理念、方法或体制比其他的理念、方法或体制更为有效或合理。

carefully perceive the existence of cultural differences，and cleverly use the other language to interpret，reconstruct and recreate. The English Translation of literary works taught by Teacher S adopts the teaching mode of Translation Workshop to teach the translation of "Home Can Be Anywhere Your Heart Doesn't Wander"，which focuses on the practical process，takes the student as the center and takes the cultivation goal as the orientation. Through four teaching steps，students can master the skills of literary translation，so as to enhance their translation ability and cross-cultural communication ability.

Key words：Translation Workshop Model；Literary Translation；MTI

一、背景信息

文学，是一种用口语或文字作为媒介，表达客观世界和主观认识的方式和手段。当文字不单单用来记录（史书、新闻报道、科学论文等），而被赋予其他思想和情感，并具有了艺术之美，才可称为文学艺术，属于语言艺术。文学作品是作家用独特的语言艺术表现其独特的心灵世界的作品，文学翻译首先要从作家的角度来看待世界，要用心进入被翻译的作品，即作家的内心深处，体验和感知作家的感受和心灵。至少，在阅读即将翻译的文学作品时，我们应该被感动并与作家产生强烈的共鸣，以激发再创造的欲望。通常来说，在翻译过程中译本能够达到"信、达"这两个标准就可以了，但文学翻译还要求能够达到"雅"这一标准。在翻译实践中，很多同学因为自身的文化素养不够，以及在翻译过程中选词的不严谨，导致译本缺失了文学独有的美感，因此文学翻译过程中选词的文学性一直是一大难题。如何提升学生对文学翻译的感性与理性认识是本课主要教学目标。

本课程的教学对象为英语笔译专业一年级全日制研究生。我们学生的英语水平是占全年级学生前 5％ 的高水平学生，已全部通过英语专业四级考试，部分学生已通过英语专业八级考试，还有一小部分同学已取得三级笔译证书。虽然学生具有较强的语言运用能力，但在翻译语言的优美性和文学性方面有所欠缺。课程内容是"《心既能安处处家》文学翻译"，包括理清概念、小组讨论、系统评价、作业布置等课程环节。在本课中，S 老师运用翻译工作坊教学框架，以解决学生在翻译《心既能安处处家》中遇到的实际翻译问题为主线，用布置任务的方式，让学生养成解决问题的能力，从而完成本节课的翻译技巧教学，发展学生的跨文化交际能力、合作能力、谈判能力和互动能力。

S 老师在教学设计方面的创新性主要体现在：一是在教学目标的设置上，以解决文学翻译中遇到的实际翻译问题，总结相关翻译技巧为学习目标；二是在教学环节的推进中，采取翻译工作坊翻译实践教学模式，在小组合作讨论中解决现实中遇到的翻译问题，在实践中提高英语笔译学生应对各种翻译挑战的能力；三是在教学手段使用上，以 QQ 平台为依托，课前在 QQ 群中发布翻译文本，课中供学生分享查阅到的相关资料，课后及时反馈作业情况；四是在学习方式上，以学生合作探究式学习为主，教师补充为辅的方式，充分调动学生的主观能动性，在教师与学生共同探索创新下解决实际翻译问题。

二、案例正文

（一）译前准备

外语楼的上课铃声响起，21 级翻译硕士的学生早已按照课前分组坐在相应位置上，打开了电脑和翻译练习本，做好了课前准备工作，等待着 S 老师上课。S 老师面带微笑，提着笔记本电脑到讲台上，开始了今天的讲课：

"同学们，早上好！昨天呢，我已经把精心挑选好的翻译材料发到班级 QQ 群了，翻译材料的名称是《心既能安处处家》。这篇文章难度适中，选取这篇材料的原因是它包含的体裁比较广，并且与普通的文学体裁的文本风格不太一样。结合作者的背景，该文章的逻辑性比较强，在翻译过程中要求同学们保证其逻辑通顺的前提下，还需要体现出优美性。全篇一共大概是一千字，大家在看完这篇材料之后，在处理它时有没有自己独特的见解呢？有的话和大家一起分享吧。"

同学们低头沉默，看过自己的翻译笔记之后，思考片刻后。

B 同学随即便举起了手："看完材料之后，我把文章当中文学性很强的中文词组标记出来，随后根据每一段之间的逻辑关系，把每个意群全都拿斜线标记起来。把文章中翻译的难点写出来之后，我在知网上面搜索了怎样翻译文学文本的相关文献，结合学者的观点，再针对自己的翻译问题，再次把难点总结了一遍。"

　　其余同学纷纷点头，对 A 和 B 同学投来了赞许的眼光。

　　S 老师随即微笑着说："看来同学们拿到翻译文本之后，都做好了充足的译前准备。翻译文本本身固然重要，没有把握文章中心思想，确定文章行文风格，解决生词和句群划分的难点，必将会加大翻译难度。但是，老师还想提醒大家，在我们拿到翻译文本之后，在手头资源充足，时间足够充裕的情况下，大家一定要关注作者。老师在昨晚就已经将文本传送给大家了，那是否有同学利用网络资源搜寻了作者相关信息呢？"

　　同学们摇了摇头，露出一脸疑惑的表情。

　　"同学们在今后的翻译中要记得关注作者，现在和老师一起来认识《心既能安处处家》的作者，'叶子南'。"S 老师随即打开了事先准备的 PPT。（见图 2.1）

叶子南，美国明德大学蒙特雷国际研究学院荣休教授，广西大学特聘教授，著有《高级英汉翻译理论与实践》《灵活与变通》《认知隐喻与翻译实用教程》《英汉翻译译注评》等书，长期为《中国翻译》的"翻译自学之友"专栏和《英语世界》撰稿，并担任《翻译界》的编委和《英语世界》的顾问。

图 2.1　PPT 页面：作者背景介绍

　　"《心既能安处处家》是由美国明德大学叶子南教授所作的一篇文章，全文一千字左右。通过对叶子南教授的了解，我们可以得知他是学者型作者，往往将学术知识和理性思考融入文章的表达之中。因此在翻译的过程中更加注重表达的学术性以及逻辑性。在本文中，作者以去中国朋友家吃到了中国水饺以及中国美食为背景，展开描述了自己关于'家'的理解。作者对'家'的看法有别于许多漂泊大洋彼岸的人。他认为'家'不一定是自己出生的故乡，而是有自己妻子孩儿的地方才能被称为'家'。在这一篇短文里作者用了许多诗句来描写自己对家的理解。同时，文章当中有许多排比句，因此我们在翻译这部作品的过程中应该首先充分理解作者每一句话想要表达的思想情感。其中还有许多白话文的表达，同学们在翻译的过程也要了解这些诗词的含义以及每一句话的逻辑。"S 老师说道。

　　S 老师的回答也打开了同学们的思路。C 同学随即举手说道："老师，那除了关注作者，我认为还需要关注读者。读者群体不同，所采用的语言风格也应该要有所差别。"

　　"对的，一部译作要靠读者来最终完成。不能只看原作者意图或者译者的意图……也要看读者接受得怎么样。所以我们在翻译时要考虑广大读者的认知能力和译作可接受性。尽量要在原作者和读者之间找到一个平衡点，使得译作不失本真。对原文的充分理解是对译文准确把握的前提，那么同学们在分析这篇文章时，觉得这篇文章的翻译重难点在哪里呢?"S 老师又抛出了一个问题。

　　D 同学犹豫了一会回答道:"老师，我认为翻译时语言表达的文学性和优美性是这篇文章的重难点。这篇文章有许多我们现代作品所不常见的表达，充分展示了作者文学素养的同时，也为我们译者造成很大的困难。特别是文章最后还有一句诗歌需要翻译。"

　　S 老师说道:"D 同学分析得非常仔细，这也是我们本节课即将讨论的重点。真正的翻译应寻求平衡，尽管这样做费功费时，艰难曲折。在译文不及原文的地方，翻译可突出原文固有的优势。在译文超过原文的地方则说明原作具有尚未实现的潜在力量。理想的译作应和原作完全对等，然而又不是平庸的重复。尽管这种理想很难达到，但这对译者明确提出了'寻求平衡'的要求。有了平衡，我们才赋予'忠实'这个重要概念以真实的意义。忠实不是字面上的对应，也不是传达"精神"的一种技巧。文学作品是用语言创造出来的艺术，文学翻译是要用另一种语言工具，把原作的艺术意境传达出来，使读者在读译文的时候能够像品读原著一样从中受到启发、获得感动和享有美的感受。翻译自然不应是单纯技术性的语言外形变易，而是要求译者通过原作的语言外形，深切体会原作者的艺术创造的过程，进而在自己思想、情感、生活体验中找到关于原作内容的最适合的印证。同时还必须运用适合于原作风格的文学语言，把原作的内容与形式正确无疑地再现出来。正如王东风教授在《译家与作家的意识冲突:文学翻译中的一个值得深思的现象》一文中说到译者应该具有'敏感的文体或风格意识'，应该能敏锐地识别原文的'变异或陌生现象'，洞悉蕴含其中的美学价值，并尽量用相应的目的语语言形式传译出来。① 那么在我们明确了文学翻译的准则和要点之后，接下来我们就进入实操环节，让我们共同探讨怎样实现文学翻译美的感受，请大家打开昨天下发的 word 文档。"

---

　　① 王东风. 译家与作家的意识冲突:文学翻译中的一个值得深思的现象 [J]. 中国翻译，2001，(05):43—48.

　　S 老师接着说："昨天在 QQ 群已经下发了这个文档，通过之前的问答也了解到大家都已经事先阅读过了这篇文章。首先我们进行一个分组。我们班上一共是十五人，根据我手上的名单，我将大家分成了三组，每组五人，大家根据分组坐到一起。那么接下来老师会给你们 30 分钟，将文章翻译出来。小组内成员根据时间自行留出点时间对每个成员的翻译问题进行一个讨论。"

　　学生们打开了《心既能安处处家》翻译文档，迅速进入了翻译状态，老师们则在教室中走动，及时回答同学们提出的问题。

　　教学评价：在此教学环节中，老师通过不断抛出问题，让学生自行思考译前需要注意的问题。在学生充分思考后，再对相关回答进行补充，并在此过程中介绍了作者相关信息。S 老师打破了传统知识灌输的方式，引导学生们主动发现问题，主动探索问题的解决方法，确定文本翻译重难点——文学翻译，介绍了文学翻译的相关理论知识，激发学生学习文学翻译的兴趣。相关理论知识介绍清楚之后，S 老师紧接着给学生布置了课堂任务，促成学生的知识建构与教师的干预。此教学环节完成了翻译工作坊翻译教学框架的第一步给学生真实的翻译任务，第二步学生通过小组合作的方式自主学习，第三步确定翻译问题，制定问题集合表。S 老师通过不断交流的过程觉察学生知识欠缺的地方，不仅有利于学生自行查漏补缺，理清了相关基础知识，明确本节课的教学目标，即如何翻译出语言的优美性。在此过程中通过学生与学生之间的互动，老师和学生之间的互动，锻炼学生与其他翻译人员的沟通能力，提高学生的表达能力，也充分发挥了教师的引导作用。

（二）小组讨论

　　学生的个人翻译问题仅凭自己很难解决。通过小组内问题交换以及讨论能够解决大部分翻译中存在的问题，不仅能让课堂变得高效，同时也让学生成为课堂的主体而不是老师。这也培养了学生发现问题以及解决问题的能力。S 老师在布置完翻译任务之后，引导学生在翻译的过程中及时反思。30 分钟的时间一晃而过。虽然文章中有许多较难翻译的点，但是大部分同学都翻译出来了。每个小组也基本上完成了小组讨论。

　　S 老师会心一笑说道："虽然老师挑的翻译材料具有挑战性，但是大部分同学还是在规定的时间内完成了任务，不错。刚刚老师给了大家三十分钟时间进行翻译和讨论，相信每个小组都有讨论的结果了。现在老师再给你们十分钟时间，请各组的小组长将自己小组讨论出来的结果进行一个整合，完成之后发在我们的 QQ 课程群内。现在开始吧！"

　　老师在教室监督各组的任务完成情况，并对大致的翻译问题有了一个初步的了解。组长也陆续将小组成员总结的问题以文字形式发在了群里。（见表 2.1）

表 2.1　小组问题总结

第一组
翻译难点：江南细雨润天涯，心既能安处处家。岁岁潮平秋月白，加州东海本通槎。 原因：因为平常所接触到的诗歌材料比较少，要考虑的要素也挺多的，比如说押韵以及诗歌中存在的文化背景差异等。所以根据本组成员的一致商讨，认为最后作者写的这首诗是本文翻译的难点。
第二组
翻译难点："哈姆雷特"式的困惑：归去，还是不归，这是一个问题 原因：第一句的"哈姆雷特"的翻译让本组成员很困扰，因为这是一个具有西方色彩的词语，本组成员对这句话的翻译存在两种观点：第一种，直译出"哈姆雷特"让读者去理会其中的含义；第二种，把"哈姆雷特"的解释翻译出来，做一个夹注，能够让读者一眼明白这个词的含义。第二句是莎士比亚作品当中很经典的一句话，作者通过模仿，把这个格式加到中文上来了。本组成员有个困惑，直接将它译成经典的模式是否恰当。
第三组
翻译难点：但总体上家是安逸闲适、少有浪花的小溪，是人生失意时抚伤止痛的疗养院，是事业挫败后重整旗鼓的加油站。 原因：这句话是一个排比句，主语都是家，但是本组成员认为其中翻译的难点在于如何将每个排比句都使用同样的句型将其翻译出来时，能够保持结构上的美观呢？

　　组长上传了组内问题之后，立马引起了同学们的兴趣，纷纷对照自己的译文看是否存在类似的问题或者是否注意到了相关重点。

　　S 老师会心一笑："看来这篇文章值得探讨的地方还有很多啊！每一组同学发现的问题都颇具特色，老师归纳了下，同学们的问题主要体现在以下几个方面：一是文章中涉及不同文学体裁的翻译，有散文也有诗歌，如何将细节处理到位；二是中英文中文化背景不同，如何做到译本能够同时兼顾两种语言的特点；三是原文句子结构美观，如何在译文中呈现句子结构的美观性也是一个问题。等完成后，我们来看看这些问题具体怎么处理。"

　　S 老师话音刚落，教室里就响起了热烈的讨论声，S 老师也加入了同学们的讨论中来。

　　　教学评价：在此教学环节中，S 老师引导学生以小组合作方式进行翻译，一是可以减轻译者的负担，不至于出现一味图快而忽略质量的情况，旨在质量和效率双保证；二是可以实现如词的选择、句子结构变化、隐含意义及情感多方面的比对，避免出现由于个人理解不当而导致的问题。学生也采取了合作学习的方式，合理分配翻译任务，在有限的时间内保证译文的质量；三是每个人的词汇储备、对于句子结构成分的把握以及概括提炼能力都有差异，每个学生对于翻译这门学问掌握的深浅程度也不一，且每个人的写作风格、创作风格以及思维方式迥异。小组讨论合作的方法确保了学生思维的活跃性，能够让译文有机会以不同的形式呈现出来。四、在实践完成后并没有采取传统的译文评价方式，而是让同学们自主讨论，总结在实践中遇到的真实的翻译问题，再合理利用时间对译文进行润色。此教学环节完成了翻译工作坊翻译教学框架第四步"标记翻译难点"、第五步"进行初步翻译"以及第六步"比较批评，形成小组译文"，培养同学们的合作解决问题的能力。

（三）合作翻译

　　S 老师说道："那么现在根据不同组提交的问题，大家对照自己的译文，揣摩一下自己的译文是否需要修改。5 分钟后由组长整合小组成员译文，将译文初稿发到 QQ 群内，供其他小组进行查阅。各个小组之间互相品鉴，15 分钟后欢迎大家踊跃发言，每个小组派出一位代表发言即可。如果其他成员有所补充，另行举手发言。在本组发言时，需要把本组共同商讨出来的译文朗读出来，朗读可以帮助大家发现一些翻译方面存在的问题。大家可以对比自己的译文，说出自己译文的优势之处，也可以指出其他小组成员的错误，还可以根据以上小组提出的问题，选取你觉得最优的译文进行赏析，并提出解决方案。大家也要注意，无论是自己译文的优势之处，还是其他小组译文存在的问题，在阐述时都需要有理有据。大家可以利用'中国知网'和'读秀'查阅相关理论知识。接下来话筒交给你们！"

　　在讨论的过程中，同学们都积极参与，每组都有成员负责做记录，十五分钟很快就过去了。S 老师也根据备课的译例将同学们的译文提取了出来。

　　"好的，时间到了同学们！大家刚刚又带着问题看了一遍自己的译文，现在大家应该对于文学翻译有了一个更深层次的理解。在文学翻译的过程中，很多同学都存在或多或少的问题，译本的表达上面也有所欠缺。那么各小组经过这么长时间的讨论，对每组提交的译文也有所了解，大家有什么问题吗？每个小组派一位代表发言哦。"

　　F同学率先举起了手："老师，我在查看其余同学的译文时，发现最后一句诗的翻译存在很大的争议，所以我就挑出了这一部分给大家讲解一下我们组的译文。大家可以看一下我们组的翻译，大家请看我发在QQ群里面的这一句，我将其余组的同学译文也提取出来了（见表2.2）：'江南细雨润天涯，心既能安处处家。岁岁潮平秋月白，加州东海本通槎。'"

表 2.2　各小组部分译文

第一组：The drizzles hither also moisten the wide blue yonder； And home can be anywhere your heart doesn't wander； There's a time the tide ebbs and the mid-autumn moon shines； Highlighting the link between California and east China shorelines.
第二组：The drizzles of the south also moisten the other part of the world， Home is where your home is. The tide ebbs and the moon beams， Both sides of the Pacific are tightly knitted.
第三组：East drizzling moistens my mind， Home is somewhere hearts settled， Each tide and mid-autumn white moonlight， Highlighting the similarities between California and China.

　　"关于文章结尾这首诗的翻译，争议很大。因为起初我们小组提出的最难解决的问题也是这首诗歌的翻译，无法做到将其中的细节都一一表达出来。经过刚刚的讨论，以及我们组进行了十多分钟的协商之后，我们得到了一个比较满意的译本。大家可以听我朗读一遍我们组的译文：'The drizzles hither also moisten the wide blue yonder；And home can be anywhere your heart doesn't wander；There's a time the tide ebbs and the mid-autumn moon shines；Highlighting the link between California and east China shorelines.'大家通过我的朗读可以听出来，我们小组在翻译时解决了押韵这个问题。第二三小组都没有像原文那样前两句和后两句押

韵，我认为像诗词翻译这些细节都应该要注意到。"

"分析得非常到位，谢谢 F 同学的分享。"S 老师接着说道："这也是老师想和大家讨论的文学翻译第一大问题——细节处理。对于文学翻译的准确性问题，大家可能有不同的认识。许多人对文学作品的处理十分随意，细节的舍弃时常有点'肆无忌惮'。不少同学还有"避重就轻"的倾向，遇到难以表达之处，往往采用两种手法：一是绕行，即窜改原文含义；二是跳跃，即无故不译，转而采用编译手法。文学翻译仍然应该尽可能完整、确切地体现原文的内容，包括细节，一方面这是出于对作者的尊重，另一方面在多数情况下这对于保留原文的原汁原味也是不可或缺的。"

同学们面露羞涩，赶紧记下了这个知识点。

S 老师接着说道："当然，这样说并不意味着我们在翻译时必须照搬中文句型、搭配、选词方式等。恰恰相反，为了确保译文的准确性，确保尽量体现每一细节，我们在多数情况下都需要摆脱中文结构的束缚。需要按照目的语的行文习惯，用全新的思维重新安排原文信息的所有要素。追求细节的完整性，主要是从效果的角度来看。译者的首要考虑因素始终是尽可能使译文在效果上接近原文。如果特定细节在译文里对主题的表达及内容的充实确实毫无帮助，硬译出来，反而如同画蛇添足，那么我们就不应强行为之。但这样做需要有充分的理由，绝不能是随意的，而且前提必须是各方面信息要素都已得到完整体现。说了这么多，同学们在翻译的过程还有什么心得体会呢？"

B 同学提到："老师我发现对于'志在千里'，每个组都用了表示长距离的数字，但对于'拳'与'掌'的形象，大家都选择放弃，硬译'拳'与'掌'没有意义，非但如此，硬译还可能影响译文的可读性，或歪曲原文的真实含义。因此我们组把'现代的青年人面对彼岸的滚滚红尘岂能不摩拳擦掌'译成'how can today's young people flinch from venturing into the excitement on the other side of the Pacific Ocean?'应该已经比较完整地反映了原文的主旨及细节。"（见表 2.3）

表 2.3　第二组部分译文

现代的青年人面对彼岸的滚滚红尘岂能不摩拳擦掌
how can today's young people flinch from venturing into the excitement on the other side of the Pacific Ocean?

"你们这组的翻译很棒。老师还发现了一个点，那就是你们组把'岂能不'翻译成了一个疑问句。很少有人会想到的一个点。这也体现出了在

翻译过程中，同学们都很细心，能够很好地把握好细节。课上到这里，老师有一个问题想问问同学们，我们翻译硕士除了翻译实践之外其实在学术研究方面也有要求，我们的毕业条件是至少发一篇小论文，我们一起讨论了这么多，大家对自己小论文选题有没有一个大概的方向呢？"

"老师，我有一个想法，我们现在讨论了文学当中诗歌的翻译，那是不是能从文学作品的内容和形式上的翻译着手，写一篇关于诗歌应该如何翻译的论文呢？" F 同学说。

S 老师笑着说："当然可以！诗歌翻译尤其要注意形式。胡壮麟先生提出，形式主要是指：语言的一个层次居于表达和内容之间，包括语音、语法和词汇；文学批评中的体裁和格律结构；单一语篇的外形结构。① 翻译和语言学研究中经常比较英语和汉语：英语强调形合，而汉语强调意合；英语的结构像一棵树，经常有许多'树枝'也就是长句，而汉语的结构像链子，一个接一个，而且大多是短句。解决原稿结构的复杂性，在翻译中，中文的结构一般较简洁，而英语的结构严谨而复杂，这就要求我们在翻译时要做形式上的转换。大家也可以把这个问题作为自己的研究课题。看来经过讨论同学们是收获满满，现在我们第一个翻译问题已经解决得差不多了，下面有请第二组的代表吧，大家掌声欢迎。"

D 同学站了起来："老师，我们组的问题是直译出'哈姆雷特'让读者去理会其中的含义，还是把'哈姆雷特'的解释翻译出来，做一个夹注，能够让读者一眼明白这个词的含义。第二个问题是莎士比亚作品当中很经典的一句话。作者通过模仿，把这个格式加到中文上来了。本组成员有个困惑，直接将它译成经典的模式是否恰当。经过小组讨论，大家可以看一下我们组的翻译。大家请看我发在 QQ 群里面的这一句，我将其余组的同学译文也提取出来了。"（见表 2.4）

表 2.4　各小组部分译文

第一组：我有位朋友在一家高科技公司供职，"海归"的灿烂图景搅得他心烦意乱，陷入了哈姆雷特式的困惑：归去，还是不归，这是一个问题。

A friend of mine has worked at a high-technology company who was perturbed by the profitable title and promising future of "overseas returnees"; therefore, such perplexity as "To be or not to be, that is a question." puzzled him a lot.

---

① 胡壮麟、刘世生. 文体学研究在中国的进展 [J]. 山东师大外国语学院学报，2000，(03)：1—10.

第二组：我有位朋友在一家高科技公司供职，"海归"的灿烂图景搅得他心烦意乱，陷入了哈姆雷特式的困惑：归去，还是不归，这是一个问题。 My friend works in a high-tech firm. But he has lately been tormented by the dreams of a sea turtle, that is, returning overseas Chinese to make it big in a booming China. He is thus thrown into a Hamlet conundrum：to return or not to return, that's the question.
第三组：我有位朋友在一家高科技公司供职，"海归"的灿烂图景搅得他心烦意乱，陷入了哈姆雷特式的困惑：归去，还是不归，这是一个问题。 One of my friends who serves in an overseas high-tech company is recently tasked mind for the potential bright prospect of going back to China. Being hesitated and puzzled, he's completely stuck into a Hamlet dilemma, to leave, or to stay, that's indeed a question.

"我认为我们小组的问题比较好解决。因为我们参考并对比了许多相似的译本之后发现大家对'归去，还是不归，这是个问题'的处理方法都差不多。我们组还找到了一个例句：'去还是不去，这是个问题。'这句话的标准翻译就是'to go or not to go, that's a question.'因此我们组也是按照之前选用的一个翻译方法确定好了译文，关于'哈姆雷特'式的幽默也是采取了直译的方法，这样翻译出来才更有趣味，因为哈姆雷特也是国外耳熟能详的一个词。下面由我来朗读一下我们组的译文：'My friend works in a high-tech firm. But he has lately been tormented by the dreams of a sea turtle, that is, returning overseas Chinese to make it big in a booming China. He is thus thrown into a Hamlet conundrum：to return or not to return, that's the question.'。"

"分析得很到位。用异化的方式处理这一段内容，不仅没有丢失原文的韵味，还能让读者了解到不同国家的文学经典。在当今的文学翻译理论中，文化的翻译占有了从未有过的重要地位。读者能否正确理解译者所要传达的意思关键不在于语言而在于文化。有些学者认为语言作为文化的组成部分，既是文化的一种表象形式，又是一种社会文化现象。对于以语言转换为基础的翻译工作者来说，文化转换成了一个重要的主题。在具体的翻译实践中，原文背后的文化背景被认为是译文的一个组成部分。可见，文学翻译的核心是文化的翻译。翻译是否成功，在于读者能否在阅读中了解到原作的文化背景，能否通过阅读体验到未曾亲身体验过的另外一种生活和文化氛围。这应该是翻译一部作品要采用归化法还是异化法的首要标准。有的译家采用了归化，翻译得很好，有的却采用了异化，效果也不差。由此可见，采用哪种方法翻译，要根据不同的场景，不同的内容，不同的需要来定。适合归化，就采用归化法翻译，反之就采用异化法翻译。因此在翻译文学作品时，必须兼顾归化与异化两个方面。无论是归化还是异化，只要掌握好了'度'，都可以达到很好的翻译效果。过度归化，一定会破坏英文原有的形象和原有的文化背景，过度地强调异化，即过多地追求中文的原语形式，就有可能会过于烦琐，因此，翻译的关键是要适时、有度。"

同学都很认真听老师的讲解，并根据自己的需求做笔记。

S老师继续说："已经解决完两个翻译问题了，接下来是第三组的代表来为我们带来他们小组的翻译。大家仔细认真听哦。"

X同学手拿着笔记本说道："我们组的翻译难点是'但总体上家是安逸闲适、少有浪花的小溪，是人生失意时抚伤止痛的疗养院，是事业挫败后重整旗鼓的加油站。'这句话是一个排比句，主语都是'家'。其实翻译出来的句式可以参考翻译材料，但是本组成员认为其中翻译的难点在于如何将每个排比句都使用同样的句型将其翻译出来时，能够保持结构上的美观呢？我们想出来的解决方案是都用'It's＋where'的方式来解决美观问题。下面我把我们组的译本与其他组的一同展示出来了。"（见表2.5）

表2.5　各小组部分译文

第一组：As for me, the short-distance is the care-catalyst of the home. The meaning of home is a kind of anxiety when my wife won't arrive at home on time, a bit of concern when my daughter still keep reading at bedtime, as well as a tinge of anger in transitory argument with my wife and daughter. But on the whole, home is cozy and comfortable with few quarrels like the calm stream with little spray, which is a sanatorium curing our frustration in life and a cheer-up station encouraging us to get over career setbacks and move on.

第二组：Personally, the sweetness of home is supposed to be taken care of on the premise of a close distance. And like the shelter comforting your frustrated soul after setback, or the power plant restoring confidence against failure, the life in our home is like the very steam, running quietly, speaking of the worries for the late-returning wife and the daughter studying deep into night, and of course, sulks with wife and quarrels with daughter the sprays appear from time to time.

续表

> 第三组：For all its trivial disturbances，a family is like a small river free of billowing waves，where you can enjoy peace and calm. It's a shelter where you can recuperate from life's cuts and bruises. It's a resupply station where you can prepare yourself to bounce back after a career disaster.

"这段话也有一些很具体的细节描写，用了各种比喻，如'小溪''疗养院''加油站'。笔者在译文里采用了尽可能接近的比喻，如'小溪'用了直接对应词'small river'。'疗养院'在英语里实际上没有真正对应的词，于是就用'shelter'来表示。'加油站'一般是叫'gas station'，但这里用'gas station'不合适，与"重整旗鼓"不能直接衔接，故改用'resupply station'。如此翻译的基本考量是，一方面尽可能接近原文细节，另一方面符合译文语言习惯，力求内在含义及表达效果均不变。因此我们在进行翻译的时候查了许多单词的含义来确保翻译的准确性，同时也想了很多表达，如何将这三个排比句很好地连接起来，其他两个小组的翻译我们组认为有点冗长了。"

"老师在分析这篇文章时，也发现排比句的翻译是一大难点，并且在翻译当中很重要，现在让我们共同看到大屏幕上的 PPT。"S 老师边说边打开事先准备的 PPT。（见图 2.2）

To that work I now turn, with all the authority of my office. I ask the Congress to join with me. But no president, no Congress, no government,can undertake this mission alone.(Bill Clinton)

任何总统，任何国会，任何政府都不能单独完成这一使命。

This great Nation will endure as it has endured, will revive and will prosper.(Franklin D.Roosevelt)

汉语意思是：我们的国家过去经得起考验，今后还将经得起考验，美国将复兴，美国将繁荣。

图 2.2　PPT 页面：排比句译例（1）

"最近大家要是有看二十大的相关报道，应该没少听到各种排比句，比如增强自觉性、主动性、坚定性等之类的排比句不仅让句子结构更整齐，而且还能增强句势，给人感觉听起来好像很有道理的样子。怎样用中文写排比句相信大家都懂，所以我们今天要跟大家分享的是如何翻译好排比句，以及翻译中文排比句时要注意些什么。"S 老师说到，随后切换至下一张 PPT。（见图 2.3）

例1："In maintaining our accomplishments, we must instil in our young generation the importance of political stability, racial harmony, resilience in mind and spirit."

图 2.3　PPT 页面：排比句译例（2）

S 老师说道："在英语写作中适当地用排比句，既能增加文章的清晰度，又能使一个句子或一个段落的思想内容逐步递进，达到高潮。让我们仅从修辞手法上去欣赏三项排比手法，三个当宾语的词组，成串地排列，增加议论气势，使文句生动流畅，引人入胜。这种三项式的排比句，往往是为了表达意思上的顺序先后、程度轻重、范围大小，以便逐层深入，达到良好的修辞效果。"

思考片刻后，D 同学率先回答："老师能告诉我们中文排比句翻译的技巧吗？"

"没问题！排比有两个字的、三个字的、四个的短语，也有句子的排比，下面我就来谈一下排比句翻译的具体方法。看下面的例子。"S 老师一边说着一边打开了下一张 PPT。（见图 2.4 和图 2.5）

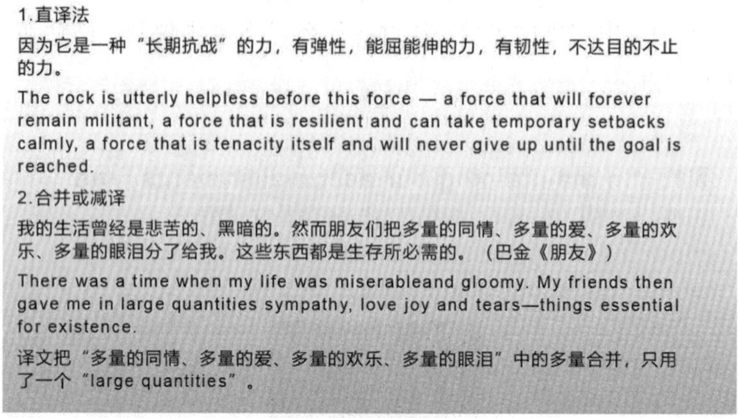

1.直译法

因为它是一种 "长期抗战" 的力, 有弹性, 能屈能伸的力, 有韧性, 不达目的不止的力。

The rock is utterly helpless before this force — a force that will forever remain militant, a force that is resilient and can take temporary setbacks calmly, a force that is tenacity itself and will never give up until the goal is reached.

2.合并或减译

我的生活曾经是悲苦的、黑暗的。然而朋友们把多量的同情、多量的爱、多量的欢乐、多量的眼泪分了给我。这些东西都是生存所必需的。(巴金《朋友》)

There was a time when my life was miserableand gloomy. My friends then gave me in large quantities sympathy, love joy and tears—things essential for existence.

译文把 "多量的同情、多量的爱、多量的欢乐、多量的眼泪" 中的多量合并, 只用了一个 "large quantities"。

图 2.4　PPT 页面: 排比句翻译方法 (1)

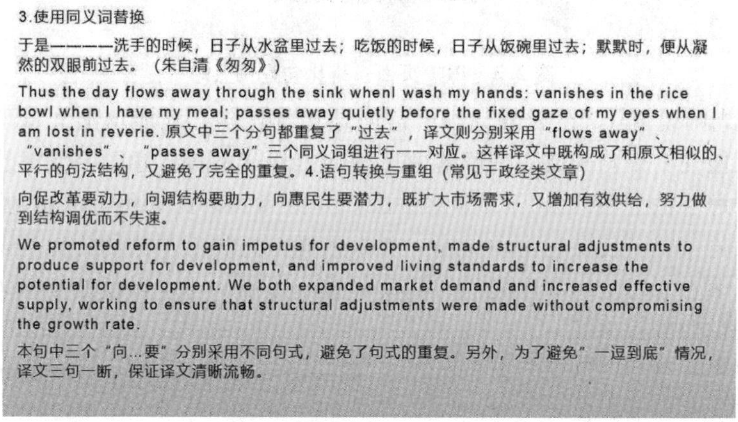

3.使用同义词替换

于是————洗手的时候, 日子从水盆里过去; 吃饭的时候, 日子从饭碗里过去; 默默时, 便从凝然的双眼前过去。(朱自清《匆匆》)

Thus the day flows away through the sink whenl wash my hands: vanishes in the rice bowl when I have my meal; passes away quietly before the fixed gaze of my eyes when I am lost in reverie. 原文中三个分句都重复了 "过去", 译文则分别采用 "flows away"、"vanishes"、"passes away" 三个同义词组进行一一对应。这样译文中既构成了和原文相似的、平行的句法结构, 又避免了完全的重复。4.语句转换与重组 (常见于政经类文章)

向促改革要动力, 向调结构要助力, 向惠民生要潜力, 既扩大市场需求, 又增加有效供给, 努力做到结构调优而不失速。

We promoted reform to gain impetus for development, made structural adjustments to produce support for development, and improved living standards to increase the potential for development. We both expanded market demand and increased effective supply, working to ensure that structural adjustments were made without compromising the growth rate.

本句中三个 "向...要" 分别采用不同句式, 避免了句式的重复。另外, 为了避免 "一逗到底" 情况, 译文三句一断, 保证译文清晰流畅。

图 2.5　PPT 页面: 排比句翻译方法 (2)

　　"综上, 我们可以看出, 汉语排比句式在译成英文时, 不可以机械地照序直译, 而应当首先弄清组成词组或句子之间内在的逻辑关系, 按照英语并列句式的组句特点来翻译。在符合英语句子表达习惯的前提下, 追求排比句式上的对等。直译法多用于字数比较少的词语的排比中, 在四字格以及不限字数排比上应用较少。同于二字格一般属于词组形式, 多字格通常涉及短语及句子, 在句子结构上若是拘泥于字面直译便容易造成死译, 导致译文不够通顺。"

　　同学们点点头, 并表示学到了。

　　教学评价：在此教学环节中，学生在完成翻译初稿之后，S老师引导学生根据问题集合对翻译过程进行反思，回答同伴和老师提出的问题。小组成员在评价中互相讨论，在讨论中选择翻译的最优方案，也从讨论中解决了同学们在对话翻译中遇到的难点。从实际中寻找问题，充分调动了同学们的主观能动性。S老师设计的这个教学环节也完成了翻译工作坊翻译教学模式的第七步"分析评论"、第八步"讨论技巧和思路"和第九步"给出最终译文和评分"。在小组成员发表见解时，S老师在教学中充当"脚手架"的身份，先让学生充分发表意见，根据学生的意见及时给出反馈。对好的译文给予充分的肯定，抓紧要点、言简意赅。还不能解决的疑点和难点由教师引导学生进一步解决，同时贯穿理论内容，把问题上升到理论高度来解释。师生在商榷后再一次修改译文。简而言之，通过此种方式，解决了学生的实际问题，教师也进行了一定的理论教学，同时也让同学们对教师的评价心悦诚服。此外，在讨论中遇见意见不合的情况下，学生们在互相谈判中对问题的解决方法达成一致，也在讨论中吸收其他小组成员发表的正确见解，这对学生的谈判能力和与其他小组的合作能力的培养都有所帮助。

（四）作业布置

　　"节奏紧凑的翻译课程也要进入尾声了，大家应该都收获满满了吧。首先，让我们一起总结下今天的干货，大家跟着老师一起回忆。在文学翻译中，第一，注意翻译细节，细节决定成败；其次，在翻译过程中，要充分了解源语与目的语的文化特点，对当中的文化负载词要有所了解；最后，在翻译类似于排比句这种有一定格式的句子时，要保证句子格式的美观，不要硬译。"

　　"文学翻译的技巧运用可不仅仅停留在课堂上，所以我们文学翻译课还有最后一个任务：课后作业。大家课后再对这堂课中完成的译文进行修改，将修改后的《心既能安处处家》整篇文章的译文发到QQ群中。"S老师边说边发送了一篇文本到QQ群中："除了修改本节课的译文，老师刚刚在群里发了一篇来自Aldo的*The Green Pasture*的部分片段。本篇文本特点就是有许多关于景色描写的段落。老师也要提几点要求：在翻译时大家一定提高译文的质量，要加强译前分析和译后校对。在翻译的过程中如果遇到一些问题，可以用批注的方式在相应的译文旁做好标记，写下你认为比较重要的过程记录。比如说遇到的问题、查证到的有用资料及来源、思考分析的过程、几种备选译文及决策、自我评价等。大家也可以按照课堂中的分组，以小组合作的方式完成本次任务，翻译完后组内成员一起修改、润色。作业定稿后，由组长收集好译文，发在 QQ 群中，老师会对这些译文进行——点评。如果有什么需要老师及时解答的问题，也可以在群里留言。"

> **教学评价**：此教学环节总结了本堂课的知识点，在教师的引导下梳理课堂内容，加强对相关重点的记忆。同时给学生类似的翻译任务，巩固所学。通过让学生做翻译过程记录，便于教师了解学生当时的思维模式、学习困难等，针对学生的工作流程、具体操作、思维机制诊断出发生错误的具体原因，也有利于老师整理所有学生的共性问题和突出的个性问题。S 老师利用 QQ 平台，发布任务让学生巩固所学知识。学生在明确翻译任务后可以利用线上平台分配任务，及时讨论相关翻译难点，灵活支配时间。在合作翻译的过程中，进一步增强学生的合作式学习能力。

三、总结

运用翻译工作坊（translation workshop）教学模式，可以多途径地探索，客观分析论证翻译的障碍，明确翻译障碍的症结所在，是克服障碍的开始。从课前导入部分引导学生思索译前翻译准备，同时在理清概念的过程中，明确课堂中讨论的问题是对话翻译如何传达原文的神韵。在实践环节，采取合作翻译的方式来保证译文质量，确定翻译难点。从而在评价环节重点放在解决翻译难点上面，推进学生对知识点的进一步掌握，培养学生发现问题，解决问题的能力。在翻译工作坊的教学模式下，S 老师打破了传统的填鸭式教学方式，通过学生寻找问题，教师引导解决，用问题驱动式教学提高学生的专业能力，在小组合作讨论的方式下培养学生的跨文化交际能力，促进了学生的全面发展。该教学模式真正让翻译实践走进了课堂，有效实施了翻译技能的培训优先于理论知识的传授，并以翻译过程为导向、以学习者为中心，关注翻译过程中的各个步骤，强调语言知识和专业知识的积累与更新，注重所选翻译材料的真实性，注重译者专业技能、人际交往技能、翻译能力、合作精神、合作能力、责任意识等的培养，为他们日后成功地踏上职业翻译之路奠定基础。

案例思考题

1. S老师采用的翻译工作坊模式是一种怎样的模式？这种教学模式能够培养学生哪些能力？

2. 除了S老师在课堂上和学生们讨论的这些应用于文学翻译的翻译方法，你还知道哪些适合文学翻译的方法？

3. S老师在进行文学翻译教学时，是如何引导学生积极解决问题的呢？这对其他课堂教学是否有可借鉴之处？

4. 除了S老师的方法，还可怎样利用网络平台来辅助教学？

5. 老师在教学过程中是如何充当"脚手架"的作用的？这样的翻译教学，对学生有何好处？

6. 作业布置还可以采用何种方式来巩固课堂所学，促进学生的课后学习？

四、案例使用说明

（一）适用范围

适用对象：MTI教师、翻译硕士、翻译专业本科生。
适用课程：文学翻译、翻译理论与技巧、翻译专业教师发展。

（二）教学目的

1. 掌握文学翻译的常见翻译方法。
2. 掌握文学翻译文本的解析方法。
3. 提高学生自主学习、团队协作的能力，培养学生的问题意识。
4. 培养翻译专业教师的创新能力与思维品质。

（三）关键要点

1. 相关理论
翻译工作坊教学模式：以翻译过程为导向、以学习者为中心，关注翻译过程中的各个步骤，强调语言知识和专业知识的积累与更新，注重所选翻译材料的真实性，注重译者专业技能、人际交往技能、翻译能力、译者能力、合作精神、合作能力、责任意识等的培养，为他们日后成功地踏上职业翻译之路奠定基础。

威辛廷（Visintin）将翻译工作坊教学模式分为 9 个步骤：第一步，给学生真实的翻译任务；第二步，学生通过小组合作的方式自主学习，第三步，确定翻译问题，制定问题集合表；第四步，学生默读文本，标记不熟悉的术语，思考翻译困难，并分享观点；第五步，学生借助词典、同义词/反义词词典或其他信息资源进行初步翻译；第六步，学生比较各自译文，形成小组译文或保留个人译文；第七步，成员朗读译文，其他学生倾听并评论，引发论辩；第八步，讨论翻译技巧的运用和翻译思路。第九步，小组给出最终译文，教师评分。

2. 关键知识点

文学翻译教学、翻译工作坊教学模式、翻译教学设计。

3. 关键能力点

提取文本材料中心要点，总结翻译过程相关重难点，培养学生文学作品翻译的能力，即与其他译员的小组合作能力，合作式学习能力、谈判能力和互动能力。在理论学习的过程中，注意分析有关实践的问题并总结有关经验。

4. 案例分析思路

通过分析 S 老师《心既能安处处家》文学翻译教学，引导翻译专业教师和教研员如何在翻译教学中实践翻译工作坊教学模式，为翻译专业教师创新课堂教学设计提供借鉴。

（四）教学建议

1. 时间安排：研究生标准课两节（90 分钟）。

2. 环节安排：提前布置预习内容→课堂中学生分为 4 小组→根据教学情境小组作讨论，解决问题→各组形成解决方案进行汇报→师生共同研讨→课后作业布置。

3. 人数要求：15 人左右的班级教学。

4. 教学方法：以学生合作探究为主，以教师讲授点评为辅。

5. 工具选择：多媒体教室，其他工具根据教学内容而定。

6. 活动建议：课前要求学生自行搜集相关课程内容资料，进行初步了解，教师也要根据教学内容进行教学情境的初步构建。上课过程中让学生分小组合作完成任务，并进行汇报，尽量让更多的学生参与课堂，教师准备好点评资料和提纲。下课后教师及时进行教学反思，总结得失，以便改进后续的教学行为。

（五）推荐阅读

［1］陶友兰，刘敬国. 以提高译者能力为中心的翻译硕士笔译教学综合模式新探［J］. 外语教学理论与实践，2015，（04）：87－91.

［2］王东风. 译家与作家的意识冲突：文学翻译中的一个值得深思的现象［J］. 中国翻译，2001，（05）：43－48.

［3］胡壮麟，刘世生. 文体学研究在中国的进展［J］. 山东师大外国语学院学报，2000，（03）：1－10.

案例三　混合式教学模式下外宣文本中习语的英译教学①②

摘　要：在汉语的外宣文本中，习语的比重和重要性不容小觑。由于英汉语言表达习惯不同，如何英译习语是我们需要重视的问题。本案例选取国家领导人的发言内容作为分析文本，采用混合式教学模式开展教学实践。课堂教学包括课前自主学习、课堂导入、课堂讨论、翻译练习以及课后总结环节，将在线教学和传统教学的优势结合起来，实现"线上＋线下"的有机结合。同时课堂坚持以学生为中心，以教师为主导，提高学生的思辨能力、实践能力等，旨在培养翻译硕士成为高素质的翻译人才。

关键词：混合式教学模式；外宣文本翻译；习语翻译；汉英翻译

The Teaching Practice of the Idiom Translation in the Publicity Text Under the Blended Teaching Mode

Abstract：In Chinese publicity texts, the proportion and importance of idioms cannot be ignored. English and Chinese have different expression habits, so we need to pay attention to English translation of idioms. In this teaching plan, the content of speeches by state leaders are chosen as the text for analysis, and the Blended Teaching Mode is adopted to carry out the teaching practice. The procedure includes independent learning before class, lead-in, class discussion, translation practice and summary. It combines the advantages of online teaching and

---

①　**作者简介**：文雯，女，湖南衡阳人，湖南科技大学外国语学院英语笔译专业研究生；吕爱晶，女，湖南湘潭人，湖南科技大学外国语学院教授，硕士生导师。

②　**编制说明**：按照调研学习及当事人的要求，作者对案例所涉及的学校名称、人员及相关数据，做了必要的掩饰性处理；本案例仅供教学之用，无意提倡或暗示某种管理理念、方法或体制比其他的理念、方法或体制更为有效或合理。

traditional teaching with a combination of "online teaching + offline teaching". In addition, we insist on being student-centered and teacher-led, improving students' critical thinking ability and practical ability, aiming at cultivating MTI into high-quality talents.

Key words：Blended Teaching Model；Publicity Translation；Translation of Idioms；C—E Translation

一、背景信息

由于地理、历史、宗教信仰、生活习俗等方面的差异，英汉习语承载着不同的民族文化特色和文化信息，它们与文化传统紧密相连不可分割。习语中的文化因素往往是翻译中的难点[①]。习语作为语言的特殊形式的载体，体现着大量的文化信息，其中蕴含着劳动人民长期积累下来的智慧结晶，具有浓厚的民族色彩和鲜明的文化特色。因此，习语的外译对于翻译专业的学生来说无疑是一个挑战。译者不仅需要思考中国文化中习语的英文表达，还要加深对西方习语文化的理解，这样才能使译文更有利于目标读者接受。翻译专业的学生应该努力拓宽自己的视野，了解更多的中国文化，增强跨文化翻译的意识与能力，提高综合文化素养，以适应我国社会发展和国际交流的需要。外宣文本中常常包含大量的中国特色词汇，具有鲜明的时代特色。因此，译者在进行英译时，必须字斟句酌、仔细推敲甚至反复修改，使译文贴合原文含义的同时，符合目标语的用语规范。

本案例来自 H 大学 W 老师为 22 级翻译硕士开展的一堂基础笔译课。W 老师将选取国家领导人发言中包含习语的内容作为课堂的教学内容。要将外宣文本的严肃性与习语翻译的灵活性相结合对于翻译专业的学生来说无疑是一个不小的挑战。W 老师希望通过课堂翻译训练和课堂讨论，引导学生自主思考，突破外宣文本中习语翻译的难点。

在本案例中，W 老师将采用混合式教学模式，将教学阶段大致分为三个步骤：课前、课中和课后。混合式教学因其"混合"的方式和途径有所不同，不同的学者对于这一教学模式也有不同的定义。例如 Banados 将混合式

---

① 张宁. 英汉习语的文化差异及翻译［J］. 中国翻译，1999，（03）：24—26.

教学模式定义为课程教学与技术结合以达成提升教学效果的结果①。何克抗教授基于新型建构主义的观点，认为混合式教学是"把传统的教学方式的优势和 E-learning（网络化学习）的优势结合起来"的一种模式。他认为，在这一教学模式中，"既要发挥教师引导、启发、监控教学过程的主导作用，又要充分体现学生作为学习主体的主动性、积极性与创造性。只有把二者结合起来，优势互补，才能获得最佳的教学效果"②。本案例采用的混合式教学模式的相关定义主要参考何克抗教授等学者的观点，即混合式教学是将线上网络教学的优势与线下面对面教学的优势相结合的一种模式，突破时间和空间的限制，使教学过程更加灵活，更大程度发挥学生的自主学习能力。

W 老师在教学设计的创新性体现在：一是在教学环节的推进中，采用混合式教学模式（Blended Teaching Model），将在线教学和传统教学的优势结合起来。通过"线上＋线下"的有机结合，可以把学习者由浅入深地引向深度学习；二是在教学方法的使用上，采用问题驱动型教学方法，将以往传授知识为主的传统教学方式转变为以解决问题、完成任务为主的多维互动式教学方式，让学生处于积极的学习状态，踊跃参与到课堂教学中来；三是在教学媒介的使用上，将运用多媒体以及网络资源来辅助教学。这包括使用 QQ、"学习通"等 App 作为教学辅助，课前通过线上软件布置学习任务和分享相关学习资料。课堂上利用多媒体课件帮助学生及时跟进教师的课堂任务，并利用 QQ 群让学生上传小组讨论结果。课后也能在软件上及时检查作业，并进行答疑解惑，巩固教学成果。

二、案例正文

（一）头脑风暴——外宣翻译知多少

上课铃声响起，2022 级翻译硕士的同学已经在教室中央环形木桌的座位上坐好。有的同学还打开了电脑或者平板以及纸质词典，做好了课前准备工作，等待着 W 老师上课。W 老师面带微笑，打开了手提包拿出电脑，并将电脑与多媒体设备连接好。

---

① Banados E. A blended-learning pedagogical model for teaching and learning EFL successfully through an online interactive multimedia environment [J]. CALICO Journal，2006，23（03）：533—550.

② 何克抗. 从 Blending Learning 看教育技术理论的新发展 [J]. 国家教育行政学院学报，2005，（09）：37—48，79.

一切准备就绪，W 老师开始了今天的讲课："Good morning，class！"
同学们异口同声："Good morning！"

"好的。上周，我在"学习通"给同学们布置了一个翻译作业，文档中共有四句翻译练习。大家作为翻译专业的同学，之前一定都或多或少接触过这类外宣文本的翻译吧。那么，我想请问同学们，在做练习之前你们做过哪些准备呢？在翻译的过程中有没有遇到哪些困难呢？"

H 同学举手说道："老师，为了避免误译，我在翻译之前通过百度查找过原文的具体出处，将原句的上下文都大致看过。我认为这样理解句子才更容易，翻译才更准确。"

E 同学也举手，说道："老师，我也在译前做过查找工作。不过我是提前将翻译难点圈出来，再有针对性地对其进行相关背景资料的查找。因为我发现，这类文本属于正式用语，所以在选词的时候一定要谨慎。而且文本中的四字词语或者成语比较多，还有修辞和比喻用得也特别多。另外，一些带有中国特色的词汇或者地道表达翻译起来也比较难。比如，'避风港''攻坚拔寨'还有'家和万事兴'这类的词，我觉得这些都算翻译的难点。所以，我想要先解决这些小词的翻译问题再着手整体翻译。"

J 同学又补充道："老师，我也和 E 同学有同样的想法。不过既然他已经说到了词汇方面的难点，我就来谈谈句子方面的难点吧。我发现这些文本中的长句、无主语句特别多。翻译之前，我需要先理清句子成分，分析句子结构，划分好意群。真正着手翻译的时候，我发现有的句子比较难处理。比如，'在市场作用和政府作用的问题上，要讲辩证法、两点论'的主语怎么补充？'脱贫攻坚已经到了啃硬骨头、攻坚拔寨的冲刺阶段'中的两个形容词性词语应该合译还是都译出来？这些问题都有点模棱两可。而且，刚刚 E 同学提到的习语翻译对我来说也是一大难点。"

其他同学也纷纷点头表示赞同。

W 老师点点头，微笑着说道："刚刚发言的几位同学能够就自己的翻译经验发表看法，还有同学就文本的措辞和句式特点进行了表述，总结得都不错。总体而言，这次的英译难度不算很大，但是其中包含的习语翻译想必让同学们费了一些心思。有两位同学都提到了地道表达的翻译难题，而这个也正是今天上课要学习的主要内容——对于这一类外宣文本中出现的习语，我们该如何处理。不过，在正式上课之前，我还有几个小问题想请问大家。同学们有没有发现，文本中比较突出的特点是什么？我们在翻译这一类文本的时候需要遵循什么原则呢？比如同学们熟知的政府工作报告、十九大报告等，对比中英译本你们发现了什么？"

　　X 同学这时脑中有了想法，连忙说道："老师，我觉得译者在翻译的时候首先是要忠实于原文，这是最基本的。还有一点，外宣翻译的受众是外国读者，译者在翻译的过程中不仅要保留中国特色，还需要贴近外国受众的思维，这样才能更好地做好'外宣'。"

　　W 老师微笑着称赞道："X 同学总结得不错。我们都知道，这一类重要外宣文本是传递官方信息的重要渠道。这种翻译不同于一般的文本翻译，我们在翻译这些文本的时候一定不能犯立场错误。大家遇到不懂的或者不能确定的表达，一定要查阅相关资料，利用好手边的词典，或者权威网站搜索准确的表达。另外，文本中包含的一些习语表达，如果拿捏不准，也一定要溯流从源。了解清楚其背景文化知识才能更准确地把握词意。这里，老师推荐几个官方网址供大家参考，请大家看 PPT。"（见图 3.1）

图 3.1　PPT 页面：官方术语查询网址

教学评价：由于习语翻译具备一定难度，在本教学环节中，W 老师在上课前通过线上布置任务，让学生提前了解本堂课的核心内容，以做好充足的上课准备，在课堂上能够更快地进入状态。正式上课前又以提问的形式引入课题，利用两个与授课内容相关的小问题吸引学生尽快进入课堂学习，让学生自主思考，自由分享自己课前的自学心得，激发学生思维和探究欲望。另外，老师善于利用网络资料和多媒体设备，将资源与学生共享，鼓励学生自由选择资源，积极探索可以利用的网络资料，提高自学能力和翻译实践水平。对于线下教学环节，W 老师善于引导学生提问，步步推进，从课堂练习文本中的措辞、句式特点逐渐引向习语翻译的难点，引发学生思考，随后正式进入课堂内容的学习和讨论。这既发挥了教师的主导性，又发挥了学生的主体性。这种"线上＋线下"的互动方式结合任务导向型教学方法，环环相扣，有利于教学过程的推进，促进教学步骤的实施。

（二）各抒己见——翻译处理论中现

随后，W 老师又继续说道："同学们的作业我都收到了。值得表扬的是，大家都能够按时完成我布置的作业。现在，我想问问大家，在翻译的过程中，有没有注意到刚刚那几位同学提到过的文本特点和翻译难点呢？有没有处理好文本中出现的习语翻译呢？现在，我想请大家拿出自己的译文进行组内互评，并积极分享自己的处理方法。随后组内成员一起进行讨论，分析句子中出现的习语是如何处理的，并选出组内的最佳译本分享在QQ 群内。十五分钟之后，我将在群里验收成果。"

讨论时间一到，W 老师拍了拍手说道："同学们，时间到啦。我看到各小组已经将译文整理好上传至群共享文档了。不过，在正式验收讨论结果之前，老师还有一个小问题。在之前的讨论中，除了其中常见的翻译问题，同学们都谈到了文本中一些地道表达的翻译难度不小。那么，现在我想问问大家，你们觉得翻译习语应该注意哪些方面的问题呢？"

A 同学第一个举手，连忙说道："老师，我觉得习语意蕴丰富，有些含义并不只是字面意思，这需要译者去细细思考。"

B 同学也补充道："是的，很多习语都蕴含着典故，比喻义特别多。有些的还因为时代的变化被赋予了不同的意义。所以，作为译者需要多阅读多学习，要有'寻根问底'的执着，不然产生误译可就要闹笑话了。"

老师点点头，说道："没错，习语不仅意蕴丰富，修辞灵活，结构也比较特殊。当我们在翻译中遇到习语的时候，不仅要考虑词意、语境，还要考虑文本体裁，这样才不容易造成误译。这需要译者多花心思，多下功夫。那么现在，请大家打开群里的共享文档，让我们一起欣赏大家的译文，看看各小组是怎么处理这些词汇的。"

各小组的习语译文如下。（见表 3.1）

表 3.1　各小组的习语译文

习语名称	第一组	第二组	第三组	第四组
避风港	shield	shelter	excuse	shelter
啃硬骨头、攻坚拔寨	to overcome the final obstacle	the hardest	the most difficult	to overcome the final difficulty
家和万事兴	Harmony brings wealth	Harmony at home brings prosperity	Harmony brings prosperity	Harmony in the family brings prosperity
"看不见的手"和"看得见的手"	"the invisible hand" and "the visible hand"	"the invisible hand" and "thevisible hand"	"the invisible hand" and "the visible hand"	"the invisible hand" and "the visible hand"

浏览完毕，W 老师问道："大家看完了吗？对比自己小组和其他小组的译文，有没有发现哪些异同点呢？"

同学们点点头，异口同声回答道："看完了。"

"好的，通过查看各个小组的译文，我发现在翻译的处理方面，大家的想法各有不同，那么，我们接下来逐个进行分析。"

同学们纷纷将视线从手机里的共享文档上移开，抬头望向老师。

W 老师接着说道："我现在将共享文档投屏到大屏幕上，请大家看到第一个词语——'避风港'。大家对这个词是怎么解读的呢？有没有同学分享一下自己的想法？"

第三组的 C 同学第一个举手回答："'避风港'原本的意思是指供船只躲避大风浪的港湾，也可以用来比喻家庭。从原句'新常态不是一个避风港'的后一句'不要把不好做或难做好的工作都归结于新常态'可以发现，习近平总书记这段话是为了呼吁领导干部在工作中避免这种推脱责任、找借口的倾向。所以，我们组觉得将这个词译为'excuse'比较合适。"

第一组的 D 同学连忙补充道："我们小组也觉得原文含有比喻义。不过我们选择意译为'shield'一词。这是对照了许多近义词的英英释义后决定的。'shield'有一个意思为'a person or thing used to protect somebody or some thing'，我们觉得这个词语非常贴切。不仅把比喻意义翻译出来，让人更容易接受，还保留了原意的韵味。"

W 老师笑了笑，说道："这两个小组的成员都选择了意译法。不过他们各持己见，各有各的道理。的确，在这个句子中，'避风港'绝不仅有字面意义上的庇护所的意思，所以二、四小组直译成'shelter'是不太恰当的哈。不过词汇的选择就看译者自己的水平了，如何做到传神又贴切，就需要多花一些心思。这里老师给大家看看官方译文的表达，大家可以借鉴学习一下。"（见表 3.2）

表 3.2　官方参考译文（1）

原文 1：其三，新常态不是一个避风港，不要把不好做或难做好的工作都归结于新常态，似乎推给新常态就有不去解决的理由了。新常态不是不干事，不是不要发展，不是不要国内生产总值增长，而是要更好发挥主观能动性、更有创造精神地推动发展。

官方译文：Third, the new normal is not a shield or an excuse for not resolving difficult problems. It does not mean doing nothing, seeking no development, or pursuing no GDP growth. Instead, it means promoting development with more subjective initiatives and more creativity.

W 老师说道："官方译文将其处理成'shield or an excuse'，这里的想法很巧妙，将两个小组提到的观点都考虑到了。其中，'excuse'更像是对'shield'的进一步解释说明，使文章意思传达得更清楚。大家可以借鉴这种表达方法哦。"

同学们纷纷点头表示学到了。

"好的，那我们继续看下一个。请问大家有没有查阅过这两个词语的释义呀？"

第二小组的 E 同学举手说道："老师，这个'啃硬骨头'强调的是坚强不屈、坚忍不拔的精神。而'攻坚拔寨'这个词是由'攻城拔寨'这个成语衍生而来的，意为'攻破对方城池和攻下士兵营寨'。根据原文我们可以知道，这里指的就是脱贫攻坚战已经到了冲刺阶段，即将'拿下胜利的果实'，这是最艰难的时候。所以，我们小组觉得'the hardest'比较恰当。"

W 老师笑了笑，说道："这个小组比较有想法。而且你们组的译文是四个小组中最言简意赅的，也算是另辟蹊径了。不过这样做会不会把原文的情感强度削弱太多呢？不难发现，这两个词语的意思的确有交集。而且，我看到四个小组都选择了合译哈，只不过处理有所不同。有的小组选择保留形容词的意义，有的小组则把词组放到被修饰词的后面作为补语，说明大家都有认真思考过。这里，我又想请问第一组和第四组的同学，你们这样翻译的理由是什么？"

第四组的 F 同学不好意思地笑了笑说："老师，我们组一开始看到这个词的时候，想着这个形容词前缀比较长。为了把原意尽可能地表达出来，就把它们放到了中心词的后面。但是我们能力有限，感觉没法译出原文的四字结构，最后只翻译出了原文中'最后一道坎'的意思。"

W 老师安慰道："勇于尝试是值得鼓励的。不过，四组的同学这样处理其实只译出了'拔寨'的意思，把重心放在了后一个词，也存在漏译的情况哦。大家想一想，我们做的是篇章翻译，这些词语能不能和上下文联系起来呢？试试放眼整段呢？让我们一起看看官方译文是怎么处理的吧。"（见表 3.3）

表 3.3　官方参考译文（2）

原文 2：脱贫攻坚已经到了啃硬骨头、攻坚拔寨的冲刺阶段。必须以更大的决心、更明确的思路、更精准的举措、超常规的力度，众志成城实现脱贫攻坚目标，决不能落下一个贫困地区、一个贫困群众。
官方译文：China's battle against poverty has entered the toughest stage. To achieve our goals, we must carry on the fight with firmer resolve, clearer thinking, more targeted measures, unique intensity, and concerted action, leaving behind no single poverty-stricken area of individual.

W 老师抬高声音："同学们注意'battle''toughest'和'fight'这几个词。'攻坚拔寨'强调这是一场艰难的战争，'battle'将'斗争'的意思翻译出来了，并移到前面和'脱贫攻坚'放在一起。但是艰难之意没有呀，所以官方又将形容词'toughest'用来修饰'阶段'。'啃硬骨头'是一个动宾结构，'fight'既可以作名词又可以作动词，和前后文都能相呼应，可以说翻译得非常精彩。所以，同学们平时一定要多加练习，将基础打扎实，才能将这些小词运用自如呀。"

同学们点点头，纷纷发出赞叹的声音。

"接下来这个词不用多说，想必大家一定耳熟能详了吧。'家和万事兴'在这个句子中是一种期盼和呼吁。中方真诚祝愿并坚定支持非洲在自强的道路上的步子迈得更大一些，也希望中非关系能发展得越来越好。对于'兴'这个词，我注意到其中一个小组翻译的是'wealth'，其他小组都处理成'prosperity'，大家想想这样做恰当吗？"

G 同学不解地问道："老师，我觉得经济基础决定上层建筑，这样的处理应该可以的吧。而且'prosperity'的英英释义是'the state of being successful, especially in making money'，还是挺贴切的。"

W 老师笑了笑，问道："同学们想一想，这个'兴旺'只有物质层面的意思吗？精神层面的有没有？我们可不可以找一个概括性更强的词语来替代呢？"

G 同学连忙补充道："老师，我觉得我刚刚提到的'successful'是个不错的选择。这个句子可不可以译成'Harmony in a family makes everything successful.'呢？"

W 老师赞许道："不错，G 同学反应很快。大家赞同他的想法吗？"

有的同学点头表示赞同，有的同学则低声讨论着这个句子。

"老师认为这个习语用直译处理并无不妥，而且这个'successful'也运用得比较巧妙。现在，让我们一起看看官方的译文是怎么处理的吧。"（见表 3.4）

表 3.4　官方参考译文（3）

原文 3：家和万事兴。全非洲是一个命运与共的大家庭。
官方译文：To all Chinese, "harmony in the family leads to success in everything." Africa is a big family of shared destiny.

"刚刚那位同学处理成了后置定语，官方译文则是处理成名词，我觉得两种翻译都很贴切。那么，既然要选择直译，我们就要考虑句子的流畅性以及前后文的协调性。这里，官方还将其设计为引语，这样一来，这个句子在整个段落里也不会太突兀。"

W 老师继续说道："接下来，让我们看看最后一组词。我发现每个小组的译文都是一模一样的哈。不错，大家的译文都是没有问题的。我相信这两个词对于翻译专业的同学来说一定不陌生，它们常常会出现在经济类文本中。那么有没有同学查过两个词的来源呢？"

H 同学再次举手回答道："老师，我查阅了资料。'看不见的手'出自英国经济学家亚当·斯密的《国富论》，指的是市场机制对经济发展的作用；而'看得见的手'则出自英国另一位经济学家凯恩斯的《就业、利息和货币通论》一书，指的是国家对经济生活的干预。这两个词都有英文原型，属于外来词，我们学习和适应之后逐渐成了惯用语。"

"不错，H 同学善用网络查阅相关信息，值得表扬。这种具有固定表达的词汇，我们可以直接套用，而不是自由发挥，不然也会给读者造成困惑。既然大家对这两个词汇没有异议，那我们就大致看一看整个句子的译文吧。"（见表 3.5）

表 3.5 官方参考译文（4）

原文 4：在市场作用和政府作用的问题上，要讲辩证法、两点论，"看不见的手"和"看得见的手"都要用好，努力形成市场作用和政府作用有机统一、相互补充、相互协调、相互促进的格局，推动经济社会持续健康发展。
官方译文：We should make good use of the roles of both the market，the "invisible" hand，and the government，the "visible" hand. The market and the government should complement and coordinate with each other to promote sustained and sound social and economic development.

W 老师接着说道："这里老师就提醒同学们注意一个小细节。译文将'市场'和'政府'两个词译在了后面，和'invisible hand'以及'visible hand'相呼应，也算做了一个解释说明，各体现了市场和政府的作用。这里也是一个小巧思。"

同学们纷纷低头做笔记。

"好的，那么这一环节的讨论就到此结束。我相信大家一定也有了一些新的收获。老师就刚刚大家一起讨论的结果做一个总结。"

W 老师一边说一边将页面往前翻，然后再逐个进行总结。

"对于习语的翻译，我们可以采取意译的方式。这样能够更大程度表达出原文的比喻义，也更符合目标读者的表达习惯，更易于读者接受。对于一些意思相近的词组，我们也可以进行合译，或者将词意穿插在句子中，使文章整体看起来更和谐。另外，对于一些谚语、成语，或歇后语等常用语，我们可以直接进行翻译，并用括号表示引用，这样也能更好地传播中国文化。最后一个比较简单，那就是对于中英词汇中本来就存在的搭配，我们可以直接套用。这样不容易出错，译文也会更有说服性。不过，翻译方法是多样的，翻译也没有既定的规则，不可能走捷径。对于翻译标准，除去所有翻译工作都需要遵循的'信、达、雅'标准之外，外宣翻译更需要翻译工作者熟知并运用'外宣三贴近'，即贴近中国发展的实际，贴近国外受众对中国信息的需求，以及贴近国外受众的思维习惯的原则[①]。外宣翻译需要译者掌握更多的经济、文化背景知识，在平时的学习中，我们可以随时积累知识，遇到不懂的也要学会用网络的力量帮助自己，充实自己的知识库。"

---

① 黄友义. 坚持"外宣三贴近"原则，处理好外宣翻译中的难点问题 [J]. 中国翻译，2004，(06)：29－30.

教学评价： 在此教学环节中，在明确教学主题之后，W 老师及时布置课堂任务，引导学生进行小组讨论，这有利于加深学生对问题的理解。讨论中可以碰撞思维的火花，有利于学生相互促进，提高课堂效率。随后，老师利用QQ群的共享文档功能收集各小组讨论出的最佳译文，节省了排版时间，更快地将译文整理出来供同学们讨论学习。并且利用多媒体设备，将文档投屏在大屏幕上，让学生思维更加集中，减少学生因为注意各自的设备而分心的可能性。在师生互动的过程中，W 老师始终坚持以学生为主体，老师为主导，引导学生自由进行讨论，在正式进行译文分享之前让学生对于本节课学习的重点——习语进行讨论，由此再顺其自然地引入下一步阶段，活跃学生的思维。在解决翻译问题的过程中，老师始终扮演着引导者的角色，通过提问步步引导学生跟进讨论，让学生能够积极参与到课堂中。同时，对于学生的回答及时进行总结和补充，对于不同的翻译问题进行不同的处理，在提问的过程中自然而然地把学生带到思考中，对于学生出现的问题也是以点拨为主，始终重视学生的中心地位，激发学生的思考。课堂讨论始终以学生为中心，教师为指导，改变学生单纯作为接受者的学习方式。最后，老师及时进行阶段性学习的小结，巩固所教内容，并呼吁同学们端正学习态度，提升翻译水平。

（三）学以致用——今日收获大不同

在上一教学环节中，同学们认真进行了讨论，师生积极互动推动教学进程。接下来，学生将进行课堂限时翻译练习，运用所学方法灵活进行翻译。

"接下来，我们正式进入翻译练习环节。我将在"学习通"发布限时作业，时间为40分钟，一共四个句子，句子不长，同学们需要重点关注其中的习语翻译哦。大家可以使用搜索引擎查找文化背景，但不要去查官方译文，因为这是一个锻炼的好机会。时间一到，我将利用"学习通"的随机点人功能选取四位同学的译文进行共享，所以请大家一定要认真对待。"

40分钟之后，W 老师拍了拍手说："时间到啦同学们，现在我将随机挑选几位'幸运儿'的译文进行课堂分享。大家可以借鉴学习，也可以讨论优缺点。"

同学们神色紧张，注视着屏幕上的随机点人界面。

"现在，让我们看看第一位同学的译文。"（见图 3.2）

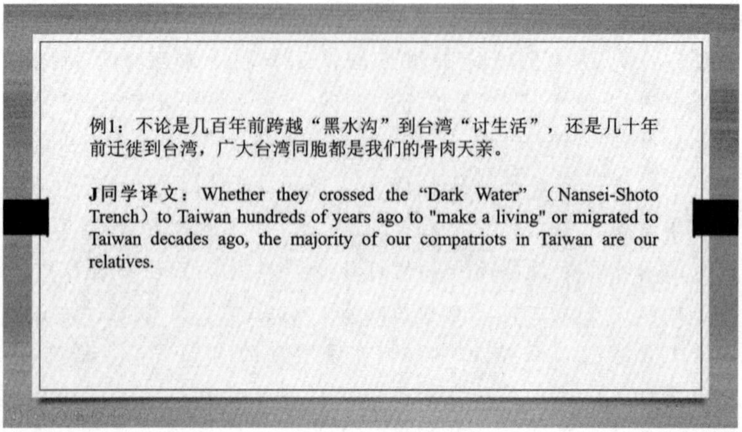

图 3.2　PPT 页面：J 同学译文

"请 J 同学谈一谈自己的想法，其他同学有不同的观点也可以补充。"

J 同学缓缓说道："这个句子有几个词对我来说是难点。比如，'黑水沟'这个词对我来说就有点陌生。所以我查找了百度百科，了解到黑水沟在历史上是清帝国与其藩属国琉球王国的分界线。这个词属于古称，如今已经称为'中琉海沟''琉球海沟'。所以我在直译的基础上还加以注释，这样表达得更清楚一点。"

M 同学说："老师，这个词能不能直接翻译成'琉球海沟'呢？"

W 老师说道："这个句子里有一个时间的对比，'几百年前'和'几十年前'。既然是古今异形，我们肯定是要区分开来的。直接取今天的意思进行翻译，在一定程度上淡化了时间的跨度。所以 J 同学处理为'Dark Water'还是比较恰当的。那么这个'骨肉天亲'的翻译，大家有没有异议？"

N 同学补充道："老师，我觉得'relatives'的情感还不够强烈，所以我加了一个'close'。"

老师赞同道："有这样的翻译意识是很不错的。不过能选择一个更加高度概括的词语就更好了。有一个词'kinsman'我觉得是比较合适的。'kin-'这一前缀表示拥有共同祖先的亲属关系，这样的词语会更加贴近原文。我们和台湾同胞同根同源、同文同宗，本就是血脉相连的一家人。"

同学们纷纷点了点头。

"现在，让我们来看看官方译文是怎么处理的。"（见图 3.3）

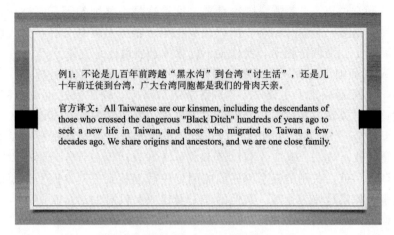

图 3.3　PPT 页面：官方参考译文 (1)

　　"刚刚提到的'黑水沟'在这里也是采用了直译法，不过官方译文加了一个形容词'dangerous'将跨越黑水河的凶险描述出来了。另外，这里的句子处理得特别妙。我们会发现，汉语表达喜欢'先分后总'，两个关联词之后才有了结论，而英语表达更倾向于'先总后分'。翻译的时候，官方译文把结论提前，表达了'台湾同胞都是我们的家人'这一事实，并且在最后还进行了一遍强调总结，将'骨肉天亲'这一词翻译出来，保留了中国特色表达。同学们平时翻译的时候有没有注意这样表达呢？这样的句式结构也是需要勤加练习才能做到游刃有余呀。接下来是下一位同学的译文。"（见图 3.4）

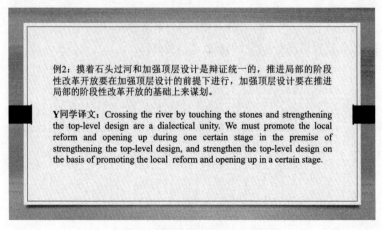

图 3.4　PPT 页面：Y 同学译文

　　Y 同学说道："老师，在我看来，虽然这是一整个句子，但是从意义上来看，这是一个总分结构。所以，我把句子根据意群划分好，分成两个句子翻译了。那两个俗语，我感觉不好拿捏，所以还是直译了。"

　　W 老师细细查看过译文之后赞许道："Y 同学把句子进行拆分，有分有总，后面还补充了主语'we'。整个结构清晰，逻辑表达也没有问题。不过这个'摸着石头过河'会不会过于生硬了？或者我们也可以增加一些细节？如今，'摸着石头过河'这句歇后语也是推进改革健康有序发展的一种重要改革方法。其实，它已经形成了官方表达，在官方网站可以查到权威译文，就在我刚刚分享给你们的网址中就能找到。同学们平时要多关注时事，积累这些表达哦。其他的还有异议吗？没有的话，我们就直接看参考译文。"（见图 3.5）

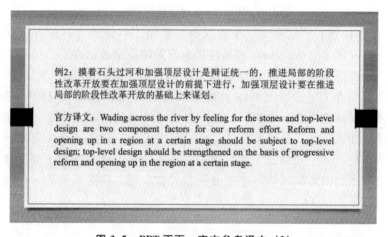

例2：摸着石头过河和加强顶层设计是辩证统一的，推进局部的阶段性改革开放要在加强顶层设计的前提下进行，加强顶层设计要在推进局部的阶段性改革开放的基础上来谋划。

官方译文：Wading across the river by feeling for the stones and top-level design are two component factors for our reform effort. Reform and opening up in a region at a certain stage should be subject to top-level design; top-level design should be strengthened on the basis of progressive reform and opening up in the region at a certain stage.

图 3.5　PPT 页面：官方参考译文（2）

　　"接下来看看第三位同学的译文。"（见图 3.6）

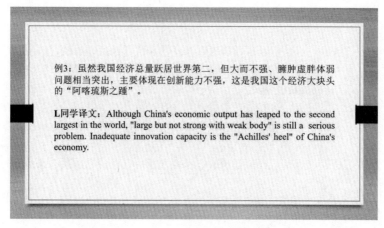

图 3.6　PPT 页面：L 同学译文

L 同学不好意思地说道："老师，这个句子主语不太明确。如果全部混在一起翻译，我觉得太奇怪了，所以我就进行了拆分。这个'大而不强、臃肿虚胖体弱'我也是直译了，然后加了引号。这样就不会太突兀，让读者知道这是在打比方。"

W 老师打趣道："L 同学倒是把老师说的'加了引号不突兀'牢牢记在心里了呀。你将句子进行了拆分，其中'大而不强、臃肿虚胖体弱问题'处理为'large but not strong with weak body'。这里做了一个比喻，算是一个不错的尝试。不过这样做会不会有一点点牵强了呢？虽然做了引号处理，但和前后文的联系似乎还是没有那么密切哦。另外，老师还要提一句，英语表达会弱化动词的存在，这里是在讲述一个事实，没有强调动作哦。"

L 同学点点头，问道："老师，那我直接处理成'我国经济总量是世界第二'可以吗？"

W 老师回答道："当然可以的。其实，如果看过上下文，我们会发现，这个句子只是作一个小前提，陈述的重点应该在后面。不过 L 同学整个句子处理得比较流畅，这是值得表扬的。最后这个'阿喀琉斯之踵'，想必本科选修过修辞学的同学都不陌生，这和我们的课前练习中的'看不见的手'和'看得见的手'一样，都属于外来词，直接借用表达就行。不过，整体而言，官方译文更加简洁明了，大家可以学习一下。"（见图 3.7）

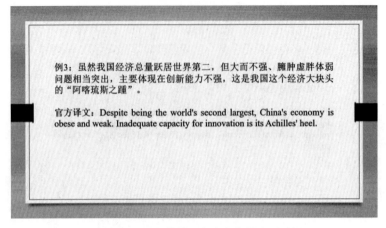

图 3.7 PPT 页面: 官方参考译文 (3)

"现在，让我们一起看看最后一位同学的译文。"（见图 3.8）

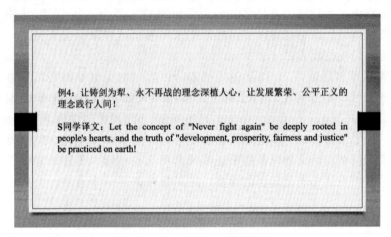

图 3.8 PPT 页面: S 同学译文

S 同学说道："这个句子里有两个'理念'，我做了两种不同的处理。一个是直译'concept'，一个是意译为'truth'。其中两个四字词'铸剑为犁'和'永不再战'，我就将它们进行了合译。以上就是我的思路。"

W 老师点点头，说："不错，那么对于这些词汇的处理，大家有没有其他的想法？"

R 同学举手回答道："对于前一对四字词，他是翻译成了动词短语，我翻译的是名词短语'No war'。"

T 同学也补充道："老师，我翻译的是'peace'，可以吗？"

　　Z同学也举手道："老师，我也有不同的想法，我翻译的是'Anti-war'。"

　　"不错，同学们能够各抒己见，积极表达自己的想法，老师很欣慰。其实在翻译的过程中没有规定哪些词必须采用哪种翻译技巧，除非是大家耳熟能详、达成共识的表达。只要大家能够积极思考，不出现原则性错误，做好'信、达、雅'，都是值得表扬的。对于优秀的译文，我们可以学习他的表达，但不能就此固化自己的思想。现在就让我们一起看看最后一个句子的参考译文吧。"（见图3.9）

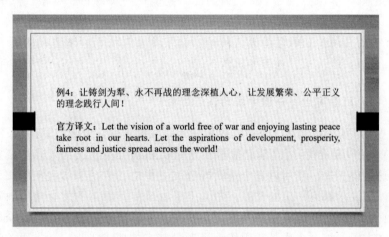

例4：让铸剑为犁、永不再战的理念深植人心，让发展繁荣、公平正义的理念践行人间！

官方译文：Let the vision of a world free of war and enjoying lasting peace take root in our hearts. Let the aspirations of development, prosperity, fairness and justice spread across the world!

图 3.9　PPT 页面：官方参考译文（4）

　　W老师总结道："今天随机挑选的四位同学的翻译都做得很不错，各有各的想法，并且灵活运用了我们所学的翻译技巧和翻译方法。对于官方译文的巧思，我这里小小做个总结。汉语表达喜欢'先分后总'，而英语表达更倾向于'先总后分'。而且，英语喜欢弱化动词表达，我们翻译的时候如果能够考虑到这些问题，译文将更符合目标语的表达习惯。另外，大家平时要善于利用网络的力量充实自己的知识库，积累一些官方固定表达，这样也能让自己的译文更具有说服力。大家在看这些同学译文的同时，也要反思自己，是否有可以学习的地方，或者是否有出现过类似的小粗心。对于官方译文，大家在赞叹的同时也要学会观察其中可以用来借鉴的表达，这对自己的翻译水平也会大有帮助。"

　　教学评价：在此教学环节中，老师首先利用"学习通"发布限时作业，通过列举书中其他包含习语的句子，让学生进行翻译练习。练习中的信息反馈具有及时性，老师不仅能了解学生的掌握情况，还能让学生及时将所学知识运用到实践中，巩固知识点。使用"学习通"布置随堂作业不仅能够让学生都能积极参与到课堂中来，还能够一键查收作业，避免学生浑水摸鱼的现象。随后又利用"学习通"的随机点人功能抽取了四位同学的译文进行课堂分享，这样做更有利于公平，不容易造成一堂课总是同样几位同学参与讨论的结果。另外，这种操作能够让学生更加集中注意力，对待课堂练习更加认真。在师生互动的过程中，W 老师针对学生在练习中的优异表现及时给予肯定和表扬，形成激励机制，鼓励学生思考和探索，对于出现的问题，也能进一步纠正和引导，查漏补缺。总之，老师能够将线上功能的便利和线下实践的优势结合起来，改变单一的传统面授教学模式。同时，引导学生积极参与课堂，将所学知识运用到实践，及时巩固知识点。

（四）可圈可点——课中学习课后练

W 老师说道："学已至此，我相信大家在这堂课一定收获了许多。"

W 老师接着说："同学们能够在这堂课积极分享自己的观点，踊跃发言，这值得表扬。当习语置于重要外宣文本中时，它的翻译和上下文语境或者外宣要求都有一定的关系。中华上下五千年，留下的文化宝库数不胜数。在翻译的时候确实需要考虑文化背景、文本要求以及目标语受众的期许。多方因素综合考虑是我们作为译者最基本的要求，我们一定要关注到语言差异和文化差异，将习语翻译做到贴切、传神。关于翻译方法的选择，同学们在不同的译本中能看到不同的表达，这些都可能受到译者本身的影响，没有放之四海而皆准的标准，我们要学会取其精华去其糟粕。我们能做的就是尽可能地还原汉语的韵味而又不造成误解，更好地传播中华优秀文化。"

"时间过得很快，我们马上就要下课了。对于大家今天的课堂表现，我表示非常满意，大家都能够积极踊跃表达自己的想法，善于进行小组合作，希望下一堂课也能继续保持这样的状态。最后，老师布置几个作业，希望同学们认真完成。请同学们完成我在"学习通"布置的两个作业，第一是观看我发布的领导人讲话的视频，找出其中的习语表达并进行翻译，以 Word 文档的形式将作业整理好上传到"学习通"，老师会——进行评价；第二是完成任务二中的篇章练习，要注意文章内容整体性以及外宣文本的严肃性。另外，请同学们将自己的学习成果和反思总结发布在"学习通"的讨论界面，如果还有什么疑问也可以放在总结中一并上传。老师会一一查看。下课时间到了，同学们再见！"

"老师再见！"

同学们纷纷记下了老师布置的作业，并自觉整理课堂做的笔记和拍下的参考译文图片。

> **教学评价：** 在此教学环节中，老师及时布置相关练习，与今日所学知识串联起来，进一步检验学生学习成果。同时，类似的文本翻译也能激发学生的积极性，降低学生的畏难情绪。另外，老师在"学习通"上创立讨论平台，供学生之间相互探讨学习，同时自己也能进行相应的答疑解惑，积极做好师生互动。线上答疑突破了时间和空间的限制，有利于学生及时反馈，老师及时了解学生情况，强化了教学效果。翻译专业的同学需要大量的翻译实践练习巩固所学，拓展知识面，锻炼翻译能力，提升翻译水平。

三、总结

汉语习语是中华文化的重要载体，习语的外译在外宣翻译中也属于一大难点。中西文化上的差异导致思维习惯和方式有所不同，因此，不能机械地翻译这些内容，否则很容易造成误解。总之，外宣文本中的习语翻译并非两种语言表达形式的简单转换。这是文化之间的思想碰撞，需要译者不断地增进自身翻译能力，了解和掌握更多的文化背景知识。在本教学案例中，W老师采用了混合式教学模式，将整个教学环节大致分为"课前""课中""课后"三个阶段，并合理利用网络技术，将"线上"和"线下"的优势结合起来。

课前在"学习通"上发布任务，明确教学目标，让学生提前对本堂课的内容做到心中有数。教师及时查收，了解学生的翻译水平和作业完成情况，及时调整教学内容，做到有的放矢。

课中的课堂导入环节以问题为中心，引导学生思考和讨论，明确学习任务，在师生互动中共同解决问题，提高学生的思辨能力。在课堂讨论环节，老师熟练利用网信息技术使学生共同参与到课堂，调动学生的积极性，培养小组合作能力。在翻译实践环节，利用"学习通"平台监督学生，并公平挑选学生译文进行课堂讨论，集中学生的注意力。

最后在课堂总结部分对学生的表现进行积极评价，并及时布置作业巩固知识点。在课后环节，学生自觉根据老师教学内容与其他同学的课堂讨论反思自己，并提交自己的课堂总结，老师一方面能够更好地了解学生的掌握情况，另一方面也是教学反思的重要组成部分。

在混合式教学模式下，W 老师打破了时间和空间的限制，为教学开展提供了更大的可能，同时，始终坚持以学生为中心，以教师为主导，以问题驱动学生自由讨论，培养学生的综合素质，促进学生的全面发展。

案例思考题

1. W 老师采用的混合式教学模式有哪些优势？为你提供了哪些启发？

2. 除了 W 老师在课堂上讨论的翻译处理方式，你还知道哪些习语翻译方法或技巧？

3. W 老师在进行问题牵引的时候，是如何积极引导学生思考和解决问题的？

4. 除了 W 老师用到的网络平台，你还能想到哪些能够利用的平台来辅助教学？

5. 课堂作业的布置是否还能更加多元化？你是否有其他的方式促进学生的课后学习？

四、案例使用说明

（一）适用范围

适用对象：MTI 教师、翻译硕士、翻译专业本科生。
适用课程：基础笔译、外宣翻译、翻译专业教师发展。

（二）教学目的

1. 启发学生进行独立思考，锻炼学生的思辨能力、团队协作能力等。
2. 丰富学生的翻译实践经验，引导学生多方面思考问题。
3. 充分发挥教师授业解惑的作用，对学生在实践中遇到的问题进行解答，充分发挥学生主体性，改变"填鸭式"教学模式。
4. 验证混合式教学模式的可行性和有效性。

(三) 关键要点

1. 相关理论

混合式模式：混合式教学是将线上网络教学的优势与线下面对面教学的优势相结合的一种模式，突破时间和空间的限制，使教学过程更加灵活，更大程度发挥学生的自主学习能力。

2. 关键知识点

外宣文本中的习语翻译、混合式教学模式、翻译教学设计。

3. 关键能力点

对文本材料进行加工，引导学生发现问题、分析问题、解决问题；在理论学习的过程中，注意分析有关实践的问题并总结有关经验；熟练运用网络设备。

4. 案例分析思路

通过分析 W 老师在课堂上对学生实践的分析以及实例的讨论，引导翻译专业教师与教研员在翻译教学中实践混合式教学模式，实现学生问题意识和解决能力的提高，为翻译专业教师创新课堂教学设计提供借鉴。

(四) 教学建议

1. 时间安排：研究生标准课两节 (90 分钟)。

2. 环节安排：课前布置自主学习内容→问题导入→根据教学情境小组作讨论，解决问题→课堂实践→师生共同研讨→课后作业布置。

3. 人数要求：20～25 人左右的班级教学。

4. 教学方法：以学生合作探究为主，教师讲授点评为辅。

5. 工具选择：多媒体教室，其他工具根据教学内容而定。

6. 活动建议：课前要求学生自行搜集相关背景资料，并进行初步了解，完成课前练习，教师也要根据教学内容进行教学情境的初步构建。上课过程中坚持以学生为中心，让学生自主讨论并进行小组合作。教师需要熟练掌握信息技术的运用，灵活处理课堂中可能发生的状况。下课后教师需要及时进行教学反思，以便后续改进。

(五) 推荐阅读

[1] Banados E. A blended-learning pedagogical model for teaching and learning EFL successfully through an online interactive multimedia environment [J]. CALICO Journal, 2006, 23 (03): 533-550.

［2］何克抗. 从 Blending Learning 看教育技术理论的新发展［J］. 国家教育行政学院学报，2005，(09)：37－48，79.

［3］黄友义. 坚持"外宣三贴近"原则，处理好外宣翻译中的难点问题［J］. 中国翻译，2004，(06)：29－30.

［4］金一，王移芝，刘君亮. 基于混合式学习的分层教学模式研究［J］. 现代教育技术，2013，23 (01)：27，37－40.

［5］李逢庆. 混合式教学的理论基础与教学设计［J］. 现代教育技术，2016，26 (09)：18－24.

［6］李逢庆，韩晓玲. 混合式教学质量评价体系的构建与实践［J］. 中国电化教育，2017，(11)：108－113.

［7］刘艳芳. 从翻译适应选择论看新闻报道中隐喻习语的翻译［J］. 上海翻译，2009，(04)：16－19.

［8］张宁. 英汉习语的文化差异及翻译［J］. 中国翻译，1999，(03)：24－26.

案例四　逆序教学模式下外宣文本的
汉英翻译教学①②

摘　要：中国外宣文本具有独特的外宣词汇、汉语式的语法结构和表达。由于英汉语言在语法逻辑和用词规范上明显的差异，英译中国外宣文本时应充分关注中英的表达差异和词汇的准确性，使译文符合英文的表达习惯。本案例选取中国外宣文本为分析文本，采用逆序教学模式展开建立评价体系、译审和实践练习三个教学步骤。通过建立外宣文本英译的评价体系总结出外宣文本翻译中应具备的术语意识、信息意识、外宣意识。通过译审引导学生在审译稿件的过程中发现问题，在问题中总结翻译技巧和方法；通过实践练习使学生将翻译技巧融会贯通，进一步了解国家取得的成就，厚植家国情怀。

关键词：外宣文本；逆序教学法；课程思政

The Teaching Practice of Chinese Publicity Texts Translation Under Reverse Teaching Method

Abstract：Chinese publicity texts have unique vocabulary, grammar and expressions, and the differences in grammatical logic and vocabulary norms between Chinese and English languages are obvious. Hence special attention should be paid to the different ways of expression and the accuracy of publicity words during C-E translation so as to conform to expression habits of the target language. In this teaching plan, *publicity*

---

①　**作者简介**：罗菲，女，湖南湘潭人，湖南科技大学外国语学院英语笔译专业研究生；王静，女，河南南阳人，湖南科技大学外国语学院教授，硕士生导师。

②　**编制说明**：按照调研学习及当事人的要求，作者对案例所涉及的学校名称、人员及相关数据，做了必要的掩饰性处理；本案例仅供教学之用，无意提倡或暗示某种管理理念、方法或体制比其他的理念、方法或体制更为有效或合理。

text is chosen as the text for analysis. The reverse teaching method is adopted to carry out the procedures of establishing evaluation system, proofreading and translation practice. Through the procedure of establishing evaluation system, the teacher summarizes the awareness needed in publicity text translation: awareness of publicity terminology, awareness of information and awareness of publicity. Through the procedure of proofreading, students are guided to find problems in the process of editorial translation and summarize the translation strategies and skills. Through the procedure of translation practice, the students try to integrate the skill learning and skill strengthening and at the same time know the achievements of their country better and bear the love for their home and country.

Key words: publicity text; reverse teaching method; Course for Ideological Education

一、背景信息

外宣文本是指中国所颁布的政策方针文件，涉及外交、军事、经济、教育、文化等方面，代表了中国政府的立场、观点和态度。外宣文本的翻译是指外宣相关文本的翻译表达，是外界了解中国方针与政策的重要窗口。在当今"讲好中国故事"，让世界听到更多的"中国声音"的大背景下，对国家形象有着十分重要的影响。然而因为汉语和英语的表达具有很大的差异性，外宣文本的翻译要重视中国特色词汇的严谨表达，英译文要尽量地道，符合目标语的用语习惯，才能达到积极的传播效果。本课例以外宣文本为分析文本，引导学生掌握外宣文本中特色词汇的表达以及句式特点，总结外宣文本的翻译技巧和方法。同时，潜移默化地对学生进行爱国主义教育。

2022 年 5 月 10 日，习近平总书记在庆祝中国共产主义青年团成立 100 周年大会上的讲话指出，"要敏于把握青年脉搏，依据青年工作生活方式新变化新特点，探索团的基层组织建设新思路新模式，带动青联、学联组织高扬爱国主义、社会主义旗帜，不断巩固和扩大青年爱国统一战线。"

作为教师除了要关注思政课本身，更应该丰富上课形式、拓宽宣扬渠道。① 因此，在本节课的案例教学中，教师不单要实现让学生掌握外宣文本翻译方法与技巧的显性目标，还要实现"厚植爱国情怀、砥砺强国之志"的隐性目标，引发学生的爱国情怀，承担起建设祖国的责任。

本案例来自 H 省 X 市 H 大学 2022 年 10 月 20 日为 2022 级翻译硕士开展的一堂基础翻译课程。因 H 大学此门课程文本多来自文学作品及新闻文本，鲜少涉及外宣文本的翻译教学。W 老师希望通过外宣文本的翻译教学，丰富文本类型，拓宽学生翻译实践经验，加深外宣文本词汇储备。课程内容为权威、典型的外宣文本。

本案例 W 老师采用逆序教学模式。在常规的教学法中，学生在积累了一定量的翻译实践后才能做译审，而在逆序教学法中，学生是先审阅他人的译稿，然后总结出能运用到翻译实践的技巧。具体来说，分为建立评价体系、译审和实践练习三个教学步骤。首先由教师教授学生外宣文本翻译评价体系，掌握外宣文本翻译所应具备的意识；其次让学生学习审阅他人的译稿，从而更快地掌握相关翻译技巧和理论，为后面的翻译实践提供帮助；最后，教师引导学生翻译实践练习，将理论与实践联系起来。

外宣文本具有语言正式、用词规范、逻辑缜密、结构严谨和说理性强等特点，因此在进行翻译的时候，译文必须严谨准确，译文中涉及的开创性的中国特色词汇也应该通顺畅达。在保证翻译结果准确无误的同时，还应该表明国家立场。只有这样才能够实现大国形象的输出，实现社会主义思想文化的"海外传播"。本课程依托政府工作报告的翻译实践案例，创新思政课程教学，引导学生价值观的塑造，帮助他们树立正确的理想信念。

W 老师在教学设计的创新性主要体现在如下几个方面。

一是在英语教学的课堂上实现思政教学目标，对学生进行爱国教育，并促进社会主义思想的对外宣传。课后作业选取能体现思政元素的翻译材料供学生练习实践，在巩固知识的同时，实现潜移默化的爱国主义教育。

二是采用非常规的逆序教学模式，通过建立评价体系、译审和实践练习这三个步骤进行教学。培养学生探究意识和创新精神，引导学生独立思考与小组合作，调动学生的主动性和能动性。让学生在译审实践中总结技

---

① 黄小丹，郭祖全，朱建定. 习近平总书记在庆祝中国共产主义青年团成立 100 周年大会上重要讲话的新时代价值意蕴 [J]. 学园，2022，15 (18)：1—5.

巧，在翻译实践中印证翻译方法，培养学生的自主学习能力和实践反思能力。

三是充分运用互联网教学媒介，以班级微信群与 QQ 群为依托，课前划分小组，实现小组合作式学习，培养团队意识。利用多媒体教学设备丰富教学形式，实现学生在课堂上互评互鉴译文，保证学生的主体性，实现课堂教学的主客体反转。在线平台发布任务与学习资料，为学生发表见解提供渠道，让老师能突破线下教学限制，将课堂教学实现课后延伸，答疑解惑，促进教学相长。

二、案例正文

（一）评价体系建立

上课时间马上要到了，22 级翻译硕士的同学们环坐成一圈，有的同学带来了阅读材料，有些带来了汉英辞典，还有些带来了随堂练习的文具。他们按照课前小组划分，四人或五人一组，探讨着上节课 W 老师布置的翻译任务。伴随着上课铃声的响起，W 老师一身正装走进了教室，叽叽喳喳的教室马上安静了下来。W 老师走上讲台，迅速地环视了一下教室，看到同学们认真的表情，拿出资料，准备开始上课。

"同学们，早上好。今天我们要来学习外宣文本的翻译，你们做好准备了吗？"

同学们纷纷回应："是的，我们准备好了！"

"首先我们将学习外宣文本评价体系。在这之前，大家一起来看一个视频，也就是外宣翻译现场实录的一段。希望同学们在看视频的时候，也能将自己代入翻译官的角色，感受一下大会现场的庄严气氛，思考我们 MTI 专业的学生如何能运用自己所学的知识更好地向世界传递中国声音。"

接着 W 老师开始播放视频，同学们开始认真地观看。有的面露难色，有的在飞快地做着笔记。

视频结束后，W 老师向同学们提出问题："昨天我在 QQ 群里发放了外宣文本的原文，主要是想让各位同学熟悉外宣文本的用语风格。相信各位同学在课前已经通读了全文，对外宣文本的中国特色词汇、逻辑结构以及开创性的句式有了大致的了解，那么我们今天就一起探讨外宣文本英译的评价体系。现在老师想问在座的各位同学，从刚刚总理的讲话中，你们有没有想过在翻译外宣文本时，译者应该注意哪些方面？"

同学们思考片刻后，纷纷举手发言。

A同学举手答道："外宣文本代表了国家的态度和立场，因此翻译时必须有认真的态度，同时还要有扎实的语言功底，才能准确严谨地用词。"

B同学接着回答道："要想地道地表达出我国的方针策略，译者要有很强的语法基础，才能够顺达地将报告中所表达的思想展现在目标语中。"

其余同学点头表示赞同，还有几位同学也跃跃欲试，W老师微笑示意同学们少安毋躁。

"看来同学们都是做了功课的，外宣文本应该谨慎表达，措辞严密，否则会传达模糊甚至是错误的国家立场。但是，老师还是想提醒大家，同学们刚刚提出来的认真的态度、过硬的语言功底以及深厚的语法基础都是译者所必须具备的素质，并不只是针对外宣文本。那么作为一名合格的译者，在翻译外宣文本时又要具备哪些意识呢？"

同学们举起的手又落下，脸上带着疑惑的表情。

C同学试探性举手："外宣文本中有大量的特色词汇以及一些开创性的表达，在目标语中很难找到一一对应的词汇，并且有些词汇是有权威和通行的翻译，译者在翻译之前需要提前储备。"

W老师惊喜道："非常不错，真是全面又专业的表达。外宣文本给人最直观的感受就是大量的术语以及缩略语，如同成语一样，这些术语属于语言学中词义空缺现象。如果译者都按自己的意愿，采取意译来补全或整合词汇，就势必会造成同一个词汇的不同表达。但是外宣文本中术语的统一表达又是必需的，因此一些术语的翻译就固定了下来。建议我们同学在平时就要注意外宣文本中的词汇积累，不要书到用时方恨少。现在，老师就来考一考大家，看看同学们平时的积累。"W老师随即打开了事先准备的PPT。（见图4.1）

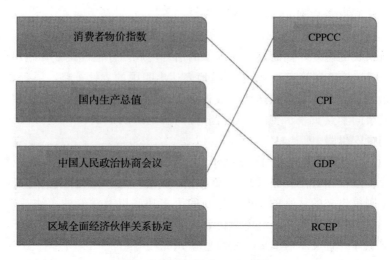

图 4.1　PPT 页面：专业词汇测试

在同学做完练习，W 老师随机进行了检查并说道："同学们完成得还是很不错的，有许多同学都是全对，证明平时是没少积累。外宣文本的翻译最基础的就是要有术语意识。只有将中国特色术语忠实、准确地翻译，才能展示出国家形象和立场，在国际社会中构建中国话语体系，提升中国文化软实力。"

听完 W 老师的总结，同学们的神情不禁变得严肃起来。

看到同学们脸上认真的表情，W 老师微笑着说："看来大家感受到了 MTI 专业学生身上的使命和责任。除了术语意识，我们在翻译外宣文本时还应该具备哪些意识呢？"

经过刚刚的老师的总结，同学们也打开了思路，D 同学举手说道："老师，我认为翻译外宣文本，译者除了要有术语意识，还应该将句子所隐含的信息全面完整地表达出来。"

W 老师欣慰地点头说道："正如 D 同学所言，这个也称之为信息意识。中文博大精深，有些约定俗成的汉语表达其背后有深刻的内涵。我们在翻译的时候应该考虑到目标语读者的感受，将隐含信息完整、确切地表达出来。"

经过老师的解释，同学还是有些疑惑，这时 W 老师打开准备好的 PPT，"为了让同学们更加直观地感受到两种语言的差异，形成'信息意识'的概念，同学们试着翻译一下这个句子：'提升积极的财政政策效能'。"

看到同学们停下笔后，W 老师随机抽取了两位同学的译文并发送到班级群。（见表 4.1）

表 4.1　学生译文示例

提升积极的财政政策效能。
E 同学译文：Enhance the effectiveness of proactive fiscal policy.
F 同学译文：Increase the effectiveness of fiscal policy.

随即老师对此进行了点评："通过这个句子我们不难看出，在汉语中稀松平常的句子，却并不符合英语的语法规则。汉语中也经常会出现一些句子没有主语，也叫"无灵主语句"。而英语的语法更强调主谓原则，因此翻译外宣文本中无灵主语句时，译者要补全隐含的信息，给句子增加主语，这样更能符合英语读者的语言习惯，因此，这个句子的参考翻译如图4.2 所示。

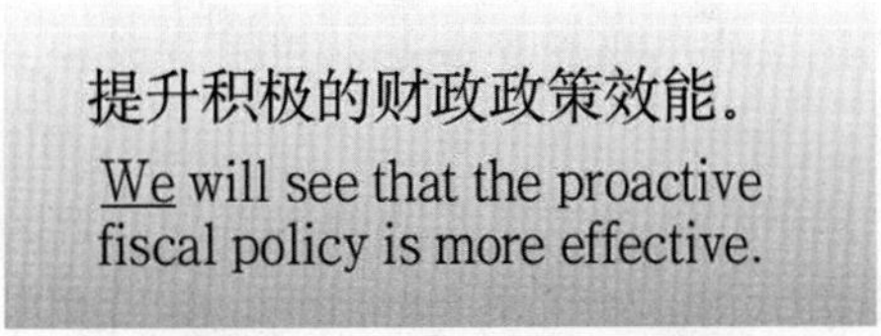

图 4.2　PPT 页面：例句解析

此时，大部分同学恍然大悟，露出了"原来如此"的表情，但是 G 同学却举手道："老师，为什么这里补全的信息是'we'，有什么特定含义吗？这是不是也是外宣文本翻译所需要具备的另一种意识呢？"

W 老师没有直接回答，而是肯定了 G 同学的提问："G 同学非常善于思考，她提的这个问题非常好，也正是我们这节课所要探讨的重难点。希望大家也能向 G 同学学习，多思考，多提问，培养自主学习的能力。现在有谁能回答一下 G 同学的问题吗？"

H 同学犹豫了一会儿回答道："老师，'we'的意思是我们，代表了一个整体，用'we'就是把听者纳入到自己的这个阵营，增加了亲切感。"

W 老师说道："不错，H 同学分析得很正确。主语用自指称呼语代表了说话人的身份，用'we'而不是'I'则更能体现报告的观点是集体共同的智慧，是全体中国人的决策。这样能让读者感同身受，增加参与感，也更能体现民主。纵观近几年的政府工作报告，国家越来越重视民主和民生，不但体现在方针政策上，还体现在语言文字上。"

W 老师接着说："外宣翻译要有外宣意识，要树立外宣语言的敏感度，要有维护国家立场的决心，要有能传达中国文化的能力。今天我们学习了外宣文本翻译评价体系中的三个意识，也就是术语意识、信息意识，以及外宣意识，同学们也了解了外宣文本翻译时要掌握的原则。现在请按照课前分好的组别，四人一组，对照 QQ 群里的翻译进行译审。建议大家从刚刚学习的'三个意识'角度，分析译文所存在的问题和不足。请以小组为单位提交观点，总结出你们在阅读他人译稿过程中学到的翻译技巧和方法。在讨论过程中，可以使用网络查阅相关资料。30 分钟后我们一起交流想法，希望大家能积极发言，分享见解。"

学生们打开了 QQ 群中的翻译文档，并迅速进入了审阅状态。

教学评价： 本教学环节的主要任务除了通过逆序教学法，引导学生自主总结并建立外宣文本英译的评价体系，还要润物细无声地在英语教学中实现思政教学，教师通过身穿正装，播放大会视频，营造出一种庄严、肃穆的氛围，让学生能身临其境。引导学生运用所学翻译知识进行翻译尝试，增加了学生的职业场景联想。用外宣讲话来激发学生的民族自豪感和爱国情操，潜移默化地对学生进行了思政教育。同时，老师通过不断发出提问，鼓励学生自主发现外宣文本的特点。在学生充分思考并分享翻译技巧的基础上，加以引导和纠正，总结出外宣文本翻译评价体系所具备的三个意识，完成逆序教学模式的第一步——外宣文本翻译评价体系的介绍。

（二）译审评析

译审是翻译高级阶段，一般常规教学都是累积了翻译实践经验后再做译审。而逆序教学模式是直接让学生做译审，在对他人的译稿进行评价后，总结翻译技巧再运用到翻译实践。从而使翻译实践更加有的放矢，翻译理念更加深入人心。30 分钟一转眼就过了，在小组讨论结束后，W 老师将课程转入译审评价环节。

W 老师拍了拍手道："同学们，时间到了！看大家的表情，应该都完成了任务，老师刚刚也提前看到了一些同学的有趣见解。那么接下来，请以小组为单位，阐述小组讨论的结果和心得。接下来的时间交给你们，哪一组先来？"

I 同学举手道："老师，我代表我们这一组先来。请同学们看一下翻译材料的例 1、例 2 和例 3。"（见表 4.2）

表 4.2　中国特色词汇的翻译

例 1：严格落实<u>中央</u>八项规定精神，持之以恒纠治"<u>四风</u>"，进一步为基层减负。 We will strictly implement the Central Committee's eight-point regulation，rectify the "four winds"，and further lighten burdens on communities.
例 2：坚持房子是用来住的，不是用来<u>炒</u>的定位。 We insist that the house is built for living，not for selling.
例 3：各方面要共同努力，装满"<u>米袋子</u>"、充实"<u>菜篮子</u>"，把 14 亿多中国人的饭碗 牢牢<u>端在自己手中</u>。 All parties should make joint efforts to ensure food and vegetable supply and firmly hold more than 1.4 billion rice bowls of in their hands.

"我们组已经将我们认为有问题的译文画了下画线。根据刚刚所学的外宣文本翻译要具备术语意识，例 1 中的'四风'，对于平时不关心时事的中国人来说，都很难理解其具体含义，更别提外国人。因此，根据外宣文本翻译评价体系中的信息意识，我们小组认为应该详细解释下'四风'。最后根据外宣文本翻译要具备的外宣意识，例 3 中的'端饭碗'不应该直译。虽然我们小组也没讨论出更确切的用词，但我们组认为，我国一直以来都很重视民生，原文本中也用'牢牢'两个字表明我国捍卫人民粮食安全的决心。但译文采用直译，很难让人联想到我国立场，不利于我国国际形象的塑造。"

I 同学说完还不好意思地挠了挠头。

W 老师随即说道："在有限的时间内，I 同学这一组将所学的知识加以运用，找出了译文所有的不妥之处，值得表扬。虽然没有提供参考翻译，但是我们译审的目的是让我们从别人的不足之处吸取教训，避免自己犯同样的错误。你们能全面地表达自己观点，值得大家学习。"

说完，W 老师带头鼓起了掌，顿时教室里响起了掌声，其他组的同学也受到了很大的鼓励，积极举手发言。

J 同学说道："我们组的观点和 I 同学这一组类似，但是有几点需要补充。请同学们看一下例 3 中的'米袋子''菜篮子'，这两个词非常的接地气。米、袋子、篮子都是生活中随处可见的物品，其背后所指的含义让人一看到就能想到。但是在翻译外宣文本时，很多同学和我一样不太自信，不敢在一个严肃的外宣文本中使用生活化的词汇，也许也会和上面的译文一样，翻译为保障粮食和蔬菜的供给。然而这些词在外宣文本翻译中都有固定的对应词汇，即'rice bag'和'vegetable basket'。译者应该先查阅相关书籍和资料后，根据权威参考来翻译。而不是自行意译或是直译，不然将有损外宣文本翻译的准确性。"

W 老师会心一笑："看来同学们都非常善于找出他人的错误，通过别人的错误，同学们也要尝试着找下自己的不足。同时，我们在翻译学习的过程中断不可犯'想当然'的错误。特别是我们的外宣文本翻译，一词一句皆有讲究，大家要有求真、求是的钻研精神，严肃的对待翻译。如果大家对外宣文本有关注，就会发现近几年外宣文本中这种'接地气'的表达也越来越多，体现了我国开放、民主的态度。因此同学们在平时的学习中，要注意多积累，拓宽自己的视野，做到'有备无患'。因为时间的关系，我们就邀请最后一组同学来发言。"

K 同学高高地举起了手，说道："老师，前面两组和我们组英雄所见略同。但是大家忽略了一个明显的错误，就是例 2 中的'炒'是极具中国特色的开创性词汇，原文中译为'卖'，并不能完全表达所蕴含的信息。反而容易让人误解，违背了外宣文本翻译所应具备的信息意识。我们组认为，越是大众化的词汇，越有强烈的生活气息。对于不在中国生活的西方人来说，很难体会到其精妙。因此译者应该用归化的策略将'炒'背后的含意翻译出来，而不是简单地译为'卖'。"

大家都若有所思地点了点头表示赞同。

W 老师说道："K 同学讲的这个观点，也是我们下一个翻译实践环节的重点。那就是同一个词在汉语中有不同的意思，在翻译的时候译者应该谨慎地选取最合适的意思，找出其对应的词，破除中外文化互通阻隔，更好地促进中国文化的理解和传播。"

W 老师接着专注地说道："我们 MTI 专业的学生，要时刻谨记自己肩上的使命，发奋学习。译审是一种行之有效的学习手段，他山之石，可以攻玉。在总结他人的翻译不足时，同学们可以不断精进翻译技巧，为传播中国声音做准备。现在我们一起来看一下刚刚几个句子的参考翻译，请看PPT。"（见图 4.3）

> **例1：** 严格落实中央八项规定精神，持之以恒纠治"四风"，进一步为基层减负。We strictly complied with the Central Party leadership's eight-point decision on improving work conduct, kept up our efforts to tackle <u>pointless formalities, bureaucratism, hedonism and extravagance</u>, and took further steps to ease the burdens of those working on the ground.
>
> **例2：** 坚持房子是用来住的，不是用来炒的定位。Guided by the principle that houses are for living, <u>not for speculation.</u>
>
> **例3：** 各方面要共同努力，装满"米袋子"、充实"菜篮子"，把14亿多中国人的饭碗牢牢端在自己手中。Everyone must work together to ensure that the <u>country's "rice bag" and "vegetable basket"</u> are well-filled, and that we have a secure food supply for more than 1.4 billion Chinese people.

图 4.3 PPT 页面：中国特色词汇例句解析

W 老师总结道："例 1 中我们可以看到，'八项'和'四风'不仅仅是强调数量，而是应该把其相关的信息翻译出来。如中央八项规定就涉及作风方面，而'四风'的内容包括形式主义、官僚主义、享乐主义、奢靡之风。翻译出其内在含义，不但能让读者一目了然，而且更表达我国加强党内建设的决心。同学们也可以将这两个词纳入外宣术语库，进行积累。"

同学们认真地看着 PPT，做起了笔记。

随后，W 老师接着说道："例 2 的难点在于中文的理解。汉语是意合语言，灵活多变，常常一词多义。而英语是形合语言，重视逻辑，每个词都有精确的用法。这就导致汉语的特色很难在译文中体现出来。因此在翻译外宣文本时，要先保证主要信息和内容的传递，结合上下语境，贴切、准确表达含义。这里的'炒'本意是炒菜的炒，来回反复。在例 2 的语境中则是低价买进，高价卖出，获取差价的行为。翻译为投机，更为妥当。例 3 中的'米袋子''菜篮子'有广为接受的表达，就是直译为'rice bag'和'vegetable basket'。而后面的'端紧饭碗'则应该意译为'保证粮食供给'。直译和意译相结合能最大程度保留中国特色，让读者更加直观感受到汉语独特又灵活的表达方式。"

教学评价： 本教学环节完成了逆序教学模式的第二步，译审评价。通过小组成员互相交流，分享观点，小组代表发言，老师引导式点评的方式，实现了学生为课堂主体，充分发挥了学生的主观能动性。汉语和英语属于两种不同语言系统，有一些汉语词汇在英语中找不到完全对应的表达。而政府工作报告是一年的工作总结和部署，许多具有中国特色社会主义的新词汇、新词组和新提法在英语中很难找到对应词。并且外宣文本对忠实原文的要求更高，为了保险，译文很容易死扣原文本造成理解的壁垒。而在审阅他人稿件的过程中，学生更容易发现在自己译文中可能存在的问题，从而在实践中拓展了理论的运用、积累了翻译技巧。同时在学习翻译方法和技巧的过程中，引导同学们自主地发现外宣文本中有很多直译和接地气的表达。让学生们了解到，随着中国国际地位的提高，翻译中体现的语言自信和文化自信的程度也越高。由此，教师有效地将思政元素融于语言教学活动中，用润物细无声的方式进行了思政教育，让 MTI 专业的学生了解自己作为中西交流桥梁的作用，在翻译实践中以中国文化为主导，准确地翻译中国特色语言，提升文化自信。从而，促进中华文化走出去，让全世界、全人类更好地了解中国。

（三）翻译实践

在译审环节后，同学们牢牢掌握了外宣翻译的评价体系，也明白在翻译实践中应该避免的错误，便迫不及待地想进行翻译实践，检验课堂所学。因此课程也顺利进入到下一个环节：外宣文本的英译实践。

W 老师说："通过刚刚的评价体系学习以及译审总结，大家应该是收获多多，信心满满了。那么接下来，我将展示几个句子，让大家尝试着翻译。虽然句子比较短，但难度也不低，同学要多多运用课堂所学的知识，发现问题，解决问题。全部翻译完后，请将自己的译文发送 QQ 群。"（见表 4.3）

表 4.3　外宣文本中一词多译

例 4：加强大宗商品保供稳价
例 5：加强市场体系基础制度建设
例 6：加强国家实验室建设
例 7：加强农业生产
例 8：加强国家安全保障能力建设

QQ 群里陆陆续续有译文上传，但同学们都面露难色。最后一位同学上交完译文后，W 老师说道："看了同学们的译文才知道什么是五花八门。"

同学们也叫苦不迭："老师，我再也不想看到'加强'这个词了。"

　　说完，全班发出一阵笑声，W 老师也微笑着说："通过这个练习，大家应该知道了外宣文本翻译的学习应该是永无止境的。有哪位同学能知道这个练习的意图在于什么？"

　　K 同学自信地说道："一个词有不同的含义，要根据其所在的语境进行翻译。"

　　"不错，显而易见，这些例句都有一个共同的特点，就是有一个相同的词汇——'加强'，有哪一位同学可以列举一下'加强'所对应的英语单词？"

　　N 同学跃跃欲试，举起了手："我知道的有'strengthen''develop''enhance''ensure''secure'。"

　　"看样子这位同学平时应该是没少看外宣文本，所列举的这些表达也是经常出现的。那么同学们发现问题后，你们的难点在哪里？我看到群里有一位同学全部用的'strengthen'，能请这位同学说一下你所遇到的困难吗？"W 老师发问道。

　　L 同学有些害羞道："我的词汇量比较小，虽然知道应该用不同的英语单词，奈何巧妇难为无米之炊。平时积累单词少，到用的时候查词要很久，影响了我的翻译效率。"

　　在这一点上 M 同学深有同感："我的问题在于，我有一定的词汇积累，知道'加强'一词的不同表达，但是确难以根据语境分析出，哪个句子该用哪个词汇。有点'眉毛胡子一把抓'，没有章法，不知道从何下手。"

　　W 老师听完同学们反映的问题，了然地点了点头并说道："不难看出，同学们都试着用自己的方法来避免了重复。但是还会存在一些问题：一是词汇量过小，同学们没有替换的选择。这可以通过平时的单词背诵以及勤翻词典来增强词汇的丰富性；二是难以把握好用词的度及感情色彩。而这一点就必须要扩大视野，多看多读多练，在加强翻译的同时还要理解译文背后选词推敲的考量点在哪里。现在，就让我们一起来看一下参考翻译。"（见图 4.4）

例4: 加强大宗商品保供稳价. We took stronger steps to keep supply and prices of major commodities stable.
例5: 加强市场体系基础制度建设. We worked harder to develop the underlying institutions for a market system.
例6: 加强国家实验室建设. We boosted the development of national laboratories and promoted implementation of major science and technology programs.
例7: 加强农业生产. To help bolster agricultural production.
例8: 加强国家安全保障能力建设. Our ability to safeguard national security was enhanced.

图 4.4   PPT 页面：一词多译解析

同学们齐刷刷地看向 PPT，片刻过后，W 老师说道："加强措施和建设在文中出现过多次，但'加强'一词的译文却不尽相同，并没有都译成'strengthen'，而是根据上下文给出了不同的译文。从这些短语我们也可以看出政府在国家建设方面所做的一些切实工作。

同学们根据老师的提示，细心地做起了笔记，教室里只有沙沙的写字声。

W 老师看了一下时间，严肃地说道："政府工作报告是世界了解中国的一个窗口，也是我国一年的指导性文件。其中有大量'宏观性'的词汇和词组，并且重复出现。但是，这些看似简单的词，在不同的句子和搭配中有着不同的含义。因此我们翻译时必须吃透原文，用词具体，避免以一概之。"

听完 W 老师的这番话，大家的眼神变得越发坚毅起来。

接着 W 老师总结道："在这节课结束之前，让我们一起总结下今天所学的知识点。请大家跟着我一起回忆。我们今天的课程分为三个环节，一是理论学习，建立外宣文本翻译评价体系，大家在翻译外宣文本时要具备术语意识、信息意识以及外宣意识；二是取长补短，译审评阅，在评价分析他人的译稿基础上，学习他人的长处，避免他人的短处；三是翻译实践，学以致用，在学习了翻译技巧和总结了易错点后，我们还需要不断开阔自己的视野，精进自己的技术，才能更加精确地道地为中国发声，传播中国文化。"

"翻译的学习任重道远，外宣文本的翻译技巧运用不可仅仅停留在课堂之上，同学们课后也要加强练习。今天的课后作业已经发到 QQ 群中，是我从外宣文本中摘取的有代表性的句子，"W 老师边说边向 QQ 群发送了一个 word 文档，"同学独立完成，可以借助网络查阅相关资料。但是不要使用机器翻译。请各小组商讨出最优翻译，然后不同的组之间进行译审，并将修改建议汇总成文档发送到群里。老师会对大家的译审建议进行一一点评，有什么不明白或需要老师解答的也可以在群里留言。"

下课铃响，同学们自主整理课堂笔记。

教学评价： 此环节通过特殊句子的翻译实践建立了外宣文本翻译评价体系，拓宽了学生的视野。老师提醒学生注意词汇和阅读的积累，完成了逆序教学模式的第三步：实践练习。通过随堂作业限时训练，独立完成翻译实践，培养了学生独立思考能力。将学生译文传到 QQ 群的方式，有利于老师了解学生的共性问题和突出的个性问题，让学生相互学习。从同学的译文中学习长处和短处，让学生主动思考翻译过程的难点，培养了学生的反思能力。最后老师再公布参考译文，答疑解惑引导学生关注外宣文本翻译评价体系，特别是其中的外宣意识，培养学生的思辨精神。通过译例的讲解，学生不仅能掌握外宣文本翻译技巧，更能感受到作为 MTI 专业生肩上所背负的传播与交流的责任。例如在译例中的"加强"在不同的句子情境中表达，引导学生除了关注词语本身的意思之外，更应该关注词语在不同语境中的意义。从"加强"一词让学生感受我国在国家建设方面做出的努力，潜移默化地激发学生的爱国之情。从而努力提高自身专业能力，提升综合素质，自觉传递中国声音，传播中国文化。同时 W 老师利用互联网线上平台，发布课后作业让学生巩固所学知识，合理分配时间，进一步增强学生的自主学习能力。

三、总结

外宣文本是国际社会了解中国外交、历史和文化的重要窗口。随着中国在国际上地位的提高，准确英译外宣文本有着十分重大的意义。好的翻译能传递中国声音，坏的翻译却有损中国的国际形象。但是在翻译实践中，因为汉语和英语之间存在很大的差异，译者在对汉语文本脱壳、重组时，既要使内容忠于原文，又要使语言形式符合目标语用语习惯。因此在中国外宣文本的翻译教学中，教师需要引导学生找出外宣文本的语言特征，构建外宣文本翻译的评价体系。在本教学案例中，W 老师打破了常规教学模式，创新地采用了逆序教学模式。常规教学模式是在建立了翻译评价体系后，先实践再译审。而逆序教学法采用先译审再实践的方法，引导学生先从审阅别人译稿中发现译文问题，再充分发挥学生的主体性，激发学生积极参与翻译实践。

W 老师先从大会视频导入，播放大会现场发言，让学生们身临其境地感受到大会庄严肃穆，使他们能快速进入译者的角色，激发学生们对于外宣文本翻译的兴趣和爱国情怀。然后以课前 QQ 群发布的文本为材料，引导学生自主构建外宣文本翻译评价体系，明确翻译原则和方法，培养学生发现问题解决问题的能力。在译审环节中，通过让学生译审他人的稿件，加深学生对外宣文本翻译体系的理解。教师从一个独特的视角，引导学生关注外宣文本翻译过程中容易忽略的细节，提醒学生取长补短，避免同样的错误。在课程实践环节中，采用小组自主发言的模式，培养学生团队合作能力以及跨文化交际的能力。课后的作业布置也较为灵活，锻炼了学生的总结和实践能力；作业的评判利用了网络平台，以学生的评价为主，老师可以根据学生完成的情况，调整后续的教学。

整个课程选取的译例非常有代表性，既能体现翻译方法和原则，又能代表我国在外交、经济、民主等方面所做的努力。通过对译例的练习和赏析，学生能进一步了解我国所取得的成就。并且，教师从我国的态度和立场出发，引导学生总结在翻译实践中，译者要具备的翻译技巧和外宣敏感度。"浸润"式地引发学生对国家形象的自觉维护，从而达成本课的隐性目标：厚植爱国情怀。整个思政教学过程分为两个层次：一是了解国家在各个领域所取得的成就，引发学生的爱国意识；二是启发学生思考如何做才能让国家以己为豪，完成本课的思政教育任务"厚植爱国情怀"。在这两个层次中，让学生明白自己所肩负的责任：爱国不仅仅是一句口号，是每个人通过其自身努力能够做到的。通过完成三个教学步骤和两个层次上的思政教学任务，老师在潜移默化中做到了在价值观的塑造上起到引领作用，引导学生树立正确的理想信念。

案例思考题

1. W 老师采用的逆序教学模式是怎样的模式？这种教学模式能培养学生哪方面能力？

2. W 老师在教学过程中是如何通过逆序教学模式，使 MTI 专业的学生将翻译实践和翻译理论更好地结合？

3. 外宣文本翻译评价体系中除了 W 老师总结的术语意识、信息意识和外宣意识，你认为还应具备哪些意识？

4. 本案例中 W 老师是怎样在外语教学中"浸润式"地实现思政目标的？

5. 除了 QQ 群，还可以利用哪些网络平台来辅助教学和作业布置？

四、案例使用说明

（一）适用范围

适用对象：专业学位研究生（翻译硕士方向）、MTI 教师。

适用课程：外语院校本科课程教学设计、MTI 教育前沿、外语课程中的思政教学设计与案例研究。

（二）教学目的

1. 掌握外宣文本翻译评价体系及应具备的意识。

2. 培养翻译专业教师的创新能力与思维品质，为其专业发展提供实践研究的框架和思路。

3. 验证逆序教学模式：建立翻译评价体系—译审—练习实践在翻译硕士教学过程中的可行性和有效性。

4. 将语言教学和思政教学结合，深入思考如何"浸润"式培育学生的爱国意识。

（三）关键要点

1. 相关理论

逆序教学模式：一种打破传统线性教学顺序的教学模式，它采用从结果或目标出发，逆向推导教学步骤和内容的方法。在这种模式下，教师首先明确教学目标，然后逆向思考如何达成这些目标，设计相应的教学活动和学习任务。学生则在这些任务的驱动下，通过自主学习、合作学习和探究学习等方式，逐步深入理解和掌握知识，从而达到教学目标。

2. 关键知识点

借助案例中 W 老师的课程设计和自身学习经验，明确"逆序教学模式"的具体含义以及在外语教学中如何实现思政目标，形成相关知识体系。

3. 关键能力点

（1）课例研究的能力：能够根据案例中 W 老师的逆序教学方式，总结出适用于 MTI 专业学生的教学方法。

（2）教学设计的能力：能够通过学习案例中的教学步骤，根据学生具体情况开展同课异构的教学设计。

（3）创新实践的能力：能够在评价反思案例教学过程的基础上，创新自己的思政教学模式，拓展在外国语专业学生中思政教学的新途径。

4. 案例分析思路

一是明确在外国语教学中思政课程的现状和重要性；二是指出 MTI 教学过程中的"困惑"：如何提升教学质量，将实践和理论更好地联系起来？如何在外语教学的语境中实现中国特色的思政教育？三是探索：翻译课程如何能突破以往的教学模式，让学生更好地掌握翻译技巧，提升翻译能力？如何用"浸润"式的方法在实现语言教学目标的前提下，实现思政教学目标？四是梳理出 W 老师使用的逆序教学课程设计的步骤及特点；五是引导学生探讨 MTI 教师教学的创新模式和实现思政教学的新途径。

（四）教学建议

1. 时间安排：研究生标准课两节（90 分钟）。

2. 环节安排：提前发放案例，布置预习内容→将课堂中学生分为 4 小组→导入主题，围绕教师提出的问题进行小组讨论→各组代表小结进行汇报→学生互评互鉴→教师总结点评，强化课程主题→教师布置作业：学生创新设计教案，于下次课堂展示→教师总结本堂课教学得失，改进教学行为。

3. 人数要求：20 人左右的班级教学。

4. 教学方法：学生合作探讨案例为主，教师讲授点评为辅。

5. 工具选择：多媒体教室，案例打印资料，推荐阅读材料。

6. 活动建议：课前要求学生自行学习相关课程内容资料，进行初步了解，教师也要根据教学内容进行教学情境的初步构建。课中让学生小组合作完成任务，并进行汇报。尽量让更多的学生参与课堂，教师准备好点评资料和提纲。课后教师及时进行教学反思，每隔一段时间测试一次，跟踪学生的学习情况。记录数据，总结得失，以便改进后续的教学行为。

（五）推荐阅读

［1］Nord C. Translation as a Purposeful Activity：Functionalist Approaches Explained ［M］. Manchester：St. Jerome Publishing，2007.

［2］Peter，N. A Textbook of Translation ［M］. Shanghai：Shanghai Foreign Language Education Press，2001.

［3］黄小丹，郭祖全，朱建定. 习近平总书记在庆祝中国共产主义青年团成立 100 周年大会上重要讲话的新时代价值意蕴 ［J］. 学园，2022，(18)：1—5.

［4］连淑能. 英汉对比研究 ［M］. 北京：高等教育出版社，1993.

［5］刘云虹. 译者伦理：身份、选择、责任：皮姆《论译者的伦理》解读 ［J］. 中国翻译，2014，(05)：18—23，128.

［6］李悦园. 也谈"水货"英译 ［J］. 中国翻译，2014，(05)：95—96.

［7］孙悦. 英汉对比视角下社科文本中无灵主语的翻译策略研究 ［D］. 南京信息工程大学，2022.

［8］邵毅. 论《共产党宣言》和《资本论》等马恩著作的上海早期中译本的影响力 ［J］. 河北大学学报（哲学社会科学版），2012，(05)：106—110.

［9］谭福民. 论英语词汇语用意义的界定及其汉译 ［J］. 中国翻译，2014，(05)：111—114.

［10］岳峰. 职业笔译教材的编写理念与实践 ［J］. 上海翻译，2017，(06)：79—82.

［11］岳峰，陈榕烽. 从译审到翻译：MTI 传媒翻译逆序教学法探索 ［J］. 中国翻译，2014，(05)：45—48.

案例五　任务型教学模式下的外宣汉英翻译教学①②

摘　要：新时代，外宣翻译已成为提升中国国际影响力的重要途径，翻译质量和翻译技巧在外宣翻译效果的达成方面具有重要价值和意义。在进行外宣翻译时，让外语读者理解我们宣传的内容，才能达到翻译的效果。在本案例教学中，笔者选取了权威性较强的外宣文本，并对此进行研究。本课程案例运用任务型教学模式，分三个步骤进行外宣文本中重要概念的汉英翻译教学。第一步：任务前，教师以小组为单位布置不同的预习任务。第二步：任务中，教师根据课堂教学内容和教学目标的具体要求设计课堂教学任务。第三步：任务后，在课后反馈阶段教师对学生作业做出评价总结。教师在教学过程中引入思政目标，培养学生弘扬中国精神，传播中国声音的能力。

关键词：任务型教学；外宣文本；课程思政

Task-Based Language Teaching: Chinese-English Translation Teaching of Publicity Texts

Abstract：In the new era, foreign publicity translation has become an important way to enhance China's international influence, and translation quality and translation skills are of great value and significance in achieving the effect of foreign publicity translation. When translating the

---

①　**作者简介**：郑惠蕾，女，湖南怀化人，湖南科技大学外国语学院英语笔译专业研究生；张景华，男，湖南怀化人，湖南科技大学外国语学院教授，硕士生导师。

②　**编制说明**：按照调研学习及当事人的要求，作者对案例所涉及的学校名称、人员及相关数据，做了必要的掩饰性处理；本案例仅供教学之用，无意提倡或暗示某种管理理念、方法或体制比其他的理念、方法或体制更为有效或合理。

text of foreign publicity，it is important to make the foreign language readers understandthe content of our publicity in order to achieve the effect of translation. In this case study，the author selects the translation teaching of an authoritative foreign publicity text and conducts research on it. The task-based language teaching mode is applied to teach the Chinese-English translation of important concepts in the foreign publicity text in three steps. Step 1：Before the task，the teacher divides the class into groups and assign different pre-study tasks for each group. Step 2：During the task，the teacher designs the classroom tasks according to the specific requirements of the classroom content and teaching objectives. Step 3：After the task，the teacher gives feedback to the students in fluent and simple language. At the post-class feedback stage，and the teacher makes an evaluation summary. At the same time，the teacher achieves the ideological goal in the teaching process to cultivate students' abilities to promote the Chinese spirit and spread the Chinese voice.

Key words：Task-based Language Teaching；foreign publicity translation；Course for Ideological Education

一、背景信息

本案例选取的外宣文本是中国对外宣传习近平新时代中国特色社会主义思想的又一权威著作，以便让外国受众了解中国社会的发展以及进步，并深入理解中国的政策及相关知识。外语是最能直接与他国文化进行交流的语言，在这一过程中，我们既要有面对他国文化渗透的思辨能力，又要有我国优秀传统文化的输出能力，即国际文化输出能力。外语教学与课程思政相结合，目的就是要培养学生的品德和文化素养，更好地在世界范围内传播中国声音。因此，课程思政与外语教学相结合，不仅仅是对国家课程思政的落实，更是提高学生思政素养和正确三观的重要途径。为提高我院 MTI 学生的翻译实践能力，我院特地开设《习近平谈治国理政》英译版教学的选修课程，增强课程思政教育。

2020 年教育部印发《高等学校课程思政建设指导纲要》，要求全面推进高校课程思政建设。在 2020 年末召开的全国研究生教育会议上，针对"培养什么人"的教育方向观认识，时任教育部部长的陈宝生特别提出

"我们的教育要培养一代又一代拥护中国共产党领导和我国社会主义制度、立志为中国特色社会主义事业奋斗终身的有用人才",强调研究生的价值取向对社会发展的影响力度,在研究生教育教学中加强爱国主义教育,提高研究生科研攻关能力的同时,还须"增强学生的使命感责任感,坚定理想信念、厚植爱国主义情怀、加强品德修养、增长知识见识、培养奋斗精神、增强综合素质六个方面下功夫"。《高等学校课程思政建设指导纲要》(2020)中明确提出,"专业课程是课程思政建设的基本载体。要深入梳理专业课教学内容,结合不同课程特点、思维方法和价值理念,深入挖掘课程思政元素,有机融入课程教学"。① 并且从课堂教学一线切入,将显性教育和隐性教育相融合,将专业内容与思政元素相协同,做到课程焦点清晰,专业知识性明确,价值取向性清楚。

本案例来自 H 省 X 市 H 大学 2022 年 9 月 20 日 X 老师对 2022 级翻译硕士开展的一堂翻译实践课程。在此案例中,X 教师采用了任务型教学的模式,对 2022 级研究生一年级学生进行了外宣文本中重要概念的翻译教学。具体教学步骤为:第一步,任务前,教师将全班同学分为若干小组,为每组布置不同的预习任务;第二步,任务中,教师根据课堂教学内容和教学目标的具体要求设计课堂教学任务;第三步,任务后,在课后反馈阶段教师对学生译文做出评价总结。

X 老师在教学设计方面的创新性主要体现在:一是以任务型教学法为指导,设计的任务与课程本身息息相关,同时与学生的实际生活密切相关。这种教学模式有效丰富了教学实践活动。英语教学不再是教师的"一言堂",而是让学生能够主动参与到课堂互动过程中,激发学生学习的积极性和主动性。二是利用 QQ、雨课堂、有道在线词典等网络平台,加强师生之间的沟通互动,激发学生学习的主动性。三是将课程思政元素渗透到教学设计和具体的活动中,春风化雨般地将家国情怀注入学生心灵,提升学生对中国文化的认同感和文化自信。

---

① 教育部. 高等学校课程思政建设指导纲要 [EB/OL]. (2022－02－05). http：//www. moe. gov. cn/srcsite/A08/s7056/202006/t20200603_462437. html.

二、案例正文

(一) 布置任务，聚焦教学目标

22级的同学们环坐成半圆，打开了电脑和笔记本，做好了课前准备工作，等待 X 老师上课。X 老师身穿中国红的旗袍面带微笑地走到半圆中心，引得学生欢呼声道："老师今天穿得好美，好有中国味啊！" X 老师微笑着开始今天的讲课：

"同学们早上好啊！课前我交代你们分成六个小组来完成我的任务，你们分好你们的小组并且弄清楚你们的任务了吗？"

听到 X 老师的说话，同学们积极踊跃地积极回答。

A 同学说："老师，分组我们已经弄好了，并且也选出了相关责任人。"

X 老师点了点头，表达了她的赞许以及肯定。同时她也提出了一个问题："在我没有给你们这些材料前，你们学习过这些外宣文本以及总书记的这些讲话吗？又是在怎样的场合学习的呢？"

A 同学率先站起来说："老师，我在上党课以及开党组织生活会的时候会学习。"

B 同学紧随其后说："在宿舍时候，我会在学习强国上看相关知识。"

C 同学点点头说："我在家的时候，大人看新闻联播我也会顺带看两眼。"

D 同学举手回答说："在学校时候，微博有时候会推出相关会议及学习重点，在微博热搜上会有。"

X 老师点了点头说："很好，这说明大家还是有主动学习中国政策及相关知识的意识。那么，在你们学习这些政策的时候，你们有没有思考过如果要把这些专业外宣文本翻译成英语，要怎么做呢？或者说你们对其翻译步骤进行过思考吗？"

大家面露难色，纷纷低下了头。

X 老师鼓励性地说："照你们闷头不说话的样子，你们并没有思考过这个问题吧。作为翻译专业的研究生，我们还是要时刻保持思考，也记得给自己提出问题并且解决它。大家不要害怕问题有多难，大家也可以一起思考一起讨论，或者有相关想法也可以及时跟导师进行沟通。那么我们现在按照分组，小组成员一起讨论一下。现在大家开始积极讨论吧。"

X 老师话音刚落，大家便纷纷进行讨论。过了几分钟后，X 老师拍了拍手，学生们便安静了下来。X 老师开始发言："那我们就有请第一组和第五小组的负责人发表一下他们这组的观点。"

C 同学站起来回答说："我们这组认为外宣文本需要严谨的翻译。在翻译前我们应该多参考一下外交部出版的英译版。"

E 同学说："我们小组关于翻译外宣文本的步骤有以下三点：第一，先去了解一下中国传统文化等作品的翻译版。第二，了解他们都是使用什么方法和策略进行翻译的。第三，多多参考一下外交部的翻译版本。"

X 老师点点头，说："这两组同学说得都很不错。在我们拿到这种外宣类文本的时候，首先我们要弄清楚这种文本的特点，外宣文本具有较高的权威性和较强的严肃性。语言表达具有正式性、准确性和得体性等特点。基于上述特点，外宣翻译要求有高度的敏锐性，以及较高的忠实度和准确性。但同时，要向具有不同文化背景、思维方式和价值观念的国外受众有效传达外宣文本的信息，译者还要兼顾译文的可接受度。在忠实原文思想的前提下，顺应国外受众的思维模式、价值观念与语言表述习惯，翻译出国外受众可接受的译文，达到增进理解、对外沟通与宣传的目的。"

同学们坐在座位上若有所思地点点头，并在自己的笔记本上做好了笔记。

X 老师接着说出本节课的学习任务："希望通过这节课的学习，在以后我们遇到这种外宣文本的时候，大家能够对其更好地进行翻译。"

教学评价：在本教学过程中，X 教师完成了任务型教学的第一步——设定任务目标。教师通过在 QQ 群中提前通知学生进行分组，以及分配任务完成了设定任务目标的步骤。对于任务型教学来说，科学有效的课前准备能够为课上节约很多时间，而且任务完成效率也会有很明显的提高，尤其是对任务资源管理和相关互动的准备工作。在正式上课之前，教师就应该将所要进行的任务的具体内容、进行方式和学生沟通好。这样在课堂中教师和学生在开展任务时默契度会更高。同时，任务不能过于单一，教师应该在备课时就多准备几种任务，然后根据课堂上学生的具体表现和知识掌握情况布置合适的课后任务。学生在英语课堂上可能会用到很多视频文件、音频文件等。教师应该提前将学生可能会用到的资源以电子或者纸质文件的方式发给学生，让学生对自己所要进行的任务有一定了解。除了课上布置任务外，在课前进行准备和预习时，教师也应该给学生安排相应的预习任务，并且在班级群中通知学生按时完成课前任务。通过设定任务目标，提出了对学生的期望，希望他们在外宣文本需要翻译时，能有自己的思路，并在此提出自己的思政目标——师生共同深入探讨如何正确和规范地表述祖国现实、国家立场。

（二）课堂研讨，提升翻译素质

在完成第一步设定任务目标，引出大家思考后，我们来到了第二步：准备与任务内容相关的教学材料。X 老师："现在我将给出你们一段句子，标黑的部分是有关于我们中国特色社会主义重要概念。我们作为 MTI 学生，有责任讲好中国故事，让世界听懂中国话。希望标黑的部分大家能重点翻译一下，并告诉我你们是用什么样的翻译策略或者方法进行翻译的。我给你们二十分钟的时间去完成这段句子的翻译并进行讨论。"

二十分钟很快就过去了，X 老师："大家都完成了我刚刚所布置的任务，现在我们看看大家所给出的翻译吧，我们也抽选三个小组来分享一下，就二、三、四组吧，让我们有请小组负责人进行分享。"（见表 5.1）

表 5.1　原文与小组译文（1）

原文：在这里，我代表党和人民庄严宣告，经过全党全国各族人民持续奋斗，我们实现了第一个百年奋斗目标，在中华大地上全面建成了小康社会，历史性地解决了绝对贫困问题，正在意气风发向着全国建成社会主义现代化强国的第二个百年奋斗目标迈进。
第二组：Here, on behalf of the Party and the people, I solemnly declare that after the continuous struggle of the whole Party and the people of all ethnic groups, we have achieved the First Hundred-Year Goal, built a moderately prosperous society on the Chinese land, historically solved the problem of absolute poverty, and are moving forward with vigor towards the Second Hundred-Year Goal of building a strong socialist modern country.
第三组：Here, on behalf of the Party and the people, I solemnly declare that, through the sustained efforts of the whole Party and the people of all ethnic groups in China, we have achieved the first centenary goal, completed the building of a moderately prosperous society in all respects on the land of China, historically solved the problem of absolute poverty, and are moving with great momentum toward the second centenary goal of turning China into a great modern socialist country.

第四组：Here, on behalf of the party and the people, I solemnly declare that through the sustained struggle of the whole party and the people of all ethnic groups throughout the country, we have achieved the first centenary goal, built a moderately prosperous society in an all-round way on the land of China, solved the problem of absolute poverty historically, and are marching forward with great vigor toward the second centenary goal of building the whole country into a modern and powerful socialist country.

X 老师点点头，说："大家觉得他们翻译得怎么样呢？"

A 同学站起来说："我觉得他们翻译得都很好。但是我最喜欢第二组的翻译。他们将重点概念的首字母大写并加粗，让大家很好的了解了这一定是个重要概念，也让我看到了他们翻译的重点。"

X 老师："很好，那么你们这组有做到这点吗？"

A 同学惭愧地摇了摇头。X 老师："没有关系！这是我们第一次对于这种外宣文本进行翻译，大家已经做得很好了。下次我们可以对这些再多注意一下。那么还有别的同学有别的看法吗？"

F 同学举手说："老师，我认为他们的翻译都不太严谨，这是国家领导人在演讲上说的话，大家翻译得都有点不严谨的感觉。"

X 老师："说得很好，那么我们现在看一下外交部给出的英译版吧。"（见图 5.1）

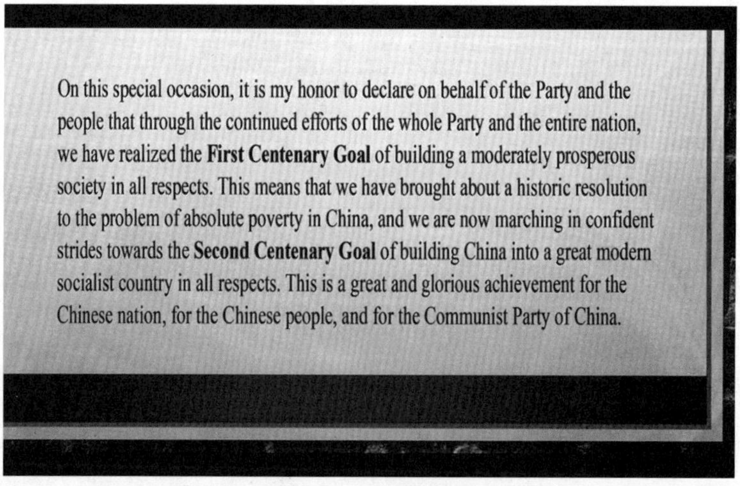

On this special occasion, it is my honor to declare on behalf of the Party and the people that through the continued efforts of the whole Party and the entire nation, we have realized the **First Centenary Goal** of building a moderately prosperous society in all respects. This means that we have brought about a historic resolution to the problem of absolute poverty in China, and we are now marching in confident strides towards the **Second Centenary Goal** of building China into a great modern socialist country in all respects. This is a great and glorious achievement for the Chinese nation, for the Chinese people, and for the Communist Party of China.

图 5.1 外交部英译版

　　X 老师："大家看看外交部给出的翻译，跟我们自己的翻译有什么不一样吗？"

　　C 同学说："外交部给出的翻译更加严谨。首先他给重要的名词进行首字母大写的操作，让大家注意到专有词汇。然后该翻译更加符合国家领导人在台上演讲的风格，在最后用三个 'for' 表达了近百年来对中国人民付出的肯定。"

　　X 老师点点头："那么大家觉得在翻译这种文本的时候，我们应该采用什么样的翻译策略或者方法，要达到一个什么样的效果呢？我们仍然通过小组进行讨论分享，我将给你们十分钟的时间。"

　　同学们听完任务后纷纷开始讨论起来。X 老师也在教室中选取了一个小组听了他们组的讨论，并一起参与讨论。十分钟很快就过去了，X 老师："十分钟到了，有没有自愿分享的小组呢？"

　　C 同学站起来说："老师，我们第一小组认为在翻译外宣文本时，因为英汉两种语言分属不同的语系，在句式结构与语法上差异明显。翻译时若逐字逐句译，保留原文的句式结构，会妨碍读者理解原文意义。所以我们要将文本转化为 '接地气' 的日常语言，并展现出领导人个人话语风格。"

　　X 老师点点头说："是的。在我们刚开始学习翻译的时候，我们就了解了汉语表达好雅致，好套话，好抒情，注重感染力。而英语则注重质朴、自然，不提倡张扬的文风和词汇的堆砌。从用词和句式结构方面来看，英语重形合，逻辑严谨；汉语重意合，行文逻辑松散。如汉语修辞讲究词句整齐、声韵和谐，多采用排比句、四字格等。所以，汉语的对外宣传材料中多采用华丽辞藻和大量的修饰词，而英语多平铺直叙、简洁明了。还有别的小组来分享吗？"

　　E 同学举手说道："老师，第六小组有别的想要补充的内容，首先，译者应深刻领会源语的含义及可能出现的后果或影响；其次，用词时仔细推敲，反复斟酌，避免犯错误。"

　　X 老师："那你们这组有没有考虑到需要用什么样的翻译方法和策略吗？"

　　E 同学："我们之前学习了严复先生提出的 '信、达、雅' 翻译理论。我们认为，时事外宣文本，尤其是中央文献的汉译英目的性非常强，译者必须做到 '信' 和 '达'。译者必须深刻领会时事外宣文本的精髓，忠实地传达中国政府及其中央领导人的宣传意图，使国外受众准确地、顺利地接受译文信息。"

　　X 老师："嗯，说得很好！'信' 的内倾眼光是源文本的文化解读，

'信'的外向目光将转化为译语的'达'，即达成跨文化传播效果，进入译语文化语境考察译文是否符合译语的表达习惯。同时我们也完美地传达了我们国家领导人的意思。那么，我问大家一个问题，为什么我们要对这个外宣材料进行外译呢？大家考虑过吗？"

D 同学回答说："外译是向外国友人展示我们中国文化。"

X 老师："是的，回答得很好。那展示我们文化的目的又是什么呢？"

D 同学："通过向世界介绍中国的经济、文化、外交理念，建立良好的国际形象，建构中国对外话语体系，让世界了解一个真实的中国，改变西方对中国的偏见。"

X 老师点点头，说："是的。首先，在对该外宣文本的翻译中，有些文化现象具有认知上的共通性，可以直译，原汁原味地传播中国文化；有些文化现象的内涵具有民族独特性，需要意译、解释，甚至加注释才能让外国读者理解；还有些文化现象影响外国读者的接受，这种文化现象就可能会舍去不译。为了传播中国思想文化，异化的翻译策略常用来凸显这一思想文化的独特性，而为了让受众易于接受，语言形式层面不得不归化。"

同学们听完点点头，X 老师又问道："那么大家觉得我们翻译外宣文本时需要遵循些什么守则呢？或者说我们的外宣文本有哪些独一无二的性质呢？"

A 同学："要有政治自觉。"

X 老师："是的。首先，在文化外译时，要紧扣原文，不能任意删字，当然也不能任意加字，或者离开原文自由发挥。同时，需要注意原文的词序，不要轻易颠倒，避免犯错误。其次，如外译需要参考外媒相关内容，词汇的选用要留心词义的宣传含义和影响。再次，外译工作者需要具有敏锐性和政策意识。在吃透原文精神的前提下，达到具有敏感性的第四个要求——掌握好用词的分寸。即使外宣的表达形式在英文中并不常见，也要形成惯例，坚持使用。外宣工作强调的忠实是在透彻理解原文信息的基础上，忠实于信息的准确、完整传递。译文的可读性、接受性在翻译操作考量中处于从属地位。"

同学们边听边做笔记，X 老师还说道："我跟大家说了这么多了，大家再跟我一起做一个练习，在这次的练习中，我希望大家都能发表一下自己的看法，多多表达自己的观点。"（见图 5.2）

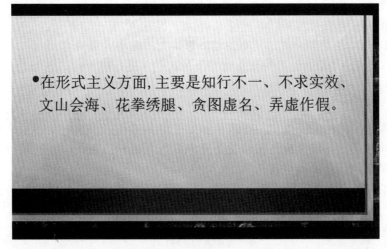

- 在形式主义方面,主要是知行不一、不求实效、文山会海、花拳绣腿、贪图虚名、弄虚作假。

图 5.2　练习原文

X 老师："首先大家看看这句话有什么特点呢?"

F 同学："这句话有很多四字成语。"

X 老师："那当我们面对四字成语的时候,我们一般采取什么办法去翻译?"

H 同学："可以直译也可以进行意译。"

E 同学："进行直译或者意译这需要看译者如何看待这句话。"

X 老师点点头,说："大家说的都很有道理。翻译四字成语时,就一般情况而言,外国人倾向于直译,中国人倾向于意译。那么为什么会有这种差异呢?"

G 同学："文化环境不一样。"

X 老师："是的。究其原委,一个原因是文艺上需要陌生感。唯其陌生,才能引起别人的注意。中国的比喻形象,对于外国人来说,是陌生的,所以他们急切将这种陌生形象介绍给外国读者。相反,中国译者对汉语中的形象已司空见惯,却怕外国人不懂,于是常常倾向于意译。中国文化在他者语境传播的过程中,我们应该重视传播对象文化背景的差异,传播的内容及方式必须适应受众的兴趣、理解能力和接受心理、价值观、忌讳等,题材要有针对性。比如说外宣文本,针对我们今天谈的主题,中国特色文化概念的外译,采用的翻译策略与方法要更好地适应以英语为母语读者的阅读习惯,才能取得有效的传播效果。在今天谈到的译例中,我们主要采用了直译与意译的方法,以期达到传播文化的目的。文化传播不要希冀速效，而是要耐心细致、潜移默化，不要急于求成，理解不等于接受，但接受必先有理解。"

J 同学："老师，我还觉得他们的思维方式是有区别的。"

X 老师："是的，不同文化背景下的人们在进行思考时，思考方式存在巨大反差。既有个人的独特性，又具有民族统一性。中华民族习惯于顺向思维、整体思维和具象思维。而在西方国家人们则擅长逆向思维、局部思维以及抽象思维。英语中的许多语句属于倒装结构，而汉语中的话语是顺向结构，因此在汉语成语翻译时要考虑到西方民族的思维方式的特点，仔细考量翻译词语的运用技巧。"

T 同学："老师，那么我们在面对这个四字成语的时候应该用什么方法进行翻译呢？"

X 老师："在回答这个问题之前，我还想问一下大家我们要用什么方式对外传播中国文化呢？"

G 同学："我们在网络上总是看见要用多元化的方式传播中国文化。"

X 老师："那你可以阐述一下我们要怎么使用多元化的方式去传播文化吗？"

G 同学："首先，我们通过孔子学院为平台，给国外学生传播中国知识。其次，我们可以通过中国与外国同办的文化年，以及面向各国青少年的中国文化夏令营向国外友人传播中国文化，还有其他文化交流活动等模式都是有利于进一步传播与弘扬中国文化。最后，就是充分利用新媒体环境，进行文化的对外传播。

X 老师："很好。了解多元化传播中国文化的方式已经是很大的进步了，说明大家还是会看看资料看看书的嘛。那我们再看上面那个问题，面对四字成语的时候应该用什么方法进行翻译。上面那个同学说了我们可以使用直译和意译的方法。我们请 H 同学来简单介绍一下他的观点。"

H 同学："采用直译法的前提条件是，不违反语法适用规范和不会造成读者理解错误。直译法能够最大限度地保留成语的形象和修辞手法，能够凸显出最具典型的民族含义和风情特色，不需做过多的解释和引申。" H 同学说完后看了 X 老师一眼，接着说："老师，我对意译法也不是很了解，可能还需要多查资料学习。"

X 老师："那 H 同学对意译不太了解的话，大家谁可以解释一下意译法呢？"

K 同学站起来说："意译法是一种通过将成语的整体含义表述出来的方法，不保留原文的形式和修辞方式，不注重成语中的细节技巧，只确保意思正确、译文流畅通达即可。在汉语成语中，许多成语是出自历史典故或寓言故事的。但是在长期使用过程中，许多成语的典故失去了原本的故事性特点，使用起来不具有鲜明生动性。人们往往只将它的引申含义或比喻意义运用起来。"

　　X老师微笑着说："你们回答得都很好。我再补充一下什么时候可以用直译法和意译法。在汉语四字成语中，有很大一部分成语属于平铺直叙的，理解起来很简单，也没有蕴含难以理解的历史典故，只是在遣词造句和用词搭配上有固定的规律。对于这类成语，可以采用直译法。此外有些成语是人们的长期生产生活过程中约定俗成的，字面含义存在不合逻辑问题。如果根据字面含义直接翻译，会导致英语译文晦涩难懂，不符合西方民族的思维习惯。为了解决这种文化缺失问题，可以采用意译法，将成语的具体含义表达出来，从而达到预期的交际目的。"

　　X老师接着说："那么现在我们再看看这句话：'在形式主义方面，主要是知行不一、不求实效、文山会海、花拳绣腿、贪图虚名、弄虚作假。'我们对这六个含有文化底蕴的成语应该怎么翻译，要如何翻译才能让外国友人理解呢？我给大家十分钟时间讨论一下。"

　　教学评价： 在此教学环节中，X老师首先给学生们准备了一段材料让他们以小组的形式进行翻译以及讨论，让他们发表观点。然后，X老师给出了外交部发表的参考译文，向他们提出问题：通过参考译文和自己译文的对比，有何发现。X老师通过启发式、研讨式、探究式、讲授式等教学方法引导学生循序渐进地思考问题，总结了应该使用什么样的翻译策略及方法。在这一环节的最后一部分，X老师还准备了一段外宣文本中四字成语的翻译，引发学生思考。在此阶段，老师通过中英文的差异提出了中国文化传播的困难，并对学生提出了思政问题：我们要如何传播中国文化，在文化传播过程中应该如何减少翻译引出的歧义和差异，学生们依靠老师的引导回答了此问题。

　　X老师通过任务型教学法进行教学，以学生为中心，符合学生的身心发展规律。教师在教学中要遵循学生的身心发展规律，而任务型教学便符合该规律。教师会为学生设计由简单到复杂的任务，使学生能够更好地适应学习的内容，从而体现任务型教学的科学性。同时，任务型教学强调以学生为中心，十分关注学生的学习需求，符合当今素质教育的要求。在此教学环节中，X老师为学生设定合理的任务目标，使他们有了明确的学习方向，面对未知的问题就会有强烈的好奇心，这会促使学生们自发地完成学习任务、语法学习、单词读写以及重点课文背诵等工作，使原来被动的学习方式转变为主动的自我学习，加强了课堂中学生的主导地位。

（三）课后实践，巩固思政理念

大家通过十分钟的讨论也得到了一定的答案，X 老师让他们分享了自己的译文，译文如下。（见表 5.2）

表 5.2　原文与小组译文（2）

原文：在形式主义方面，主要是知行不一、不求实效、文山会海、花拳绣腿、贪图虚名、弄虚作假。
第二小组：In terms of formalism, the main problems are inconsistent knowledge and practice, lack of practical results, Wenshan Huihai, flowery boxing and leg embroidery, greed for fame and fraud.
第五小组：In the area of formalism, the primary is the knowledge and action is not one, not to seek practical results, the Wenshan meeting, fists and legs, greedy for fame, falsehoods.
第六小组：In the area of formalism, the primary is the fact that the knowledge and action is not one, not practical, the literature and mountains, fists and legs, the desire for fame, make-believe.

X 老师："大家看着这些翻译会不会特别别扭?"

Y 同学："老师，他们都没有很好地表达四字成语的意思。'知行不一'的意思是知道却不这样做，形容一个人嘴上一套做另一套。在这几组中就第一组对于知行不一的翻译能感受到他原本的意思。"

X 老师："是的。那还有其他同学说一下'文山会海'是什么意思吗，并且给出一个合适的翻译，这三组对于'文山会海'的翻译我感觉都不太适合。"

H 同学站起来说："老师，我查了资料，上面说'文山会海'的意思是，形容文件会议多得泛滥成灾。可以翻译成'Flooded with documents and meetings'。"

X 老师："很不错。大家在翻译四字成语前应该先了解一下四字成语的意思。直接进行音译对于政治文本来说是很不恰当的。"

同学们都点了点头，表示自己了解了。同时 X 老师还说："汉语语篇四字格语汇连续铺排，形成连珠四字结构，则是文化影响话语生成的一个典型例子。这种表达铿锵有力，展示了汉语长于铺叙、言词华美的特点。但是，英语语言讲求表达清晰，最忌逻辑混乱，文字堆砌。为便于译文读者理解，以上英译打破汉语连珠四字结构，换成英语常用句式。我们现在来看看外交部给出的参考译文：'Formalism means doing things for form's sake-the separation of action from knowledge, neglecting what is truly effective, hiding behind piles of documents and immersing oneself in meetings, the pursuit of vanity and a resort to falsehood.' '知行不一' '不求实效' 照字直译，意义自明；'文山会海' 含有 '山海' 隐喻，译者略去隐喻，直接译出本意，以免 '因文害意'；'花拳绣腿' '贪慕虚名' '弄虚作假' 意义相近，译文采用压缩法，抓住语义实质，从华丽语言外壳中提取实际内容，较好地传达了原文语义。"

　　X 老师："这节课时间过得差不多了，大家从这节课中是否熟知了我们今日所学的知识呢？我还有最后一个问题想问一下大家。我们这节课学习了外宣文本中部分重要概念的翻译，同时也对外宣文本中四字成语的翻译学习了一些。在这些学习中，我们都了解了外宣文本外译的作用以及目的。那我们在传播中国文化的过程中，作为中国人，我们要树立自己的民族自信以及民族荣誉感。作为翻译专业的学生，我们更要在翻译中严谨地进行翻译，让外国友人能够听到中国声音，让我们能更好地传播中国文化。大家认为中国应该怎样才能更好地提升文化传播的效率呢？"

　　Y 同学："老师，我认为这是中国所有人都需要反思的问题，为什么中国文化的传播是落后的，是外国友人不能理解的。"

　　L 同学："在对外传播文化方面，我认为首先政府就应该要加大政策扶持与资金投入，培养一支业务精干、精通外宣工作的翻译队伍。这是提高中国文化对外传播力量与质量的重要保证。在高校进一步加强文学翻译人才和实践技能型的翻译人才的培养，特别是增强培养高层次的应用型翻译人才的培养。在国家层面，加强翻译语言和语言翻译立法，提升其战略地位。在教育主管部门层面，加强行业协会在应用翻译方面的规划、指导、认证与考核；在培养单位层面，凸显特色，提高应用型翻译人才培养质量。使更多具备出色的语言文字翻译能力、适用型、专业型口笔译翻译人才为社会服务。此外，国家应该选派一些外语基础好的青年到发达国家进修学习，这也是人才培养的一种途径。"

　　X 老师："是的，中国文化在他者语境的传播想要获得成功，政府应责无旁贷地发挥核心作用、主导作用。特别是整合并明确文化对外传播的优质资源和类型，提高对外传播的文化质量，提供更加丰富的平台，对文化传播的管控机制要更加灵活，形式更加多样，加强对人才队伍培养的重视，有规划、明确地向世界全面推介中华民族优秀文化的繁荣与创新。这样我们才能把中国文化传播出去。马上就下课了，我还有个练习需要同学们在课后完成一下，请大家完成后以 word 的形式发在 QQ 群中，希望大家交上来的作业中能融会贯通今天学习的这些内容。"

教学评价：在此教学环节中，X 老师解决了上一环节留下的任务，并让学生也积极分享了他们的翻译成果，在 X 老师进行评价后，同学们也对此次分享进行了评价并提出了自己的观点。在第二和第三环节中，X 老师始终使用思政目标贯穿了整个课程：通过提问引导大家了解要如何传播中国文化，其一是对外传播应注重中外文化背景差异，要巧妙处理译作的政治性与艺术性。其二是要增强改革创新意识，建立多元化对外传播交流方式。其三是重视优秀翻译人才的培养。在任务型教学法中，该环节是要学生及时地巩固辛苦学来的知识点，加深英语学习印象，总结完善自己的英语语言结构。同时，这个环节还能够向英语教师反馈混合课堂的教学效果，以便于在之后的课堂中不断积累经验，帮助同学们建立全面的英语学习思维，养成良好的英语语言习惯。

三、总结

在第一环节中，教师通过在 QQ 群中提前通知学生进行分组，以及分配任务完成了设定任务目标的步骤。对于任务型教学来说，科学有效的课前准备能够为课上节约很多时间，而且任务完成效率也会有很明显的提高。在第二环节中，X 老师通过启发式、研讨式、探究式、讲授式等教学方法引导学生循序渐进地思考问题，总结了应该使用什么样的翻译策略及方法，以及四字成语的翻译策略。在第三环节后，X 老师解决了上一环节留下的任务，并让学生也积极分享了他们的翻译成果，并积极地给出了评价。

任务型教学在大学生的英语学习生涯中发挥着十分关键的作用。作为一种现代性比较强的学习方式，任务型教学对大学的学生和英语教师都提出了一些要求，需要他们不断努力、不断尝试去满足这些要求。任务型对于学生英语练习的效率和质量都有很大的帮助，还能够为具体的学习和活动增添趣味性。可是，任务型教学看似简单，但实施起来也是比较困难的。这对教师和学生来说也有许多方面的挑战，需要教师和学生共同去探索和克服。此案例主要通过第二环节与第三环节教师对学生的提问及引导中来达到思政目标——如何更好地传播中华文化。

案例思考题

1. X 老师采用的任务型教学法模式是一种怎样的模式？这种教学模式能够培养学生哪些能力？

2. 除了 X 老师在课堂上和学生们讨论的这些应用于政治文本的翻译方法，你还知道哪些适合政治文本翻译的方法？

3. X 老师是如何引导学生发现问题并解决问题的呢？这对其他课堂教学是否有可鉴之处？

4. X 老师在教学过程中是如何通过任务型教学法，深入挖掘课程思政元素，有机融入课程教学，达到润物无声的育人效果？

5. 除了 X 老师的方法，还可怎样利用网络平台来辅助教学？

四、案例使用说明

（一）适用范围

适用对象：MTI 教师、翻译硕士、翻译专业本科生。
适用课程：政治文本英译课程教学设计、翻译专业教师发展。

（二）教学目的

1. 掌握外宣文本的翻译方法。
2. 掌握在翻译教学中如何充分体现学生的主体性，充分发挥教师主导的作用，以形成师生之间的良性互动。
3. 培养翻译教师的教学能力。
4. 培养学生增强文化自信，讲好中国故事的能力。

（三）关键要点

1. 相关理论

任务型教学（task-based language teaching）是指教师通过引导语言学习者在课堂上完成任务来进行的教学。这是 20 世纪 80 年代兴起的一种强调"在做中学"（learning by doing）的语言教学方法，是交际教学法的发展，在世界语言教育界引起了人们的广泛注意。这种"用语言做事"（doing things with the language）的教学理论也逐渐引入我国的基础英语课堂教学，是我国外语课程教学改革的一个走向。该理论认为：掌握语言大多是在活动中使用语言的结果，而不是单纯训练语言技能和学习语言知识的结果。在教学活动中，教师应当围绕特定的交际和语言项目，设计出具体的、可操作的任务，学生通过表达、沟通、交涉、解释、询问等各种语言活动形式来完成任务，以达到学习和掌握语言的目的。任务型教学法是吸收了以往多种教学法的优点而形成的，它和其他的教学法并不排斥。任务型教学主要指教师通过设计不同的课堂任务活动来吸引学生的学习兴趣，学生通过完成任务来学习课程内容，它强调学生在实践中进行学习，即"从做中学"①。

2. 关键知识点

翻译重难点分析、任务型教学法、翻译教学设计

3. 关键能力点

对文本材料进行加工，引导学生总结翻译难点。在实践过程中，以理论为指导，引导学生发现并解决问题，提升独立思考的能力。在教学过程中，融入课程思政，提升学生对中国文化的认同感以及文化自信。

4. 案例分析思路

通过 X 老师在课堂上分析学生对外宣文本中的翻译实践及重难点的总结以及讲解，引导翻译专业教师与教研员如何在翻译教学中实践任务型教学法，培养学生自主思考问题和解决问题的能力，为翻译专业教师创新课堂教学设计提供借鉴。

（四）教学建议

1. 时间安排：研究生标准课两节：90 分钟。

---

① 陈惠惠. 英语任务型教学混合课堂的设计与构建 [J]. 中国教育学刊，2020，（S1）：72—73，78.

2. 环节安排：提前布置预习内容→课堂前学生分为 5～6 小组→根据教学情境小组合作讨论，解决问题→各组形成解决方案进行汇报→师生共同研讨→课后作业布置。

3. 人数要求：20 人左右的班级教学。

4. 教学方法：以学生为主体，以教师讲授点评为辅。

5. 工具选择：多媒体教室，其他工具根据教学内容而定。

6. 活动建议：课前要求学生线上完成课前预习的任务，查找文本的相关资料，初步了解文本的作者以及相关背景信息，教师也要提前准备好资料并根据教学内容进行教学情境的初步构建。课中学生应该主动地参与到课堂中，积极地参与小组合作并完成相关的任务，教师要充分发挥其主导作用，激发学生的求知欲，引导学生进一步发现并解决问题。课后教师应该及时进行教学反思，总结本课堂的收获以及问题，以便为后续的教学行为提供方向。

（五）推荐阅读

［1］胡芳毅. 操纵理论视角下的外宣翻译：政治文本翻译的改写［J］. 中国科技翻译，2014，（02）：39，40－42.

［2］贾云鹏. 汉语四字成语翻译中的文化补偿与缺失［J］. 语文建设，2015，（09）：65－66.

［3］舒娜，余炫朴. 外宣翻译中时事政治文本英译的特点及其政治考量［J］. 江西师范大学学报（哲学社会科学版），2017，（05）：138－143.

［4］司显柱，曾剑平. 对外政治话语翻译：原则、策略、成效：以《习近平谈治国理政》的英译为例［J］. 上海翻译，2021，（02）：18－24.

［5］唐昉. 面向国际传播的译者能力培养：以《习近平谈治国理政》英译赏析课程为例［J］. 外国语文，2022，（03）：33－41.

［6］谭莲香，辛红娟. 从《毛泽东选集》外来译者修改意见谈政治文本英译的可接受性［J］. 上海翻译，2018，（01）：71－77.

［7］吴文艳. 外宣翻译中文化负载词的英译原则与方法［J］. 湖南科技大学学报（社会科学版），2014，（06）：166－170.

案例六　POA 教学模式下《中国日报》中节日文化特色词的翻译教学①②

　　摘　要：中国传统节日是中华传统文化的重要组成部分，彰显了中华民族的特色，其丰富的节日内涵体现了中华文化的深厚底蕴。随着中华传统文化"走出去"战略的实施，中国传统节日外译也变得十分重要，其中一些特色词汇的翻译是译语读者理解传统节日背后的文化内涵的关键。因此，与中国传统节日相关的特色词汇的对外翻译尤为重要。L 老师的"《中国日报》中节日文化特色词的翻译"一课采用了 POA 的教学模式，以获取传统节日中特色词汇的英译经验为主线串联三个教学环节，引导学生发掘和掌握传统节日中特色词汇的英译方法和技巧，培养学生在这方面的翻译能力，进一步促进中华传统文化的传播。

　　关键词：中国传统节日；特色词汇；翻译硕士；翻译教学

Teaching Translation of Characteristic Words of Festival Culture in *China Daily* Based on POA Teaching Model

　　Abstract：Chinese traditional festivals are an important part of Chinese traditional culture，which highlights the characteristics of the Chinese nation，and their rich festival connotations reflects the profound connotations of Chinese culture. With the implementation of the strategy of

---

　　① **作者简介**：刘妍，女，湖南邵阳人，湖南科技大学外国语学院英语笔译专业研究生；王静，女，河南南阳人，湖南科技大学外国语学院教授，硕士生导师。

　　② **编制说明**：按照调研学习及当事人的要求，作者对案例所涉及的学校名称、人员及相关数据，做了必要的掩饰性处理；本案例仅供教学之用，无意提倡或暗示某种管理理念、方法或体制比其他的理念、方法或体制更为有效或合理。

exporting Chinese traditional culture，the translation of Chinese traditional festivals has also become extremely important. The translation of some characteristic words is the key for the target language readers to understand the cultural connotation behind the traditional festivals. Therefore，the translation of characteristic words related to Chinese traditional festivals is particularly significant. Ms. L's lesson on "The Translation of Characteristic Words of Festival Culture in *China Daily*" adopts the POA teaching model，and connects the three teaching steps of "output-driven"，"input-facilitated" and "multiple evaluation" with the main goal of obtaining the English translation experience of the characteristic words in traditional festivals，guiding students to explore and master the English translation methods and skills of the characteristic words in traditional festivals to improve students' translation ability，and to cultivate their abilities to promote the spread of traditional Chinese culture.

Key words：Chinese traditional festivals；characteristic words；MTI；translation teaching

一、背景信息

在"中国文化走出去"的战略背景之下，中国传统文化走向世界是展示中华文化独特魅力、维护和提升国家形象、让世界了解中国的重要渠道。中华优秀传统文化博大精深，源远流长，是我们坚定文化自信的力量源泉。其中，中国传统节日是中华传统文化的重要组成部分，这些传统节日有着重要的意义和文化内涵，体现了中华文化的深厚底蕴。中国传统节日的对外宣传能够让外国读者领略到中国传统节日的魅力，促使中国文化能够更好地走出去，而翻译作为交流文化、沟通思想的桥梁，对中国文化"走出去"无疑发挥了至关重要的直接作用。但是，由于受不同文化背景和思维方式的影响，理解中国传统节日中一些特色词汇和民俗活动对外国读者来说往往具有很大的难度，尤其是使得许多传统节日的文化内涵在对外传播时不能真正被外国读者所理解，所以在翻译时很难透过简单的直译让读者理解这些传统节日的意义和文化内涵。尤其是许多特色词汇在目的语中找不到相对应的词汇，这就使得在翻译的过程中译者要有较高的翻译能力，并且掌握相关的翻译策略和方法，将传统节日中一些特色词汇的意义传达给外国读者，让他们能够对我国传统节日的文化内涵有着深入的理解，从而促使中国传统文化的传播。

在日常翻译实践中，学生对传统节日文化的外宣翻译涉及较少，面对一些特色词汇的翻译时，他们缺乏相关的翻译策略和方法，从而不能产出质量高的译文。本案例旨在帮助学生解决这方面的问题，掌握正确的翻译方法和技巧，提高翻译能力。

本案例来自 X 省 H 市 Y 大学 2022 年 11 月 30 日 L 老师给 2022 级翻译硕士上的一堂课，课程内容是《中国日报》中传统节日篇章之重阳节的汉英翻译分析，包括三个教学环节。L 老师以从《中国日报》有关节日文化的特色词汇汉英翻译分析来获取传统节日中的特色词汇英译的经验为主线进行教学设计。

L 老师在教学设计方面的创新性主要体现在：一是以 POA 教学理论（产出导向法）为指导，改变了传统教学模式先输入后输出的顺序。以输出为驱动，强调"以教师为中介""以学生为主体"和"以学生为中心"，充分调动学生的学习热情，激发求知欲，提高学生的翻译能力；二是以网络技术为依托，利用 QQ 平台，加强学生之间、师生之间的沟通互动，激发学生学习的主动性；三是通过小组合作交流的方式，培养学生的批判能力和团队协作精神，并在交流中互相借鉴和学习。

二、案例正文

（一）课前输出，感受民俗魅力

22 级的同学们按照课前分的三个小组环坐成半圆，打开了他们的电脑和笔记本，做好课前准备工作，正探讨着上次 L 老师课前布置的翻译作业。上课铃声响起，L 老师面带微笑地走到半圆中心，并开始今天的讲课：

"同学们早上好，前几天我已经将有关于重阳节的翻译材料以及《话说中国节》的视频上传到了 QQ 群里，并且要求大家翻译完之后进行小组讨论，找出你们在翻译时遇到的各种问题。我看到了同学们发在 QQ 群里的译文，各位同学都已经完成了学习任务。相信同学们在翻译时应该遇到了一些难以解决的问题，也分小组讨论过了这些问题，那么现在有哪个小组主动来跟大家分享一下你们在翻译时所遇到的问题呢？或者你们在翻译之前是如何处理文本的？"

同学们沉默片刻。

A 同学答道："我代表我们小组来分享我们组遇到的问题。我在翻译之前利用网络平台对这篇文章进行搜索，这篇关于重阳节的文章来自《中国日报》。《中国日报》作为英文报纸，面向的读者比较广泛，不仅有国内英语爱好学习者，而且还有许多国外读者。这篇文章的目的就是要宣传我们的传统节日，让外国读者更了解中国传统文化。所以我们小组经过讨论认为在翻译时应该要考虑到国外读者的理解力。一些特色词汇的表达不能直译，否则这些国外的读者可能会感悟不到传统节日中的独特魅力。尤其是一些词汇的翻译是个难点，不知道该如何翻译。"

B 同学补充道："我们小组在经过讨论之后，认为文章中像'秋高气爽''步步高升'等类似这样的四字词语是要直译还是意译才能表达出其中的内涵并能让目标读者理解呢？"

L 老师点点头："谢谢这个小组的分享。是的，我们在拿到翻译文本之后不能马上就进行翻译，而是要对文本内容进行深入分析之后再进行翻译，此外还要考虑到目标读者。《中国日报》中这类文章是外国读者了解中国文化的重要窗口，有利于中国文化的传播。要想国外读者能够深入了解中国传统节日文化，高质量的翻译起到至关重要的作用。我们在翻译时要不仅要考虑到目标读者的理解能力，一些有关节日文化特色词汇的翻译也很重要，尤其是一些词汇在目的语中找不到对应的表达。所以我们要提高自己的翻译能力，掌握正确的翻译方法和技巧，让目标读者了解传统节日的文化内涵，从而促进文化的传播。其他两个小组还有什么问题吗？重复的问题可以不用说了。"

C 同学答道："我们组认为一些跟重阳节内涵有关的句子，还有其中的民俗活动应该如何翻译才能最大程度地体现其中的文化内涵，为目标读者所理解呢？还有文章句子中出现的'九'和'久'的谐音，我们应该如何处理呢？"

D 同学答道："我们小组讨论到关于'重阳节'这个词的翻译，关于'重阳节'的翻译有很多种，比如说'Double Ninth Festival''Chongyang Festival''Seniors' Day'等，前两种都是使用直译的翻译方法，是常见的固定译法，但是并不能体现重阳节的内涵，而第三种译法更能体现出重阳节的内涵，所以在翻译这类文本时用这第三种译法不是更有助于目标读者的理解吗？"

L 老师微笑道："不错，谢谢各小组的分享，大家的问题我也了解到了。这篇文章是关于重阳节的来历和习俗，主要目的就是为了对外宣传中国传统节日文化，让外国受众感受并理解其丰富的文化内涵和特色。文章中的特色词汇特别是蕴含文化内涵的词汇翻译，是翻译这篇文章的重难点。而且，大家在视频资料中应该也发现了一些有关于节日文化特色词汇的翻译并不是那么准确。要解决这些问题，我们需要学习和掌握相关的翻译策略和方法。本节课我们将了解《中国日报》中关于节日文化特色词汇的英译中的翻译策略和方法，将其中蕴含的文化内涵展现出来，为目标读者所理解，并达到我们的翻译目的。"

> **教学评价：** 在此教学环节中，L 老师首先根据教学目标创设学习任务，让学生利用网络平台提前完成翻译任务，并分小组讨论在翻译过程中遇到的问题。视频的观看能让学生们领悟到中国传统节日文化的魅力。这种方式打破了传统的布置翻译作业让学生完成的方式，调动了学生学习的主动性和积极性。随后通过老师在课堂上抛出问题，引导学生思考、发现翻译之前需要注意的问题。在学生小组分享实践过程中遇到的问题之后，老师进行补充并提醒学生在译前对文本信息进行深入分析和研究，并且对于翻译的目的也要进行思考。这种"以产出为导向"和"以学生为中心"的方式不同于传统的直接"输入"，而是更注重学生的"输出"。学生在实际"产出"中存在的不足会让学生充分认识到自己翻译知识、能力的薄弱之处，并让学生处于一种"饥饿"状态，从而能够驱动学生学习未知的知识。以实践输出的方式引导学生总结出文本翻译的重难点——即有关于节日文化特色词汇的英译。同时，这一步也为下一个阶段学习节日文化特色词汇的翻译方法和技巧做出了铺垫，进一步激发了学生的学习兴趣和热情。

（二）课堂输入，领会译味之美

在第一个环节的小组分享和文本分析结束之后，课堂进入了教学的第二个环节"课堂输入，领会译味之美"。通过老师引导学生对重阳节文本的翻译进行分析并对比不同的学生译文，让学生总结出节日文化特色词汇的翻译方法和技巧。

L 老师："我们已经对这篇文本进行了分析，明确了这篇文章的翻译目标，也知道了文本中翻译的重难点。下面我们将对文本中的重点内容的翻译进行分析，特别是要关注蕴含文化内涵的特色词汇翻译，并在分析完之后，请各位同学总结出其中的翻译方法和技巧。现在请同学们将文章中出现的特色词汇都找出来，我们将对它们的翻译进行分析。"

几分钟过去了，L老师利用多媒体课件将这些特色词汇展示出来。L老师："同学们请看课件上的词汇，这些都是与重阳节有关的特色词汇。在翻译这些词汇时我们要特别注意，联系上下文译出其中的内涵。现在请同学们思考一下我们该运用何种翻译技巧和策略才能达到我们的翻译目标？"

同学们思考片刻。

D同学首先回答道："像这种特色词汇我们在译入语中找不到相对应的词，所以我在翻译时对于'秋高气爽''步步高升'这类词是直接根据词语本身的意思进行了翻译，这样有利于读者的理解也不失其本身的意义。像'清热解毒''益寿延年'这种词汇我就直接根据字面意思进行直译，这种译法我认为也能为读者所理解。"

A同学答道："我认为在翻译时对那些目标读者难以理解的词语应该要根据这些词语的意思来进行意译，在译语中找到相对应的词。这样目标读者也能体会到其中的含义，对于比较容易理解的词语可以采用直译的翻译方法。"

L老师："同学们说得有道理，对于不同的词汇我们要根据它们的特点采取不同的翻译方法以达到我们的翻译目的。既要考虑到词语本身意义的忠实表达，也要考虑到译语读者的理解能力，更重要的是能够传达出中国传统节日中的文化内涵。下面我们来对比一下不同的译法。"L老师将不同的学生译文在多媒体课件中展示出来。（见表6.1）

表 6.1　原文与学生译文（1）

1. 登高祈福、饮宴求寿		
参考译文：climb mountains to pray for good luck and feast for longevity		
译文一	译文二	译文三
climb high to pray for good luck and feast for longevity	climbing for blessing and feasting for longevity	climbing high to pray for blessings and feasting for longevity

L老师："首先我们来看第一组词语'登高祈福''饮宴求寿'的翻译。同学们在看完这三组译文之后有没有发现什么问题？或者说这些译文有什么相同点和不同点？"

C同学首先回答道："'登高祈福''饮宴求寿'是重阳节的风俗习惯，采用直译的翻译方法能够很清楚地表达出其中的内涵。这三组译文很相似，都是用了直译的翻译方法，就是用词上存在着差别。在用词方面三组译文中还是译文一较好，更能体现出其中的内涵。"

B 同学补充道："我赞同 C 同学，在'登高'的翻译上还是'climbing high'比较好。另外在'祈福'这个词上，译文一译成了'pray for good luck'，后两组都是译成了'blessing'，我更偏向于译文一的译法，'blessing'虽然有祝福的意思，但是它更多的是神的祝福，而在此处并无此意，所以还是'pray for good luck'更适合。"

L 老师微笑地点点头："同学们的分析都很有道理，也发现了各组翻译存在的问题。三组翻译都是直译，就是用词上存在着区别。下面我们一起来看一下参考译文：在重阳节那天人们会和家人一起登高山祈福，译成'climb mountains'比译成'climb high'更直接，且人们认为登高可以驱除霉运带来好运，故译成'pray for good luck'更能让目标读者理解重阳节登高的内涵。在重阳节的时候，人们除了登高山祈福也会有摆宴席祈寿的风俗习惯。所以将'饮宴求寿'直译成'feast for longevity'简洁明了，目标读者也容易理解重阳节宴饮的丰富内涵。"

L 老师："现在请同学们看到 PPT 上的第二组词语，大家分析讨论下这三组译文，哪一组译文更好？"（见表 6.2）

表 6.2　原文与学生译文（2）

2. 清热解毒、益寿延年 参考译文：clearing away heat, detoxifying and prolonging life		
译文一	译文二	译文三
clearing away heat and toxic materials, and prolonging life	clearing heat and relieving toxins, benefiting longevity and prolonging life	clear away heat and detoxify, and prolong life

同学们开始进行分析和讨论。

C 同学："这三组翻译中，译文二虽然形式工整但不够精练，尤其是后半句有点重复的感觉。译文一和译文三中对'解毒'的译法不一样，我认为用'detoxify'更适合。"

L 老师："是的，译文一虽然在搭配上没有什么错误，但是却没有表达出原意。'detoxify'贴切地表达出了原来的意思，而且也更加简洁，用在此处是再适合不过的。'益寿延年'所表达的意思其实就是长寿，没必要将其分开翻译，像参考译文中的这种译法就很简洁，也忠实于原文。以上两组词语我们都可以采用直译的翻译方法，译出来的译文忠实原文且简洁

易懂，很容易就能让目标读者理解。接下来我们来看第三个例子的分析。"（见表 6.3）

表 6.3　原文与学生译文（3）

3. 每当秋高气爽、菊香四溢的时候，中国人便迎来了重阳节。

参考译文：When clear and refreshing autumn arrives and chrysanthemums scent the world，it's time for the Chinese Chongyang Festival or Double Ninth Festival.

译文一	译文二	译文三
the autumn air is crisp and the chrysanthemum fragrance is abundant	the autumn is cool and the chrysanthemum is fragrant	autumn is clear and chrysanthemum is overflowing

B 同学首先回答道："我发现这三组译文虽然都是运用了直译的翻译方法，但是用词都有区别。首先是'秋高气爽'的翻译。'秋高气爽'指的是秋天天空明净，气候凉爽宜人。译文一用的'crisp'和译文二的'cool'更多是形容空气的清新和凉爽，没有体现出秋天的天气特点。而译文三中的'clear'虽然体现了秋日天空明净的特点却没有体现出秋日的气候凉爽宜人。至于'菊香四溢'的翻译，译文一和译文二都差不多，但是译文三并没有很好体现出原文的特点，而且我认为'overflowing'不适用于此处。所以对比下来我认为译文一较能体现出其中的特点。"

L 老师："不错，B 同学对'秋高气爽'和'菊香四溢'的翻译进行了分析，并且认为译文一比较好，还有同学有不同的想法吗？"

A 同学回答道："我认为对于'秋高气爽'的翻译译文三比较好。但是'菊香四溢'的翻译我认为还是译文二较好。因此我认为可以将译文二和译文三结合起来。"

L 老师微笑道："同学们都有不同的想法和见解。一些四字词语在很多情况下都不能直译，在翻译时最主要的还是要看词语所表达的意思。像'秋高气爽'和'菊香四溢'这两个词语我们是不能进行简单的直译。这三组译文都采用了直译的方法，显得译文十分累赘不够简洁。所以为了译文能够简洁易懂，我们就要用其他的翻译方法。现在我们一起来看参考译文。参考译文用了'clear'和'refreshing'两个词来形容天空晴朗空气清爽，可以很好地体现出秋高气爽的特点。在'菊香四溢'的翻译中参考译文用了'scent'的动词用法。一般'scent'这个词我们可能更多使用它的名词用法，但它的动词用法在此处就很形象，能让读者联想到到处都是菊花的清香。参考译文的这种译法很容易让目标读者体会到原文所要传达的信息，从而达成翻译的目标。我们在翻译的时候要斟酌用词，要考虑词的适用性，不仅要再现原文内涵，更要有利于读者的理解。同学们还有不同的看法吗？没有的话就进入下一组的译文分析了。"

同学们摇摇头表示没有疑问。L 老师将"步步高升""辟邪求吉"的译文展示在 PPT 上并说道："我们现在来看第四个例子的译文对比。这两个词语是不同的句子中的，在这我把它们放在一起了，同学们可以分析对比一下。"（见表 6.4）

表 6.4　原文与学生译文（4）

4. 步步高升、辟邪求吉

参考译文：making steady progress, prevent diseases and avoid disasters

译文一	译文二	译文三
go up step by step, ward off evil and seek good luck	stepping up, warding off evil spirits and praying for good luck	get promoted step by step, ward off evil spirits and seek good luck

E 同学抢先回答道："这三组译文中，'步步高升'的译文都不一样，'辟邪求吉'的译法相差不大。这三组中关于'步步高升'的翻译我认为都没有体现出原文的意思，反而太过于直译不利于理解。'步步高升'是形容地位提高得快而且顺利，我们可以理解成一帆风顺的意思。英语俚语中的'plain sailing'有一帆风顺的意思。如果将'步步高升'意译成'plain sailing'的话我认为会更地道且有利于目标读者的理解。"

C 同学补充道："如果根据 E 同学的说法将'步步高升'意译成'plain sailing'，虽然读者能更容易理解，但这样不利于中国传统节日文化的传播，所以还是不能译成'plain sailing'。我认为译成'get promoted steadily'更贴近原文。"

L 老师开始讲解道："古人认为重阳糕象征着'步步高升'的吉祥之意，这也是重阳节吃重阳糕的意义。'步步高升'我们可以理解成顺利、发展稳定的意思，所以我们可以用到'steady'。参考译文将其意译成'make steady progress'是很贴切的。另外，同学们好像忽略了'辟邪求吉'的译法。三组译文差别不大，同学们也认同了这种按照字面意思来翻译的译法。但是请同学们仔细思考一下，这样译真的对吗？"

同学们面露难色并进行了讨论，L 老师提示大家："'辟邪求吉'是古人在重阳节插茱萸的意义。但是这个词语在翻译时真的就是我们表面上所理解的那个意思吗？大家联系文本认真思考。"

D 同学尝试回答："文本中说到的'茱萸'是中医常用的药材，古人认为在重阳节这一天插茱萸可以驱虫去湿、逐风邪。因此文本中的'辟邪求吉'并不是其字面意义上说的那样而是驱除风邪、疾病，所以我们这种译法是不对的。"

L 老师："D 同学说对了。'辟邪求吉'的真正意义就是古人通过插茱萸驱逐风邪，调理体魄健康。现在我们看到 PPT 上的参考译文。参考译文将其译成了'prevent diseases and avoid disasters'展示出了其真正的意义，也让读者深刻领会到这些风俗的意义所在。这组词语其实跟上一组词语是一样的，都不能直接进行直译，否则就可能会造成误译。我们在翻译这类词语时不能仅局限于字面意思，还要根据词语所表达的主要意思并且要联系上下文，使得译文能够体现词语本身所表达的内涵意义。接下来我们将对几个句子进行分析。现在请同学们看到课件上的句子，并对它进行分析，尤其是要注意蓝色的字体。"（见表 6.5）

表 6.5　原文与学生译文（5）

5. 偶数属于阴，奇数是阳。"九九"两阳数相重，故曰"重阳"。

参考译文：Even numbers belong to yin and odd numbers are yang. The ninth day of the ninth lunar month is a day when the two yang numbers meet, so it is called Double Ninth, chongyang in Chinese.

译文一	译文二	译文三
Even numbers belong to Yin and odd numbers pertain to Yang. On the ninth of September, the two Yang numbers overlap, thus it is called "Double ninth".	Even numbers represent Yin and odd numbers represent Yang. The two yang numbers of "Nine" overlap, which is called "Double ninth".	Even numbers belong to yin, and odd numbers are yang. On the ninth day of September the two yang number meet, so it is called "Double ninth".

D 同学："这句话说明了重阳节的来历。我通过查阅资料发现'九'在《易经》中为阳数，九月九日，日月并阳，两九'相重'，故而叫'重阳'。根据这个说法，三组译文对比下来我认为译文三比较好。译文三将其中的'九九'和'相重'解释得很清楚，读者也很容易理解重阳节的来历。"

A 同学补充道："译文三中的'meet'比'overlap'更适合。根据'overlap'本身的意思，这个词是不适用于此处的，用'meet'能清晰地解释'相重'这个词。至于'重阳'这个词译成'double ninth'对于读者来说清楚易懂，像译文二这种译法我认为读者可能无法理解。"

B同学："我认为这三组译文都不是很好，它们都没有清楚地表达出原文的意思，让读者难以理解。既然是说明重阳节的来历，那就要明确。这里的表达简单，对于我们源语读者来说很容易理解句子蕴藏的深刻含义，但在译成其他语言时目标读者对文本的理解就不一定了。我们的翻译目标是在翻译成其他语言时，目标读者能够像我们一样理解透彻译文。所以我们在翻译时能否要根据句子的意思适当进行增译呢？我认为这句话应该还需要有更好的表达以实现我们的翻译目标。"

L老师赞许地点点头："这个句子看似简单，要想有高质量的译文是有一定难度的。在这个句子中'九九''相重'和'重阳'是我们在翻译时该注意的三处。如果译文不能将这三处清楚地表达出来，就像译文二这种直译译法可能会让读者难以理解甚至误解。'九九'明显是表示农历九月九日的两个阳数。在阴历九月九日这天，两阳数相重，所以这天就被称为了重阳节。下面我们一起来看参考译文是如何处理这句话的。在增译九月九日时，参考译文并没有使用常见的译法，而是译成了'The ninth day of the ninth lunar month'。在翻译'重阳'时，译者并没有直接音译成'chongyang'而是以读者容易理解的方式先增译了'Double Ninth'并在后面译了'chongyang in Chinese'进行了补充。参考译文增译的'the ninth day of the ninth lunar month'和'chongyang in Chinese'是读者理解重阳节来历的关键。由此看来，在处理一些句子简单但其意义丰富的句子时，我们为了能够达到我们的翻译目标对那些隐藏的重要信息进行增译，这样不仅补充了有用的信息能帮助读者理解了重阳节的来历，还能促进中国传统节日文化的传播。现在我们来看最后一个例子的翻译分析。"

（见表 6.6）

表 6.6   原文与学生译文

6. 重阳节在农历九月初九。民俗观念中，"九"是数字中的最大数，它和中文的"久"同音，有长久长寿的含意。

参考译文：The Double Ninth Festival falls on the ninth day of the ninth lunar month on the Chinese lunar calender. In Chinese folklore, the number nine is the largest number, it's a homonym to the Chinese word "jiu", which contains the auspicious meaning of "a long and healthy life".

译文一	译文二	译文三
Chinese Chongyang Festival or Double Ninth Festival is on the day of the ninth day of the ninth lunar month. In folk customs, "nine" is the largest number in the number, which is synonymous with the Chinese word "Jiu" and has the meaning of long life.	ChrysanthemumFestival falls on the ninth day of the ninth month of the lunar calendar. In folklore, "nine" is the largest number in the number, and it has the same pronunciation as the Chinese character "Jiu", which means longevity.	The Double Ninth Festival is on the ninth day of the ninth lunar month. In folklore, "nine" is the largest number. It is a homonym with the Chinese word "Jiu", meaning longevity.

A 同学："我觉得这个句子中的难点就是'九'和'久'谐音的处理方式。译文一中的'synonymous'是同义词的意思，用在这跟原文所要表达的意思是不符的。译文二用到了'the same pronunciation as'能让读者联想到两字在中文中读音相同。译文三中译成了'homonym'很容易让读者理解。我认为译文二和译文三的译法都可以，但是译文二中重阳节的译法并不是我们所常见的，所以我认为还是译文三的译法更好。"

D 同学："之前我有提到过'重阳节'的译法这个问题。'重阳节'有多种不同的译法，其中'Chongyang Festival'和'Double Ninth Festival'是常见的译法，但是这种译法并不能体现出重阳节的内涵。译文二中'Chrysanthemum Festival'是一种译法。另外我认为'重阳节'译成'Seniors' Day'更能体现出重阳节的主题，对于读者来说也更容易理解其中的内涵。这种译法是不是比常见的那两种译法更好呢？"

L 老师："该文本中有说到重阳节的来历，重阳节也因为各种习俗被称为'登高节''茱萸节'和'菊花节'等。若将'重阳节'译成'Chrysanthemum

Festival'或'Mountain-climbing Festival'是不妥的。因为重阳节还有许多其他的风俗，这样很容易让目标读者误解。D 同学说到了'Seniors' Day'这种译法更能体现出重阳节的实质内涵。虽然说敬老尊老是重阳节的主要内涵，但是我国在 1989 年才把每年的九月九日定为老人节，寄托着人们对老人健康长寿的祝福。重阳节主要是从时令节气和岁月更迭的自然之理中演化出来的，自然就包括了许多其他的内涵，传承至今才添加了敬老等内涵。现如今，登高赏秋和感恩敬老是当今重阳节的两大主题，译成'Seniors' Day'虽说能让读者领悟到重阳节的主要内涵，但会让读者忽略其他的文化内涵，这样不利于中国传统节日文化的传播。所以根据重阳节的发展演变还是译成'Chongyang Festival'或是'Double Ninth Festival'。下面我们来看一下参考译文。参考译文增译了'auspicious'，对'长久长寿'的处理也很恰当，让读者理解了句子中的谐音以及重阳节的文化内涵。以上这些例子是同学们在翻译时的重难点，关于它们的翻译分析就结束了。相信同学们通过这些例子的翻译分析和学习也有了不少的收获，同学们可以尝试自己总结一下从这些例子中学到的翻译经验。"

C 同学跃跃欲试："在翻译跟中国传统节日相关的文章时，译者要考虑到译文不仅要表达出传统节日的丰富内涵，也要为读者所理解。在一些特色词汇的翻译上译者要斟酌用词，采用直译或是意译的翻译方法，并要考虑到词的适用性，在不失去原文语言特色的同时忠实传递词汇的真实含义。在一些句子的翻译上，我们为了达到翻译目标要进行适当的增译，进行内容上的补充，从而帮助读者理解原文。"

L 老师点点头："C 同学的总结比较到位。总的来说，在翻译这类文本时，要不失原文的语言特色，尤其是对一些特色词汇的翻译。在翻译过程中，我们要运用不同的翻译方法和技巧尽可能地传达出中国传统节日的文化内涵，促进传统节日文化的传播。对于一些简单的特色词汇，就像'登高祈福''饮宴求寿'这种词语，我们可以直接采用直译的翻译方法，译出来的译文忠实原文且简洁易懂，很容易就能让目标读者理解，也能体现出其中的丰富内涵。而有些特色词语在很多情况下就不能直译，比如说像'秋高气爽''步步高升'这样的词语在翻译时还是要看词语所表达的主要意思。所以我们在翻译这类词语时不能仅局限于词语的字面意思，还要根据词语所表达的主要意思并且要联系上下文，使得译文能够体现词语本身所表达的内涵意义。在一些看似简单翻译起来却有难度的句子时，为了达到我们的翻译目标，要进行适当的增译，从而帮助读者理解原文。就像句子中出现的'九九''重阳'等词，译者就进行了增译，进行了内容上的补充，这样就能帮助读者理解原文。除此之外，我们还要考虑到词的适用性。在翻译时要斟酌用词，在不失去原文语言特色的同时忠实传递词汇的真实含义。"

教学评价： 在此教学环节中，L 老师基于上一个环节中学生所遇到的翻译难题，层层推进、步步深入为学生解疑答惑。L 老师首先让学生找到文本中有关重阳节的节日文化特色词汇，通过抛出问题引导学生进行深入思考，并提起学生对所学内容的兴趣。随后，L 老师采用启发式、研讨式、探究式、讲授式等教学方法引导学生循序渐进地思考问题；通过不断抛出译例，L 老师让学生结合翻译的目的和特色词汇的语言特点，分析和探讨各个特色词汇的翻译方法和技巧，并对学生的分析结果提供及时反馈，顺利将课堂重点集中到学习这些特色词汇的翻译方法和技巧上。最后，L 老师引导学生总结出这些特色词汇的翻译方法和技巧，进而检查学生学习的成果。这种"以学生为主体、教师为主导"的教学模式打破了传统的灌输式教学，让学生主动参与到课堂教学中来，调动了学生的积极性和主动性，帮助学生在课堂互动中掌握相关的翻译方法和技巧，帮助学生意识到正确翻译这类特色词汇的重要性，充分发挥了教师的主导作用。课前自学与课上研讨相结合，多维输入，有利于学生全面理解有关节日文化特色词汇的翻译方法和技巧，也有利于提高学生发现、分析问题的能力。在此教学环节中，L 老师从学生实践实际所遇到的难题出发，循序渐进、环环相扣，将学生引入节日文化特色词汇的翻译学习，培养了学生思考能力，提高了学生的创造性和积极性。

（三）以评促学，体验文化韵味

在第二个环节的文本翻译的重难点的深入分析结束后，课堂进入了教学的最后一个环节"以评促学，体验文化韵味"。L 老师通过让学生翻译其他传统节日中的特色词汇来检验学生的学习成果，让学生对所学的翻译知识有所产出，从而提高他们的翻译能力。

L 老师："相信经过上一阶段的学习同学们也有所收获，现在我们来做一些练习。" L 老师在多媒体课件展示了几个跟春节有关的特色词汇。

L 老师："PPT 上有几个跟春节有关的特色词汇，现在请同学们根据你们刚才所学到的翻译方法和技巧对与春节相关的特色词汇'红包''拜年''守岁'进行翻译。大家在翻译完之后进行小组内讨论，看组内成员的译文是否达到了我们的翻译目标，并提出修改意见，之后我们将进行译文的讨论。"L 老师在同学们翻译的同时在座位间来回地走动，观看着大家的翻译和讨论情况同时与同学们交流着。时间很快过去了，同学们也完成了他们的翻译。

L 老师："我刚刚看了一下同学们的翻译情况，大部分的同学的译文是相当不错的，有些同学的译文还需要改进。现在我们就来看看这几个词的翻译，有没有同学愿意主动来分享一下自己的翻译呢？"

C 同学："我将'红包'译成'red envelop'，'拜年'译成'New Year's greeting'，'守岁'译成'staying up late to see the Old Year out and the New Year in'。"

L 老师："其他同学有不同的看法吗？"

B 同学："我认为将'红包'译成'red envelop'很不妥。红色在中国象征着喜庆和欢乐但在西方国家红色是不吉利的象征，意味着危险、发怒等。这种译法无法表达中国喜庆的'红'文化。将其意译成'lucky money'则能够传递出其中蕴含的平安喜庆的寓意。"

L 老师："不错，红色在中国文化中象征着喜庆、幸福、吉祥和欢乐，但在西方国家却不受待见。将'红包'译成'lucky money'类似于西方幸福平安的代名词'lucky dog'，很容易让目标读者领悟到其中美好的含义。"

F 同学："我认为'拜年'也可以译成'pay a New Year's visit'，表示去亲戚朋友家拜年。"

D 同学："'拜年'有很多种译法，译成'pay a New Year call'也是可以的。"

L 老师："对，'拜年'的译法有多种，像同学们所提到的这些译法都是可以的。假如该词出现在文章中的话我们可以根据上下文来使用不同的译法，不过最常用到的还是'New Year's greeting'。这种译法能让目标读者理解中国所谓的拜年是一种恭贺新禧，表达祝福的问候礼节，体会到中国是一个亲善友好的礼仪之邦。"

A 同学："我认为可以将'守岁'译成'stay up for the New Year'。这种译法比 C 同学所说的译法更简洁一些。"

E 同学："我认为'守岁'译成'staying up late to see the Old Year out and the New Year in'或者是'stay up for the New Year'都无法能让目标读者体会到其中的文化内涵。我认为可以套用在西方家喻户晓的平安夜，译为'Chinese New Year's Eve'，这样外国读者便能体会到人们对这个隆重节日的重视及期盼，从他们熟悉的事物体会到中国民俗节日的文化内涵，也更好地传递中国的民俗文化。"

　　L 老师："同学们的回答都很不错。'守岁'是指在除夕夜晚人们通宵守夜等着辞旧迎新的时刻，迎接新年的到来。套译为'Chinese New Year's Eve'。外国读者虽能体会到人们对这个隆重节日的重视，但并不能理解人们是如何守岁的。所以我们可以采用音译加注的方法译成'Shou Sui（stay up late or all night on the New Year's Eve）'。这样的译法不仅能让目标读者体会到人们对除夕守岁的重视和期盼，也能加深读者对'守岁'的理解。我们在翻译像'红包''拜年'等这类有着深刻节日文化内涵的特色词汇时，要最大程度传递出词语本身所蕴含的文化内涵。我们不仅可以使用直译、意译和音译加注的翻译方法，也可以借助译语文化中目标读者熟悉的事物让外国读者领悟到中国传统节日文化的魅力，从而真正促进中国传统节日文化的传播。请同学们在课后对有关于其他传统节日的文章进行翻译。课后我会将文本上传到我们的 QQ 群里，下节课我们将一起讨论。"

　　教学评价：在此教学环节中，L 老师通过让学生课堂上练习其他节日文化的特色词汇翻译来对所学的翻译知识有所产出，检测学生对本节课教学内容的掌握情况及翻译能力。随后，L 老师在讲解译文过程中引导学生独立思考，并对学生的回答做出了及时的评价。L 老师注重评价的多样性，师生之间以评促学、边评边学，有利于学生多元产出、掌握翻译知识和提升翻译能力。此外，学生之间的互评和老师的点评能让学生明白自己在翻译上还存在的不足之处，引导学生发现其他同学在译文处理值得借鉴之处，从而互相学习翻译经验。最后，L 老师让学生课后翻译与其他节日文化相关的文章，提高了学生的翻译和课后自主学习的能力，而且能够让学生意识到传播中国传统节日文化的重要性。在此教学过程中，L 老师通过多种方法让学生对所学知识有所产出，不同的评价方式使课堂知识吸收最大化，以评促学，实现教学的目的。

　　三、总结

　　在"课前输出，感受民俗之美"的教学环节，L 老师利用网络平台提前发布翻译任务，并让学生分小组讨论在翻译过程中遇到的问题。随后，引导学生思考译前应该注意的问题以及对翻译材料的处理，在学生说出问题时教师给予反馈和补充。最后，L 老师引出翻译重难点和翻译目的，激发学生的求知欲，为后续教学作出铺垫。

在"课堂输入，领会译味之美"的教学环节，L 老师首先通过引导学生思考问题，激发学习兴趣。随后，通过不断抛出译例，让学生在分析和讨论中学习节日文化特色词汇的翻译方法和技巧。最后引导学生自己总结出其中的翻译方法和技巧，充分调动了学生的积极性和主动性，帮助学生在课堂互动中掌握相关的翻译方法和技巧。

在"以评促学，体验文化韵味"的教学环节，L 老师通过课堂翻译练习让学生对所学的翻译知识有所产出，以学生互评、教师点评的方式检验学生的学习成果，对学生的产出结果提供及时的反馈。同时，课后作业的布置能提高学生的翻译和课后自主学习的能力，进一步让学生意识到传播中国传统节日文化的重要性。在本次翻译教学中，L 老师打破了传统的灌输式教学模式，而是采用了"输出驱动、输入促成、评价"的 POA 教学模式，有针对性地开展教学，有效地布置驱动任务，提供促成任务所需要的资源，以"学生为主体、教师为主导"，开展多元评价，不断激发学生的学习热情和兴趣，提高学生的翻译能力，为翻译教学提供了新的思路。

案例思考题

1. 本案例中 L 老师使用的 POA 教学模式能否帮助学生提高翻译能力？

2. L 老师是如何引导学生发现问题、激发学生的学习兴趣和求知欲并解决问题的？

3. L 老师采用的这种 POA 教学模式有何创新之处？这种模式在实践过程中是否存在着局限性？

4. 本案例中 L 老师主要分析了与传统节日相关文本中的特色词汇的翻译问题，那么在此类文本的翻译实践中是否还存在其他的问题？

5. 此次翻译实践是否能让学生意识到中国传统节日文化外译的重要性？

四、案例使用说明

(一) 适用范围

适用对象：MTI教师、翻译硕士、翻译专业本科生。

适用课程：传统文化外译课程教学设计、翻译专业教师发展。

(二) 教学目的

1. 掌握中国传统节日中特色词汇的翻译方法和技巧。

2. 掌握在翻译教学中如何实现"以学生为主体、教师为主导"的POA教学模式，实现师生之间的良性互动。

3. 丰富学生的翻译实践经历，提高学生的翻译能力。

4. 培养翻译专业教师的创新能力与教学能力。

(三) 关键要点

1. 相关理论

POA (Production-Oriented Approach) "产出导向法"是文秋芳教授创建的外语教学理论。其原型为"输出驱动假设"。其所指"产出"除了说和写，还包括口译和笔译，既重视产出过程，又重视产出结果。该教学过程涵盖驱动 (motivating)、促成 (enabling)、评价 (assessing) 三个阶段，以学生为主体，教师为主导。POA理论主张课堂教学的一切活动都要服务于有效学习的发生，教师在这三个阶段中充当媒介，主要体现引领、设计和支架的作用。①

2. 关键知识点

翻译重难点分析、POA教学模式、翻译教学设计。

3. 关键能力点

对文本材料进行加工，引导学生发现翻译重难点，总结翻译方法和技巧。在实践的过程中，以理论为指导，引导学生发现问题、分析问题、解决问题，激发学生的求知欲，提高学生的翻译能力。

---

① 文秋芳. 构建产出导向法理论体系 [J]. 外语教学与研究，2015，(04)：547－558，640.

4. 案例分析思路

通过 L 老师在课堂上引导学生分析在翻译实践中遇到的翻译重难点，总结和学习相关的翻译方法和技巧，引导翻译专业教师与教研员如何在翻译教学中实践 POA 教学模式，培养学生学习的积极性和批判能力，为翻译专业教师创新课堂教学设计提供借鉴。

（四）教学建议

1. 时间安排：研究生标准课两节（90 分钟）。

2. 环节安排：提前布置翻译任务→课前学生分为 3 个小组→课上小组分享翻译重难点→明确翻译重难点→师生共同研讨→课后作业布置。

3. 人数要求：20 人左右的班级教学。

4. 教学方法：以产出为导向，以学生为主体、教师为主导，以评促学。

5. 工具选择：多媒体教室，其他工具根据教学内容而定。

6. 活动建议：课前要求学生查找文本的相关资料，初步了解文本的相关背景信息，教师根据教学内容进行教学情境的初步构建。课中学生应主动地参与到课堂中，积极地完成相关的任务，教师要充分发挥其主导作用，激发学生的求知欲，引导学生进一步发现并解决问题。课后教师应该及时进行教学反思，总结本课堂的收获以及不足，以便为后续的教学行为提供方向和思路。

（五）推荐阅读

[1] 王克非，王颖冲. 论中国特色文化词汇的翻译 [J]. 外语与外语教学，2016，(06)：87－93，149－150.

[2] 文秋芳. "产出导向法"的中国特色 [J]. 现代外语，2017，(03)：348－358.

[3] 文秋芳. 构建产出导向法理论体系 [J]. 外语教学与研究，2015，(04)：547－558，640.

[4] 文秋芳. "输出驱动-输入促成假设"：构建大学外语课堂教学理论的尝试 [J]. 中国外语教育，2014，(02)：1－12.

[5] 王晓梅. 从中西文化对比中透视八大传统节日的英译 [J]. 太原科技大学学报，2010，(02)：153－157.

[6] 杨志宏. 文化翻译观指导下的中国传统节日及民俗文化英译 [D]. 太原：山西大学，2009.

案例七　基于混合式教学模式的
新闻导语翻译教学①②

　　摘　要：新闻导语是整篇新闻的浓缩与精华，是新闻报道最重要的部分。新闻导语通常有两大作用：一是呈现新闻报道中最重要的信息和最精彩的部分，二是帮助读者判断对后续报道是否感兴趣，从而决定是否继续读。本案例选取《中国日报》中的新闻为分析文本，重点分析新闻导语部分，通过采用"线下讲授＋线上学习"的双导向教学模式把线上学生自主学习的拓展与线下教师面对面的教学相结合，使用双导向混合式的教学模式，旨在提升翻译硕士的英语新闻导语汉译水平。

　　关键词：混合式教学模式；新闻导语翻译；MTI

Teaching the Translation of News Lead Based
on Blended Teaching Model

　　Abstract：News lead is the condensation and essence of the entire news，and is the most important part of the news report. The lead usually serves two major purposes：first，it presents the most important information and the most exciting part of the news report，and second，it helps readers determine whether or not they are interested in the story that follows，so that they can decide whether or not to continue reading. In this case，a news article from *China Daily* is selected as the text for

---

　　① **作者简介**：罗毅，女，湖南永州人，湖南科技大学外国语学院英语笔译专业研究生；杨江，男，湖南湘潭人，湖南科技大学外国语学院教授，硕士生导师。
　　② **编制说明**：按照调研学习及当事人的要求，作者对案例所涉及的学校名称、人员及相关数据，做了必要的掩饰性处理；本案例仅供教学之用，无意提倡或暗示某种管理理念、方法或体制比其他的理念、方法或体制更为有效或合理。

translation analysis, focusing on the introductory part of the news, and the dual-oriented teaching mode of "offline lecture ＋ online learning" is adopted to combine the expansion of students' independent learning online and face-to-face teaching by offline teachers. It aims to improve the Chinese translation quality of Englis news leads for MTI.

    Key words：Blended Teaching Model；News Lead Translation；MTI

一、背景信息

作为跨文化交际中的一个重要组成部分，新闻报道的翻译在全球信息交流中扮演重要角色。新闻导语是新闻中极为重要的一部分，能够为读者提供新闻中最重要的信息，并提示读者下文内容。毫无疑问，作为翻译专业的学生，对新闻导语的研究十分有意义。新闻导语是新闻文体中所特有的一个概念，是新闻区别于其他文体的一个显著特点。新闻导语的具体内涵是：消息的开头，用最简明扼要的文字，写出消息中最重要、最新鲜、最吸引人的事实，或是新闻事实中最重要的思想及意义，以便读者能够迅速了解主要内容，并引起他们进一步读完整篇新闻的兴趣。

本案例来自 H 大学 L 老师为 2022 级翻译硕士开展的一堂英汉互译课。该校翻译课程文本多来自文学作品，鲜见新闻文本。L 老师希望通过英语新闻翻译教学，丰富文本选择，拓宽学生视野，在提高学生翻译水平的同时，培养他们的跨文化意识。课程内容来自我国的国家级英文报刊《中国日报》（China Daily）。《中国日报》内容覆盖面积广、时效性强，涉及政治、经济、军事、科技、文化和体育等，还包括国内外著名人士对于中国时政大事的独到见解，是翻译专业学习新闻翻译的理想文本。

本案例 L 老师采用线上线下混合式教学模式。线上与线下双导向法教学模式被越来越多的老师和学生所利用，线上的学习不仅能为不同专业学生提供针对本专业特点的个性化的课程学习，而且提升了学生的自主学习能力。随着互联网的深入发展，各种线上教学平台极大地丰富并补充了线下的教学，如中国大学慕课、"学习通"等为一线教师提供大量的线上教育资源。基于混合式教学模式，教师按照教学大纲，把传统教学的优势和当前线上的各种优秀的学习资源深度融合，创新性打通教学课堂和线上第二课堂，主动开发多元育人阵地，多渠道、多维度、多层面提升学生的学习途径和领域。

　　L 老师在教学设计方面的创新性主要体现在下述几个方面。一是在混合式教学中，采用线上线下混合式教学模式。"线上＋线下"的模式不仅能为学生提供针对本专业特点的个性化的课程学习，而且提升了学生的自主学习能力。二是在课堂中，通过教师对学生面对面的引导，采用基于问题的、启发式的教学方法，逐步推进语言、知识和文化环节教学活动的展开，组织学生进行小组讨论，同时培养了学生团队意识与协作能力。三是以 QQ、微信为主要线上学习平台，有助于学生相互学习或者进行个人展示，促进交流学习。同时，通过线上线下形式多样的作业，加强师生沟通，提升学生英语翻译技能，并促进新闻翻译课程对学生的精神塑造和价值引领。

二、案例正文

（一）话题导入：讨论引出主题

　　上课铃声响起，22 级翻译班的同学们已经按小组为单位围着圆桌坐在一起，每个人都在看着自己电脑中 L 老师在微信群发的预习资料，并时不时地相互讨论着，等待老师的到来。没过一会儿，L 老师手提电脑，面带微笑地进了教室："同学们，早上好呀，昨天我发在微信群里的文件大家都已经看过一遍了吗？"同学们笑着回答："看过啦，老师放心！"L 老师开心一笑："好，那我们正式开始上课！"

　　L 老师："大家平时都会看新闻吗？"

　　同学们不约而同地回答："会！"

　　L 老师："大家一般是怎样看新闻的啊？有没有同学愿意分享一下？"

　　A 同学首先举起手回答："我平时一般是会看微博、公众号还有一些其他 APP 上面的推送。"

　　B 同学这时也点头："平时好像不会完整地看完一篇新闻报道，通常情况下是快速浏览然后获得信息。"

　　L 老师："同学们的分享都很好，这也体现了我们时代的快节奏。很多新闻报道会用很简短的语言对新闻事件进行报道，而且网络上很多新闻报道并没有体现新闻报道的格式化和规范化。我们作为翻译专业的学生，平时也要多去了解以及阅读新闻文章，了解国内外发生的时事，增强自身的知识储备以及文学素养。同时，作为译者，在面对新闻中出现的不同文化之间的差异，我们要思考如何去完善以及呈现出一个良好的译本，这是一件很重要的事情。"

同学们听了 L 老师的话，都纷纷点头表示赞同，L 老师笑着说："同学们看完昨天我发的资料，有没有发现新闻报道有什么特点啊？昨天应该大家也进行过了小组讨论，那我们按顺序，请每个小组派一个代表来向大家阐述一下你们各自小组的总结吧。"

第一小组代表 B 同学首先发言："我们小组的同学结合这么多新闻报道发现，无论是中文还是英文的报道，用词都很精准，语言很大众化但却也很简洁，不会过分啰唆和冗杂。"

L 老师："好的，我们第一小组主要是从语言方面来总结概括，很不错！下面哪个小组还有补充说明的？"

第二小组代表 C 同学补充道："接下来由我们小组补充几点我们的发现。新闻具有时效性，还具有针对性。一篇完整的新闻报道都会有一个明确的主题。此外，新闻报道还具有公开性以及真实性的特点。"

L 老师："第二小组的同学补充得比较完整。两组同学所总结的新闻报道的规则，很好地体现了新闻的特点。总的来说，新闻报道特点有以下五个，即语言大众化、简明扼要、用词灵活、与时俱进、合理使用修辞手法。"

此时，大家都齐刷刷地在电脑和笔记本上记录着。

L 老师："那么老师还想问问大家，你们有没有观察新闻的结构？你们发现新闻有没有和其他文体不一样的结构？请大家思考两分钟，等一下我会请同学来分享你的回答。大家开始吧。首先就请我左手边第一位同学开始。"

D 同学思考了一下，回答道："我的理解是，一篇新闻报道文章结构中，会有标题、导语，以及新闻正文。"

L 老师："这位同学回答得非常全面，新闻的结构就是包含这三个方面。"

这时，D 同学举手说："老师，其实我们小组之前在讨论新闻结构的时候，发现导语部分是我们比较陌生的，对新闻导语的翻译策略都不是很清楚。"

L 老师："没错，我们大部分时候都是关注标题和正文，但是导语是新闻文章中非常关键的一个部分。新闻导语是整篇新闻的浓缩与精华，是新闻报道最重要的部分。新闻导语通常有两大作用：一是呈现新闻报道中最重要的信息和最精彩的部分；二是帮助读者判断对后面的报道是否感兴趣，从而决定是否继续读。因此，英语新闻导语的汉译质量对国内读者阅读国际新闻，获取重要资讯，了解相关领域的最新发展成果，培养全球视野具有十分重要的意义。作为翻译专业的学生，我们必须学习了解，并且掌握新闻导语翻译的方法和策略。让我们一起来看大屏幕。首先让我们来一起了解一下新闻导语的特点。"

　　L 老师："新闻导语有以下三大特点：一是内容新颖，信息量大。新闻导语要呈现最新的新闻事实，用简洁明了的文字告知读者新闻的六要素。二是简洁明了，高度精练。新闻导语通常是整篇新闻报道的浓缩，语言简洁，结构清晰。三是语言生动形象，内容吸引读者。只有这样，才能激发读者的阅读兴趣，使其保持长久的阅读动力。这三个特点是新闻导语的显著特点。作为译者，我们在进行翻译的时候，这三个特征也始终要贯穿在我们进行翻译活动中，缺一不可。之前在介绍新闻的时候，我们提到了新闻六要素，我想问问大家，这六要素指的是哪六个要素呢？请坐在靠窗边的那位同学来回答一下。"

　　F 同学思索了一下，面露难色，不好意思回答道："老师，不好意思，我不是太清楚六要素指的是哪些。"

　　L 老师："好的，没关系，有哪位同学可以帮帮 F 同学吗？"

　　W 同学说："我记得好像是要在导语中体现谁在什么时候，什么地方做了什么事，然后产生了什么影响吧。"

　　L 老师笑了笑，说："W 同学的表达已经很接近了。新闻的导语位于新闻的开篇，它可以是第一句话或是第一段落，往往用简练的语言来总结新闻要旨，既方便读者快速提取信息，也吸引读者继续阅读完整的新闻内容。新闻导语具体有哪些内容是有章可循的，它是由新闻 Wh-和 H-六大硬核要素组成，即 Who（何人）、What（何事）、Where（何地）、When（何时）、Why（何因）以及 How（如何），这六大要素足以体现导语就如同一条微型新闻。"（见图 7.1）

Six elements of news introduction translation

- who
- when
- where
- what
- why
- how

图 7.1　新闻六大要素

大家看着屏幕，全部都全神贯注地听着，并在自己的笔记本上记录着 L 老师所讲述的重点，时不时地还会相互讨论。

L 老师："大家再看一下我昨天发的资料，你们现在着重观察一下这几篇新闻的导语部分，尝试一下，看看能不能只看导语部分，就概括出新闻所要表达的重点。给大家十分钟的时间，每位同学组织好自己的观点发送至微信群，好了，现在开始。"

所有同学都打开手机或者电脑，开始浏览老师发的资料并开始进行思考。L 老师走下讲台，来到同学们的身边，看看大家的进度，并对同学们的疑问进行解答。

进行到第八分钟左右，已经开始有同学陆陆续续将自己的理解发至微信群了。两分钟后，所有同学都已发送完毕。老师和同学们开始在微信群里看其他同学的理解和自己的是否有不同的地方。

L 老师："导语的重要作用主要体现在以下三方面。

首先，导语内容的精彩度可以影响读者是否深度阅读新闻的具体内容。在信息爆炸时代，各种媒体消息扑面而来，读者往往都是报以'浏览'的心态来处理信息，如果一篇新闻的标题和导语让他产生了浓厚兴趣，使他从'无意注意'的浏览状态进入了"有意注意"的阅读状态，他才愿意投入时间了解整篇报道。大家想想，你们在阅览一篇新闻稿件的时候，是不是有同样的心理？所以啊，可见新闻导语对受众第一印象的产生起着决定性作用。

其次，导语作为新闻结构中的第一环节，为整篇新闻定下基调，下文的展开就在导语的基础上提供相关的细节和新闻背景。在传统的新闻写作中，导语往往是新闻六大要素的集中体现；现在，为了追求导语的简练，六大要素并非全部出场，记者会有侧重点，采用'主要事实导语'，比如，突出新闻事件的主体 who 和事件 what，或是强调事情的原因 why 等，突出新闻的某个或某几个要素也为新闻主体部分的叙述留下了空间，不会让读者产生导语已经一语道尽，无须再读的感觉。

最后，导语的优劣决定该篇新闻报道是否能够脱颖而出被刊登出来。每天编辑面对成堆的新闻稿件，为了快速地决定是否采纳某篇新闻报道，导语部分往往是编辑了解整篇文稿的窗口。如果导语部分平淡无奇，编辑自然也就没有兴趣继续阅读下去；相反，如果导语引人入胜，体现了一定的新闻写作功力，编辑自然会看完全篇，提出修改建议，然后发稿。所以，出色的导语对记者本人的职业发展也不无裨益。而我们作为译者，在翻译过程中，更不能丢失导语的特征。所以我们接下来将会学习到新闻导语的翻译策略和方法，希望大家通过今天的学习，对新闻以及新闻导语的翻译会有更加清晰的认知。在这之前，我必须还要提一下英语新闻导语的类型，这对我们之后进行翻译也会起到至关重要的作用。"

"英语新闻导语可以分为两大类型，第一类导语是直接式导语，往往应用在硬新闻中，尤其适用于'倒金字塔'的新闻结构。直接式导语强调开门见山，因为硬新闻具有超强的时效性，意义重大、题材较为严肃，一般涉及政治、经济、军事、商业等新闻。此类新闻重点在于，让受众第一时间了解，所以直接式导语抓住新闻本质，力求在最短的时间内用简明扼要的表达提供最重要的信息。大家看一下我们的资料，第一张资料的导语部分，'Microplastic pollution has been discovered lodged deep in the lungs of living people for the first time.'这条导语囊括的新闻要素有哪些，大家看看。"

全班同学不约而同："who 是'microplastic pollution'，what 是'has been discovered'，where 是'in the lungs of living people'，when 是'for the first time'。"

W 同学抢答说："四大要素向读者说明了'首次在活人肺部深处发现微塑料污染'。"

L 老师："大家将这几要素都找得很准确，这个就是我们之前介绍的第一类导语——直接式导语。第二类导语是延缓式导语，主要体现在软新闻或是特写稿中。软新闻是人情味比较浓厚、主题轻松，能使得受众在阅读过程中放松享受的新闻，一般涉及人文、旅游、娱乐等领域。特写稿被称为新闻背后的故事，时效性不是首要考量，特写稿的文字和硬新闻不同，它会用到类似于文学中的生动语言和修辞，所以延缓式导语更符合软新闻和特写稿的行文特点。延缓式导语又可细分为描述式导语、悬念式导语、人称式导语、对比式导语、引言式导语和问题式导语等。描述式导语的语言比较偏文学化，具有一定的创造性；悬念式导语能激发读者最强烈的好奇心；人称式导语拉近与读者的距离；对比式导语则凸显差异性；引言式导语借助名人名言体现权威性；而问句式导语则引发读者在未读前的思考。其实，不管哪种类别，延缓式导语的内容不再是新闻六要素，而是描述一个场景，创造一种氛围，从读者的猎奇心理出发，通过生动具体的语言，一步步地吸引读者读完全文。所以，导语在一篇新闻中起着非常重要的作用。"

L 老师："新闻报道在一定程度上属于一种跨文化传播行为，因此会涉及相异文化的处理问题。中英两种语言所承载、依附的文化之间的巨大差异是毋庸置疑的。英语书面表达中经常会使用一些缩略词之类的表达，英语读者在看到这些缩略词的时候可以凭借自己的知识背景加以理解。但是对于中国读者来说，由于缺乏相关的知识储备，可能就难以理解其表达的含义了，因而也会产生阅读障碍。为了实现信息的成功传递，译者就有义务在译文中提供相关解释的成分。在翻译上，我们称译者为保证读者理解全文而进行的注释或添加的行为为'增译'。"

L 老师转过身，将"增译"两字写在了黑板中央，以提示同学们这是新闻导语翻译的重要翻译方法。

> **教学评价：** 在此教学环节中，课前预习环节采用了混合教学模式中的"线上"模式。L 老师通过将课程资料发送至微信群给学生，让学生们先自主进行对新闻及新闻导语的重点学习，了解其概念以及特点，使学生初步了解课堂内容，在自主学习过程中发现问题，为后期教学做铺垫。课中，老师的讲解和小组之间的讨论相结合。在这些循序渐进的过程中，体现小组合作和老师引导的力量。让学生在这些环节中，对新闻导语的概念、特点以及重要性有更加深刻、清晰的理解。以线上传输资料和线下讨论相结合，提高了学生的学习效率。

（二）课堂练习：总结翻译方法

L 老师："在开始我们的翻译实践前，我想问问大家，你们在开始一段新闻导语翻译之前，会进行怎么样的思考呢？"

P 同学思考后道："我会首先考虑到文本的文体，然后再考虑要用什么翻译方法。"

R 同学举起本子补充道："还应该要结合原文的语境还有作者的用词态度。我们翻译的时候也要注意这些问题。"

L 老师："大家说的都是我们译前应该注意到的问题，现在大家看屏幕，这是一段英文导语部分，我们如何将它翻译成中文，将其中的信息很好地传达给中国的读者呢？请大家带着这些问题进行思考，并组织自己的译文，等五分钟我会请几位同学来进行分享。"

同学们看着原文，思考过后，纷纷拿起手中的笔，开始进行组织译文。

五分钟后，老师邀请了学号尾号为 3 的三位同学为大家朗读他们的译文。（见表 7.1）

表 7.1　原文与学生译文（1）

原文	China's biggest achievement in recent years has been its ability to maintain GDP growth despite adverse external developments and domestic challenges，said Jim O'Neill，the economist who coined the acronym BRIC.
学生译文 1	创造了"金砖四国"（Brazil、Russia、India、China）这一缩写的经济学家吉姆·奥尼尔说，中国近年来最大的成就是它能够在不利的外部发展和国内挑战中保持国内生产总值的增长。
学生译文 2	中国近年来最大的成就是，尽管外部形势不利，国内面临挑战，担任能保持 GDP 增长，吉姆·奥尼尔（Jim O'Neill，被称为金砖之父）说，他是创造首字母缩略词"金砖四国"的经济学家。
学生译文 3	中国近年来最大的成就是，尽管外部形势不利，国内面临挑战，仍能保持 GDP 增长，创造首字母缩略词"金砖四国"（金砖四国，由 Brazil、Russia、India 和 China 所组成）的经济学家吉姆·奥尼尔（Jim O'Neill）说。

L 老师："谢谢这三位同学的分享，其他同学对他们的译文有什么意见吗？"

F 同学举手说道："我觉得译文 1 更通顺，而且译文 1 和译文 3 都增译了"金砖四国"分别为哪四个国家。这种增译对于读者来说，更加贴心，而且会让整个译文更好理解。"

Q 同学这时有点不好意思地说："是的，我也发现自己在译文 2 处理过程中出现的问题了。老师之前讲了在新闻导语翻译过程中可以使用增译

的策略，但我好像用错了，我用在了解释人名上，而忽略了更为重要的
'金砖四国'的概念解释上。"

L 老师欣慰地笑了笑："大家的总结都很不错，能够及时地运用课堂上
老师所说方法，也能及时地发现自己的问题进行修改，这就是学习的一个
非常重要的过程。所以我们在考虑到可能有的读者不了解新闻背后的相关
背景时，作为译者，我们需要做的事就是要增加对背景的解释说明。来，
让我们一起看看给出来的译文，再对照一下自己的，看看有什么异同之
处。"（见图 7.2）

新闻导语中的编译策略

1)英语新闻导语翻译过程中的背景知识增译

例1

原文:China's biggest achievement in recent years has been its ability to maintain GDP growth despite adverse external developments and domestic challenges,said Jim O'Neill, the economist who coined the acronym BRIC.

译文:近年来中国取得的最大成就无疑于在面对恶劣的外部发展环境和国内诸多挑战下，保持了GDP的增速。首创BRIC（金砖四国，由Brazil、Russia、India和China四国英文首字母组成）的经济学家吉姆·奥尼尔(Jim O'Neill)如是说。

图 7.2 参考译文（1）

L 老师解释道："此例中，译者对'BRIC'加以注释。因为译者不能
保证所有的读者都熟悉"金砖四国"的英译缩写，所以括号中的译注有利
于帮助读者消除由于知识水平和文化背景不同带来的理解障碍，弥补了跨
文化交际中的信息断层。新闻的翻译其实也可以算是一种'再创造'活
动，而'再创造'也正是编译策略的另一种叫法。但也正是由于新闻的特
点限制了这'再创造'活动的幅度，因为新闻翻译再怎么创造终究不可能
摆脱忠于原文这一基本要求。译者许建平先生认为，'编译既是一种艺术
也是一个策略，因为同艺术创作一样，光依据理论来指导编译是远远不够
的，必须经过大量的时间积累才能真正运用。'[①] 从句型方面分析，英语的
句子一般都较为灵活，往往长短句相结合。就语法层面而言，在一个完整
的英语句子中只存在一个谓语动词，之后再出现的其他动词都只能以非限

---

① 许建平. 英汉互译实践与技巧 [M]. 北京：清华大学出版社，2002

定性动词的形式出现。因此，英语句子好比藤蔓，蔓生开来，而汉语句子则如竹节，层层展开。下面请大家看下一个例句，注意句子结构的转换，也是给大家五分钟的时间进行思考以及整理自己的译文，开始吧。"

L 老师："时间差不多了，有哪位同学愿意和我们一起分享一下你的译文吗？"（见表 7.2）

表 7.2　原文与学生译文（2）

原文	During her first trade mission to China in 2014, the premier of Canada's Ontario province bemoaned the absence of Tim Hortons in the country.
学生译文 1	加拿大安大略省省长在 2014 年首次访问中国贸易期间，哀叹蒂姆·霍顿斯（Tim Hortons）不在中国。
学生译文 2	在 2014 年她第一次对中国进行贸易访问时，加拿大安大略省的总理哀叹该国没有蒂姆霍顿餐厅。

靠近讲台有两个女生同时举手。老师说："那就从我左手边的先开始吧。"

H 同学又看了一遍自己的译文，缓缓开口道："加拿大安大略省省长在 2014 年首次访问中国贸易期间，哀叹蒂姆·霍顿斯（Tim Hortons）不在中国。老师，我当时在翻译的时候，有一个难点是我不知道 'Tim Hortons' 是指的什么，所以我选择了直译，这样翻译我认为还是没有体现出原文作者想要表达的意思。"

L 老师："嗯，不错，H 同学既为我们分享了她的译文，还分享了她在翻译时所遇到的问题，其他同学有这样的问题吗？"

全班同学都点点头，说道："有的、有的。"

L 老师："那再让我们听另一位同学的译文吧。"T 同学："好的，我的译文是：在 2014 年她第一次对中国进行贸易访问时，加拿大安大略省的总理哀叹该国没有蒂姆霍顿餐厅。其实我在翻译过程中也是和 H 同学遇到相似的问题，还有另外一个难点就是，中英文语序的不同，以及选词的差异，我想这也是我们在进行翻译时所都要全面考虑的问题。"

L 老师："大家的译文或多或少都存在一些问题。除了刚刚两位同学所阐述的翻译中遇到的疑难点，我还想问问大家，大家在进行翻译的时候有没有考虑到中英文行文的差异呀？例如，中文和英文句子结构有没有什么不同，英语中善用什么词，而中文中又善用什么词呢？以及中英文的重点信息都会体现在句子的什么位置等等，这些都是中英文的差异，也是我们

在做英汉互译时必须都要考虑到的问题。大家先思考一下，稍后让我们看一下参考译文。"（见图 7.3）

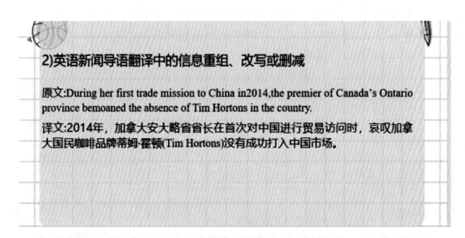

2)英语新闻导语翻译中的信息重组、改写或删减

原文:During her first trade mission to China in2014,the premier of Canada's Ontario province bemoaned the absence of Tim Hortons in the country.

译文:2014年，加拿大安大略省省长在首次对中国进行贸易访问时，哀叹加拿大国民咖啡品牌蒂姆·霍顿(Tim Hortons)没有成功打入中国市场。

图 7.3　参考译文（2）

　　L 老师："大家可以看到，蒂姆·霍顿是一个加拿大国民咖啡品牌，我们在翻译时需要对加拿大这个国家多进行一些背景了解，而且就例 2 而言，对比原文和译文之后，首先可以发现汉英两种语言对于时间的叙述是两种截然不同的方式。英语中习惯将重要的信息放置句首，不重要的信息放后。但汉语的表达习惯则完全相反，因此笔者在翻译这段导语的时候对语序进行了重组。因为，如果采取了与原文一一对应的方式翻译，就会使读者在阅读过程中，感到拗口或别扭，有悖于汉语的阅读习惯，不利于中文读者在最短的时间内抓到新闻的关键内容。译者先将时间词放到了最开头，紧接着就交代出新闻人物或者是行为主体，最后才是事件的内容。通过先对语序进行处理，可以使译文既符合中文读者的阅读习惯，又能让读者在最短的时间内把握住主要内容。"

　　M 同学举手："老师，那我们译者可以根据自己的翻译和写作进行简单的改写吗？这个改写范围和标准有没有什么要求呢？"

　　L 老师："我想听听各位同学对这个问题有没有你们自己的看法？"

　　H 同学："我的观点是尽量不要改变原文的含义，在保证语义通顺的情况下可以进行适当的改写。"

　　L 老师："好的，不错，进行改写的目的就是因为源语和目的语存在文化以及书写差异。译者是作为将两种语言进行转化的中介，进行适当的改写是有助于行文的通顺。大家带着 H 同学的问题再来看看下面的例 3，看看是否可以进行适当的改动，让文章更通顺。大家写完以后可以和小组的其他同学进行讨论，然后商讨出你们小组的最终译文。稍后请同学们以小组为单位，选出一位代表，将译文发至我们的微信群，记得备注好每位组员的名字。"（见表7.3）

表7.3　原文与学生译文（3）

原文	Did you know that the Flying Tigers—the legendary volunteer force that fought the Japanese in defense of China prior the US entry into World War Ⅱ should actually be called the Flying Sharks?
学生译文1	你们知道"飞虎队"吗？在美国加入第二次世界大战之前，他们与日本人作战，保卫中国，他们实际上被称为飞鲨队。
学生译文2	你们知道飞虎队吗？其实他们应该叫做飞鲨队，飞鲨队在美国加入第二次世界大战之前为保护中国而与日本作战的传奇志愿军。
参考译文	你知道吗？其实你所熟知的飞虎队应该叫做飞鲨队。在美国宣布加入第二次世界大战之前，这支队伍作为志愿队曾来到中国，共同打击日本侵略。

几分钟过后，第四小组首先发送了答案，第四小组成员有W、R、Y、I、M五位同学所组成，他们的译文是：你们知道"飞虎队"吗？在美国加入第二次世界大战之前，他们与日本人作战，保卫中国，他们实际上被称为飞鲨队。W同学："我们组刚开始阅览原文时，发现这句话特别长，而且是一句非常长的问句。在英文行文中，可能是正常且常见的，但对于中国人来说，一口气说这么长的问句是很少的。面对这样的差异，我们所做的就是对句子成分进行拆分，拆成几个短句，这样用了一个改写的方法来处理原文。"

O同学这时举起手，用笔指了一下屏幕："我们组觉得W同学他们组的翻译方法和思路很好，我们组也是这样进行译前分析的。但是我有个小疑问，就是在中文译文中，出现了几次代词'他们'，我们的想法是，是不是可以换一种表达，不要在中文中出现这么多代词，因为中文的行文中不会出现这么多代词，那是英文的行文习惯。"

W同学："是的，是我们忽略了这方面的问题，可以看看你们组的译文吗？"

O同学："我们第二小组的译文在你们后面——'你们知道飞虎队吗？其实他们应该叫做飞鲨队，飞鲨队是在美国加入第二次世界大战之前为保护中国而与日本作战的传奇志愿军'。"

L 老师听完后，皱了下眉头说："你们小组是将代词的用法进行了很好的改善，但是我想问问，后面那段话能不能再进行拆分呀，这一段太长了吧，一口气读完是不是感觉很艰难啊？"

班上的同学笑了。

L 老师："来吧同学们，我们看看参考译文是怎么样的。来看译文：你知道吗？其实你所熟知的'飞虎队'应该叫'飞鲨队'。在美国宣布加入第二次世界大战之前，这支队伍作为志愿队曾来到中国，共同打击日本侵略者。"

"我在这里想强调的是，译者就是采取改写的方式对上述导语进行处理的。英语原导语一整句都是疑问句。之所以这样是因为英语的疑问句的提示词会放在开头。这样后面的句子不论有多长，只要句子不结束，就仍然是疑问句。不过，在汉语表达中很难实现这一点。汉语中的习惯一般是先提问，然后紧接着就是回答。若是按照英文的习惯，将整个导语都翻译成疑问句的形式，想必是根本起不到吸引读者的作用。因此，在实际的翻译过程中，往往将疑问句提前，以一个很简短的'你知道吗？'来吸引读者，然后便以陈述句的形式将后面表示解释的内容铺展下来。'以引起读者思考，从而调动了读者急于了解答案的迫切心情，使之有兴趣读下去'。①

L 老师："大家看屏幕可能就知道我们下面的翻译策略是什么了吧？"

班上同学都说："删减！"

L 老师："没错，请大家还是以小组为单位进行讨论，将商讨的译文发至微信群。"

班上开始进行热烈的讨论，同学们各抒己见，发表自己的看法以及建议，并将要点和答案记录在笔记本上。

大家陆陆续续将译文发送至群里。（见表 7.4）

---

① 张建. 新闻英语文体与翻译评析 [M]. 上海：上海外语教育出版社，1994.

表 7.4　原文与学生译文（4）

原文	If you're a fan of European soccer, then you will know the old adage that "money can't buy happiness" is bunkum.
学生译文 1	如果你是欧洲足球的球迷，那么你就会知道"金钱买不来幸福"是在胡说八道。
学生译文 2	如果你是欧洲足球的球迷，那么你会知道"金钱买不到幸福"这句老话是胡说八道的，它只是一句空话。
学生译文 3	如果你是欧洲足球的球迷，那么你就会知道"金钱买不到幸福"这句古老的谚语是在胡扯。
参考译文	如果你是一名欧洲足球的粉丝，那你肯定知道"金钱难买幸福感，这句话简直是"一派胡言"。

　　L 老师："看了一下，大家的译文前部分都是一样的，有差异的地方就是后面句子的处理上。在此，我想强调一点，新闻导语的重要特点之一就是要做到'笔墨经济'，力求以最经济的笔墨概括出新闻的基本要点，描绘出新闻的基本轮廓。总而言之，它应该要做到言简意赅，使读者能借此一把就抓住主要信息。要做到经济，必须要求导语中不能有累赘的成分，这些成分会分散读者的注意力。因此，可以采取编译策略中的减译。但是'减译'并不意味着'减义'，减译后的译文虽然在篇幅上变短了，但意思不能发生缩水。 'the old adage' 与其后面引导的 'money can't buy happiness' 其实在意思上几近一致的，也可以说前者是用来修饰后者。但是，在翻译这句话的时候译者要考虑到的关键点是，'the old adage' 和 'money can't buy happiness' 二者到底谁才是重中之重，谁才是应该保留的那一个。译者在翻译这句话的时候，留意到导语中的最后一个词是 'bunkum'，使用这个词目的是想对 'money can't buy happiness' 话进行否定。因此，从导语中信息点与信息点之间的关系中可以得出，'money can't buy happiness' 是关键信息之一，而与它在意思上平行的 'the old adage' 就成了次要信息，如果我们将它翻译出来，翻译成"这一古老的格言"反而是增加了读者阅读的信息量。最后，译者在翻译过程中，将 'the old adage' 进行模糊处理，并到了 'money can't buy happiness' 中，这种处理手法也被称为合并处理。合并翻译就是将原文中意义相近，或存在逻辑联系的部分合并在一起翻译。在此例中，通过合并翻译，原文的重复信息得到了有效处理，这样读者就会更多地将注意力放在"金钱难买幸福

感"这句话及其与后面的'一派胡言'的因果关系上面。所以，大家看看我们给出来的译文：如果你是一名欧洲足球的粉丝，那你肯定知道'金钱难买幸福感'，这句话简直是'一派胡言'。"

L 老师："咱们后面三个练习分别对应了英语新闻导语背景知识增译、翻译中的信息重组、改写或删减的方法。通过刚才的讲解，大家对新闻导语翻译是不是有更深的了解？大家觉得收获如何？"

Y 同学："我们今天系统地学习了新闻导语的概念、结构以及面对新闻导语的翻译方法，让我们又收获了新的知识。"

R 同学："新闻是一项很严谨的工作，在作为译者处理新闻文章的时候，也要小心谨慎。很多译者之所以可以成为大家，就是因为他们身上有许多我们值得学习的品质。"

> **教学评价：**本环节属于课堂练习环节，老师提出问题引起大家的思考和讨论，引导学生探讨新闻导语该如何进行翻译处理，通过对比分析三个不同的例子，总结出新闻导语翻译的主要三种方法：背景知识增译、信息重组、改写或删减。在此教学环节中，以学生为主体，教师充分发挥学生主观能动性，培养了他们的自主思考以及小组合作探讨的意识。

（三）线上学习：多方位巩固学习成果

L 老师："马上我们今天的课程就要结束了。今天的课上，我看到了大家积极踊跃的思考以及小组探讨。新闻导语的翻译对我们大部分同学来说还是一个相对陌生的领域，在开始大家完成翻译练习的时候，还是会或多或少地出现一些问题，如对新闻背景信息不了解理解出现了偏差，还有对单词理解不到位出现了误译。这些现象在我们翻译过程中是很常见的，但是我希望我们今天对新闻导语的翻译详细研究过后，大家在以后的翻译实践中要尽量避免这些问题的出现。稍后我会布置一项课后作业，在完成的过程中来巩固今天所学习的知识，具体内容是：课后大家以小组为单位，小组的成员们可以利用媒体工具、书籍资料或者寻找相关老师咨询了解等一系列线下或线上方式，去寻找有关我校万步炎教授带领的'海牛Ⅱ号'出征的资料，把握事件发生的 Wh-和 H-六大硬核要素，即 Who（何人）、What（何事）、Where（何地）、When（何时）、Why（何因）以及 How（如何），撰写一篇中英文新闻文章的导语部分。单词控制在三百字左右。如果在途中遇到有任何困难，大家可以一起互相交流，或是可以找我帮忙。在此过程中，希望大家发挥团队协作精神，完成各自的任务，并记录下你们在工作和翻译过程中所遇到的困难和收获。下个礼拜二之前请各位组长将你们小组的汇报做成 PPT 或者 word 形式发送至 QQ 群。大家也可以看看其他小组的成果，大家一起进行交流学习，等下节课上课时我们再花一点时间针对发现的问题进行交流讨论。"

> **教学评价：** 在此教学环节中，L 老师对教学内容进行了简单总结，强化学生的记忆，巩固课堂所学内容，促进知识消化吸收；提出了翻译过程中译者应注意的翻译事项，以提醒学生下次避免再犯。因为笔译专业的学生需不断强化翻译实践，因此 L 老师课后布置相关翻译练习，锻炼学生笔译能力，并结合本校万步炎教授的光荣事迹，增强学生的爱校意识。小组同学一起完成作业，依靠线上设备查找资料，线下和小组成员相互讨论，和老师交流，学习不再受时间与空间约束，实现了教学的线下沟通，线上延伸，增强了学生自主学习能力和团队合作意识，增进了师生互动，促进了学业的交流。

三、总　结

随着全球化进程的不断发展，新闻作为日益成为跨文化传播的重要手段之一，新闻的翻译也是翻译专业的学生必不可少的一项必修课。在本节课中，L 老师带领学生在基于"线上＋线下"混合式教学模式下进行新闻导语及其翻译的学习，目的是培养学生的跨文化意识以及新闻导语翻译的能力。

本案例中，L 老师课前在微信群发送有关新闻的学习资料，给学生时间去了解新闻的定义、分类、组成以及作用，为正式学习做好预热和铺垫，拉近学习者与文本距离。在课堂导入与例证分析环节，L 老师通过轻松愉快的话题，借聊天引导学生自主思考，逐渐进入话题，明确课堂应解决的问题是新闻导语翻译。在正式教学环节，Z 老师以提问方式引导学生层层深入问题核心，并通过例句和对比翻译，向学生简洁直观展示了中英文中新闻导语的句式特点，并采取让学生自主思考或者小组讨论的模式来引导学生对新闻导语的翻译方法进行归纳总结。

教学全程学生兼具讲者身份，以小组代表发言分享翻译心得的方式，锻炼了协商能力与合作能力。教师摒弃了"填鸭式"教学，保证了学生的主体性，实现了课堂教学主客体反转。学生通过个人翻译实践，在教师引导下分享见解，修订译文。而课后，L 老师充分发挥线上平台功用，持续推动翻译实践与师生互动，通过课后实践、线上搜寻资料并进行小组合作探究，使教与学双环节实现课后延伸，进一步拓宽学生知识面，培养跨学科意识、团队意识及团队合作能力，借翻译教学，促进学生全人发展。

案例思考题

1. 本案例中教师通过问答的方式进行课前导入，是否还有其他更为可行，更具趣味性的导入方式？

2. 本案例中 L 老师的教学为你提供了什么新的启发？

3. 如果你是 L 老师，你会如何进行课后作业布置？

4. 如果你是 L 老师，你会如何利用网络平台，使课堂合理延伸，又不至于给学生过多负担？

5. L 老师是如何使线上线下教学无缝衔接，互为补充的？

6. 对于较为枯燥的新闻翻译教学，你还有什么其他手段，使学生乐于学习，并且产生理想的教学效果？

四、案例使用说明

（一）适用范围

适用对象：MTI 教师、翻译硕士、翻译专业本科生、学科教学（英语）专业硕士生。

适用课程：新闻翻译、英汉互译、英汉互译课程教学设计、翻译专业教师发展。

（二）教学目的

1. 掌握新闻导语的常用翻译方法。

2. 培养学生跨学科意识、问题意识、合作意识，及团队合作能力。

3. 培养翻译专业教师的创新能力与引导能力。

4. 验证混合式教学模式的可行性与有效性。

（三）关键要点

1. 相关理论

混合式教学模式：混合式教学模式也即"线上自主学习"和"线下面授教学"两种模式的融合，结合传统教学和网络教学优势，充分利用线上教学平台，发挥教师引导、启发以及监控教学过程的引导作用，也充分保证学生主体性、积极性与创造性。

2. 关键知识点

分析文本材料，引导学生发现新闻导语汉译过程中的问题，分析并解决问题；在理论学习过程中，侧重问题分析与经验总结。

3. 关键能力点

阅读新闻文本，提炼总结翻译重难点，运用所学相关知识分析讨论，培养学生团队合作能力与互动能力。经过系统学习积累经验，学以致用，锻炼个人独到的翻译思考能力与技巧。

4. 案例分析思路

通过新闻导语的翻译教学，引导学生进行翻译实践，总结翻译要点与技巧，增强学生问题意识，提高解决问题的能力与合作学习的能力，为翻译专业教师与教研员在翻译教学中实践混合式教学模式、创新课堂教学设计提供借鉴。

（四）教学建议

1. 时间安排：研究生标准课两节（90分钟）。

2. 环节安排：课前预习与准备→课堂中学生分为4～6小组→根据教学情境小组合作讨论，解决问题→各组代表小结并汇报→师生共同研讨→课后作业布置。

3. 人数要求：20～30人左右的班级教学。

4. 教学方法：学生合作讨论为主，教师讲授点评为辅。

5. 工具选择：多媒体教室，其他工具根据教学内容而定。

6. 活动建议：课前要求学生自行学习相关课程内容资料，进行初步了解，教师也要根据教学内容进行教学情境的初步构建。课中让学生小组合作完成任务，并进行汇报，尽量让更多的学生参与课堂，教师准备好点评资料和提纲。课后教师及时进行教学反思，总结得失，以便改进后续的教学行为。

（五）推荐阅读

［1］曹明伦. 谈英语报刊新闻的基本特点及其翻译 ［J］. 中国翻译，2005，（06）：87－88.

［2］金蕒. 目的论视角下英语新闻导语翻译策略研究 ［J］. 现代英语，2022，（21）：37－40.

［3］谭玮. 中英新闻导语的差异及翻译 ［J］. 中国科技翻译，2008，（01）：14－16.

［4］王银泉，钱叶萍，仇园园. 跨文化传播语境下的外宣电视新闻导语译写策略 ［J］. 中国翻译，2007，（02）：58－62，94.

［5］肖妮. 中英语言文化差异与新闻导语语篇翻译 ［J］. 群文天地，2011，（14）：57.

［6］张建. 新闻英语文体与翻译评析 ［M］. 上海：上海外语教育出版社，1994.

［7］张洁. 英汉语言的文化差异与新闻导语翻译 ［J］. 长春师范学院学报，2006，（01）：117－119.

［8］钟岚. 英语报刊新闻导语的语言特点及其翻译 ［J］. 北京第二外国语学院学报，2002，（05）：4－6，12.

案例八　TBLT 教学模式下的 *The Pursuit of Happyness* 字幕翻译教学实践①②

　　摘　要：电影作为一种交际方式，促进了不同国家、不同地区之间的交流，所以电影字幕翻译有重要意义。*The Pursuit of Happyness* 作为一部美国经典电影，不仅在美国深受欢迎，在中国也同样拥有广泛的观众基础。Z 老师的"*The Pursuit of Happyness* 字幕翻译"一课，采用 TBLT（Task-Based Language Teaching）教学模式，牢牢把握任务前、任务中和任务后的课堂节奏，以小组为单位学习，通过一系列的活动进行翻译训练，引导 MTI 学生掌握相关翻译技巧并加以应用拓展，以提高其翻译能力和跨文化交际能力。

　　关键词：TBLT；字幕翻译；MTI

The Teaching Practice of *The Pursuit of Happyness* Subtitle Translation Under TBLT Method

　　Abstract：Film promotes the communication between different countries and regions，so its subtitle translation is of great significance. As a classic American movie，*The Pursuit of Happyness* is not only popular in the United States，but also enjoys a mass of audience in China. The Task-Based Language Teaching method is applied in the lesson of "The Teaching Practice of *The Pursuit of Happyness* Subtitle Translation" by Teacher Z. This lesson firmly grasps the classroom rhythm

---

　　①　**作者简介**：甘薇，女，湖南长沙人，湖南科技大学外国语学院英语笔译专业研究生；周文革，男，湖南茶陵人，湖南科技大学外国语学院副教授，硕士生导师。
　　②　**编制说明**：按照调研学习及当事人的要求，作者对案例所涉及的学校名称、人员及相关数据，做了必要的掩饰性处理；本案例仅供教学之用，无意提倡或暗示某种管理理念、方法或体制比其他的理念、方法或体制更为有效或合理。

and requires group learning. Through a series of activities, translation training is conducted to guide MTI students to master relevant translation skills and apply them in order to improve their translation ability and intercultural communication ability.

Key words：TBLT；subtitle translation；MTI

一、背景信息

中国影视行业起步较晚，由于影视人才缺乏，发展较缓。近二十年来，中国影视事业发展迅猛，因此大批优秀的影视作品"走出去"。然而，中国电影字幕翻译发展亦是坎坷，它兴起于 20 世纪二三十年代，于世纪末再次逆风翻盘。著名翻译学家钱绍昌指出：影视翻译作为文学翻译的一部分，影视语言既含有一般文学语言的要素，也具备自身独特的特色。① 不同于传统的文本翻译，电影字幕翻译受时间、空间两个因素的限制。时间上，字幕翻译要同电影的画面、声音完全同步，也就是要随对白的开始而开始，对白的结束而结束。空间上，字幕翻译要尽可能做到简短凝练，所占空间为一行到两行，且源语与目的语的长度应该相当。这就要求字幕翻译要在有限的时空里将源语所包含的信息准确无误地传递出来。如何引导学生将字幕翻译做得简洁明了、流畅传神，更好地满足目的语观众的语言需求是本课主要教学目标。

本案例来自 X 省 H 市 Y 大学 Z 老师给 2022 级翻译硕士上的一堂课，课程内容是 *The Pursuit of Happyness* 字幕翻译教学实践，包括"任务前""任务中""任务后"三个教学环节。Z 老师以从 *The Pursuit of Happyness* 字幕翻译中获取翻译经验为主线进行教学设计，采用了 TBLT（Task-Based Language Teaching）教学模式。任务型的课堂教学中教师在教的过程中要做的首要环节就是呈现任务，让学生在任务的驱动下学习语言知识和进行技能训练。这样的学习过程是任务驱动（task-driven）的过程，它有利于提高学生的学习兴趣和增强学生的学习动力，同时也有利于体现任务的真实性。

---

① 钱绍昌. 影视翻译：翻译园地中愈来愈重要的领域 [J]. 中国翻译，2000，（01）：61—65.

　　Z 老师在教学设计方面的创新性主要体现在：一是以"任务型教学（TBLT）理论为指导，从学生的基本心理需求出发，强调学习是满足个体内部需要的过程，在教学目标上注重突出教学的情意功能，追求学生在认知、情感和技能目标上的均衡达成；二是以网络 QQ 平台为依托，并以"雨课堂"为辅助，课前在 QQ 群中发布翻译文本，课中供学生分享查阅到的相关资料，课后及时反馈作业情况，提出疑问，不仅促进了老师与同学之间的交流，老师也能够根据学生的学习情况调整教学进度；三是在丰富多彩的任务的驱动下，学生就能运用自己的思维，通过完成具体的任务主动地去习得英语，积极、主动地参与到各种任务中来，真正地做到"Learning by doing"，并从中获得和积累相应的学习经验，享受成功的喜悦。

二、案例正文

（一）任务前：观影中初获知

　　22 级的同学们环坐成半圆，打开了电脑和笔记本，做好了课前准备工作，等待 Z 老师上课。Z 老师面带微笑地走到半圆中心，开始今天的讲课："上周我已将电影 *The Pursuit of Happyness* 字幕的 word 文档发至 QQ 学习群，还将 *The Pursuit of Happyness* 的解说视频上传至了"雨课堂"。根据"雨课堂"的签到情况，各位同学都已经完成了学习任务，相信大家对 *The Pursuit of Happyness* 有了一定的理解。那么现在请同学们回答我一个问题：在翻译这些文本前，你们都做了哪些准备工作呢？"

　　同学们面带难色，思考片刻后。

　　A 同学答道："我利用网络平台，查询了一些关于这部电影的社会背景信息，并对电影中的几个主角做了人物性格的剖析。"

　　其余同学纷纷点头，对 A 同学投来了赞许的眼光。

　　Z 老师微笑着点点头，说："不错，翻译这些文本之前，我们要对电影拍摄的社会背景及主角作一定的了解和分析。*The Pursuit of Happyness*，讲述了一位濒临破产、老婆离家的落魄业务员，如何吃苦耐劳地善尽单亲责任，奋发向上成为股市交易员，最后成为知名的金融投资家的励志故事。影片取材真实故事，故事原型人物是非洲裔美国人投资专家克里斯·加德纳。感兴趣的同学可以课后再去了解这位投资家及其相关事迹。大家认为这部电影的字幕翻译有何难点？"

B同学答道："我注意到文本中还有许多难以处理的涉及社会文化的表达，所以怎么处理得通俗易懂，这让我困扰。"

Z老师："没错，电影多以对话为主，对话中时常包含带有当地文化特色的一些表达，或者是一些俚语。在翻译这些内容时，我们要结合其相关社会背景好好思考，力求翻译出来的文本能被观众所轻易接受。那既然本节课的学习内容是字幕翻译，那么呈现在屏幕中的翻译文本长度是受到限制的，有同学注意到了这个问题吗？"

同学们摇了摇头，露出一脸疑惑的表情。

"同学们今后做翻译前，一定要注意你们翻译的文本类型，并根据文本特色来呈现自己的翻译结果，比如政府文件、法律文件中要注意一些明文规定的专有名词的翻译。好了，接下来我们就来好好了解一下字幕翻译。"Z老师打开了事先准备的PPT。（见图 8.1）

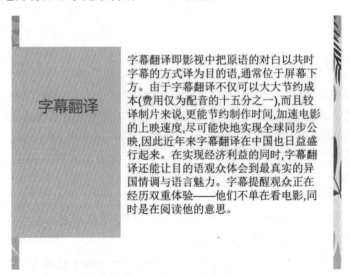

字幕翻译即影视中把原语的对白以共时字幕的方式译为目的语,通常位于屏幕下方。由于字幕翻译不仅可以大大节约成本(费用仅为配音的十五分之一),而且较译制片来说,更能节约制作时间,加速电影的上映速度,尽可能快地实现全球同步公映,因此近年来字幕翻译在中国也日益盛行起来。在实现经济利益的同时,字幕翻译还能让目的语观众体会到最真实的异国情调与语言魅力。字幕提醒观众正在经历双重体验——他们不单在看电影,同时是在阅读他的意思。

图 8.1　PPT 页面：字幕翻译定义

"字幕翻译是视听翻译领域最常见的模式之一，与普通的文本翻译不太相同。伴随着信息时代的迅速发展，我们已经身处网络时代之下，人们能在短时间内获取信息并且迅速理解真实内涵的方式并不多，唯有配着字幕的影视作品，同时能将大众代入其中，帮助人们理解人物所要表达的思想和情感。而影视字幕翻译如何能做到让观众一目了然，转换后做到最好，这就必须跨越语言的差异。因此，字幕翻译具有瞬时性、通俗性、时空受限性。那么有没有同学能回答我什么是瞬时性、通俗性和时空受限性呢?"

F 同学随即举手说道:"在我看来,瞬时性就是字幕跟随着影片中画面的变化而变化。"

D 同学继续道:"由于观众的背景知识和受教育水平不同,对信息的接受和消化能力也不同,所以译者在进行字幕翻译时,要尽量让译文做到雅俗共赏,且要准确传达文本意思,这就是通俗性。"

同学们纷纷投来赞赏的目光。

Z 老师点了点头道:"说得很好,影视类作品与文本类作品在阅读上有着明显差异。在影视作品上,听众通过影片不断变化的内容和转瞬即逝的字幕来体会影片中人物的感情和台词的含义;而在文本类作品上,读者通过不断推敲文本文字从而揣摩出人物内心活动,甚至可以反复阅读。因此,影视字幕驻屏时间短暂,不能重复阅读使影视字幕翻译具有瞬时性的特点。瞬时性强调的是当下这一瞬间影视作品带给听众的视听感受,对台词进行转瞬即逝的处理,这不得不让影视字幕简洁明了,不得过于冗长占用屏幕,使观众在那一刻能对影视作品做到充分理解体会。并且,在影视剧中,故事的剧情与发展离不开人物的动作和对话,因此增大了字幕翻译的难度并赋予更多特别要求。为了让观众能理解感知影视作品的内容,在翻译过程中,翻译就是口语的书面化表达。我们必须要避免翻译后语句太长,过于复杂的情况,从而我们要采用那些让人一目了然、浅显易懂的日常口语,令译文雅俗共赏。那么受时间和空间限制这点,有没有同学知道时间限制和空间限制在这分别指什么?"

H 同学立即抢答:"空间限制主要是指屏幕的大小,时间限制是指剧中讲话人时间的长短及观众浏览字幕的时间。"

Z 老师接着说:"非常棒,所以我们在翻译时一定要注意翻译出来文本的长度,要尽量简短。好了,看来大家已经对字幕翻译也有了一定的了解。昨天在 QQ 群已经下发了这个文档,通过之前的问答不难看出大家提前了解影片内容。那么接下来老师会给你们 30 分钟,完成文档内字幕的翻译。大家一定要注意字幕翻译的特点,你们就按照课前分好的组别,以小组为单位提交译文。"

学生们打开了 *The Pursuit of Happyness* 翻译文档,迅速进入了翻译状态,老师们则在教室中走动,及时回答同学们提出的问题。

教学评价：在此教学环节中，以学生为中心，通过不断抛出问题，让学生自行思考译前需要注意的问题，在学生充分思考后，再对相关回答进行补充。Z 老师引导学生们主动发现问题，主动探索问题的解决方法，介绍了字幕的相关理论知识，激发学生学习字幕翻译的兴趣。相关理论知识介绍清楚之后，Z 老师紧接着引出了本堂课的任务。此教学环节完成了 TBLT 翻译教学框架的第一步，给学生真实的翻译任务，并让学生自主学习及通过小组合作的方式完成翻译任务。Z 老师通过不断交流的过程觉察学生知识欠缺的地方，有利于学生自行查漏补缺，理清相关基础知识，明确本节课堂的教学目标，即如何引导学生将字幕翻译做得简洁明了、流畅传神，更好地满足目的语观众的语言需求。

（二）任务中：翻译中明内涵

Z 老师在布置完翻译任务之后，引导学生在翻译的过程中及时反思。30 分钟的时间一晃而过，字幕中单词和句法组成都较为简单，所有同学都在规定时间内完成了译文。

"好了，时间结束了。同学们，在分享各组完成情况前，我想问同学们一个问题，请大家看向电影的标题：*The Pursuit of Happyness*，有哪位同学发现了什么问题吗？"

W 同学立即举手回答道："happyness 这个单词拼写错误了，应该是 happiness，其中 y 应该改成 i。"

"不错，观察十分仔细，但这就是电影的原标题，这是有意而为之。因为这个 happyness 出自原片，所以请同学们看向这句：It's written as P−P−Y, but it's supposed to be an 'I' in 'happiness. '。对此，各组是如何处理这一句的呢？"

3 个学习小组分别呈现出了自己的答案。（见表 8.1）

表 8.1 各学习小组翻译版本（1）

参考译文	那里写的是"辛"，但是实际应该是"幸"。
第一组	写法是 P−P−Y，但应该是" 幸福" 里的" I"。
第二组	这里写成了 P−P−Y，但在 happiness 中应是 P−P−I。
第三组	这写的是 P−P−Y，但 happiness 应写成 P−P−I。

Z 老师说道："大家认为这三组译文，哪一组的比较好？"

F 同学答道："这里主要突出的就是单词拼写错误了的问题，我认为第二组和第三组都达到了这个要求，但第三组要更胜一筹，读起来更口语化，这本就是人物对话中的一句，所以以口语化的版本翻译得更贴切。"

G 同学补充道："我认同 F 同学的说法，我也觉得第三组更好，因为第三组也达到了刚刚老师说得简洁明了，作为字幕也更合适。第一组虽然译出了 happiness 一词，但在这一句中显得很突兀，不知道拼写这个单词的观众可能会一头雾水。"

Z 老师点了点头说道："同学们能把刚刚学的要求带入翻译训练中，老师十分欣慰。此处 'P—P—Y' 和 'I' 为翻译的难点，如果直接套用原文译为 'P—P—Y' 和 'I'，不会拼写 'happiness' 的观众将难以理解原文作者想要表达的意思。请大家看向参考译文：'那里写的是"辛"但是实际应该是"幸"。'大家看到'辛'与'幸'这两个字，这位译者找出了与英文中单词拼写错误相对应的中文书写错误，巧妙运用观众熟悉的文字替代，通俗易懂、一目了然体现了字幕翻译的通俗性原则。"

同学们纷纷点头表示赞许，并记下了笔记。

"同学们已经学会站在观众的角度思考了，这非常不错，请看向下一句：'Give me a kiss'. 大家又是如何翻译这一句的呢?"（见表 8.2）

表 8.2　各学习小组翻译版本（2）

参考译文	亲亲。
第一组	给我一个吻。
第二组	来亲一下。
第三组	给我亲亲。

Z 老师说道："大家来评价一下这三种译文吧。"

C 同学率先举手，说道："我认为这三种译文中，第二组的最好，因为这是电影中爸爸对儿子说的话，父子的关系应该是十分亲近的，说'来亲一下'更符合这一背景信息，但是第三组的就稍显命令式的口气，有距离感。"

B 同学补充道："我也认为第二组的更好，因为第一组的更像是情侣之间的暧昧对话，不符合语境，第三组的问题我倒不觉得有命令的感觉，但是'给我'二字稍微有点翻译腔，或许去掉直接说'亲亲'还更合适。"

Z 老师微笑着说道："同学们非常棒，说得十分有道理，并且考虑到了语境问题，还考虑了对话二人的关系，这正是字幕翻译中需要注意的另外一个点。来回到这句话，看向参考译文：'亲亲。'在电影片段中，爸爸送完儿子去幼儿园准备离开时说：'Give me a kiss.'本句话直译为'给我一个吻。'根据中国人的思维习惯和中文特征来看,直译显然比较突兀,所以译者使用适应性转换原则直接译为'亲亲'不仅符合中国人说话方式,而且更好地体现了中文多用叠词的特征,并且更加符合字幕翻译瞬时性、通俗性原则。来,我们乘胜追击,开始下一句:'That's kind of the way it works. You know. I was below average?'"(见表 8.3)

表 8.3 各学习小组翻译版本 (3)

参考译文	有其父必有其子嘛,我当时篮球就处于平均水平之下。
第一组	事情就是这样发展的嘛,我原来也在平均水平以下。
第二组	它就是那样工作的。你知道,我当时就处于平均水平以下。
第三组	这就是它的运作方式。你知道的,我当时低于平均水平。

L 同学率先举起了手:"我认为第一组翻译得更好,第二组和第三组的翻译都有些生硬,第一句话就只是直译出来了带有翻译腔。而第一组没有直译,还省译了'you know'这种语气词。"

D 同学点了点头说道:"而且第一组的代词'it'译成了事情,'work'译成了发展,更能让观众理解。但是第三组的'低于平均水平'译得更简洁,而且因为要考虑字幕翻译的时空受限性,'you know'这种语气词也应当省略,所以第一组的更好。"

Z 老师会心一笑,说道:"大家用于表达自己的看法,老师非常开心。而且这次又考虑到了时空受限性这一特点,可见同学们对学过知识的运用能力比较强。来让我们一起看看这句的译文:'有其父必有其子嘛,我当时篮球就处于平均水平之下。'根据剧情可知,这句话表达的是'爸爸给儿子说自己的篮球水平不高,你是我的儿子,所以通常情况下,你的篮球水平可能也不高',但这种译法又不符合电影字幕瞬时性的特点。所以译者巧妙地运用了'有其父必有其子'这一经典汉语来译。对于以母语为汉语的观众来说,此译文更容易理解。"

同学们认真地修改自己的译文,并记下了笔记。

"所以大家在做字幕翻译时,可以运用一些四字成语,或者歇后语之类的带有汉语特色的译法,能言简意赅地表达字幕意思,观众更感觉亲切,也更容易明白电影中想表达的意思。好了,让我们来看下一句:'You don't have to. You only have to be good with numbers and good with people.'"(见表 8.4)

表 8.4 各学习小组翻译版本（4）

参考译文	不用，你只需要精通数字、会为人处世。
第一组	不用，你只要擅长数字，会与人相处。
第二组	不必，你只要会用数字，与人相处得好。
第三组	不用，你只需要精通数字，与人相处和睦。

A 同学举手答道："我认为第一组更好，更简短，符合字幕翻译的要求。但是'擅长数字'搭配不太合适，相较而言第三组的'精通数字'这种表达更贴切。"

H 同学反驳道："我倒认为第三组的表达更胜一筹，不仅动名词搭配合理，'和睦'二字还表达出了与人相处的状态。刚刚 A 同学提到的字幕翻译的要求，我觉得第三组的翻译字数也控制在合理的区域内，并且表达更地道，更符合通俗性这一特点。"

Z 老师满眼笑意说道："真棒，大家都有了不同的看法了，学术就是需要多质疑勤思考。我们来看看这一句的参考译文：'不用，你只需要精通数字、会为人处世。'这段对话是克里斯在见到一位投资公司的领导时发生的。电影的字幕一闪而过，对于母语非英语的观影者而言，有可能陷入一种理解困境。但如果将'be good with'直接进行翻译，重复使用则显得比较啰唆，观众也难以很好地理解剧中人物所说工作的具体内容。此处的字幕翻译，不仅语言简洁、逻辑清晰，而且体现出影视字幕的瞬时性特点，同时也表现出投资公司领导语言和作风都较为干练的特点。"

B 同学补充道："而且这一版本的译文还增译了'be good with things'这一层意思，译成了'会为人处世'，更符合语境了，还运用了四字成语，通俗易懂。"

"没错，这也是我们要学习的一点。来，我们看向下一句：Far away from anything. Everything. 各组来展示一下译文，一起讨论一下吧!"（见表 8.5）

表 8.5 各学习小组翻译版本（5）

参考译文	远离一切，远离所有尘嚣。
第一组	远离一切。
第二组	远离一切人，一切事。
第三组	远离一切，所有一切。

D 同学马上说道："这一次我认为第三组更好，这一翻译压了尾韵，更

有节奏感，更有韵律，读起来朗朗上口。虽然第一组的省译处理更简短，但是却缺乏了源文本所需要的强调的含义。"

L 同学说道："我也这么认为，第二组就的翻译也有些新意，将一切后的名词具体化了，而且把人和事都分开来，但是强调意义还是没有第三组的明显。"

Z 老师微笑着说："大家都认为第三组的表达更好，那我们就来看一下这句的参考译文：'远离一切，远离所有尘嚣。'做字幕翻译，我们始终不能抛开语境，'anything' 和 'everything' 是英语中的一种特殊代词，笼统地代表包罗万象的一切。这句话出现的电影情境是父子两人在一望无际的海边尽情享受悠闲时光，突出表现了父子短暂远离一切城市喧闹的放松与清净。如果按照逐字翻译：'远离一切，一切'不但使得语义显得重复且冗长，也缺乏中文抽象的美感。而当译文被改为'远离一切，远离所有尘嚣'后，不但使字幕因为排比句式而具有音韵美，也使得电影轻松的氛围愈加突出。"

同学们纷纷点头表示赞许，并记下相应笔记。

Z 老师补充道："随着互联网的发展，越来越多的欧美电影、影视剧涌入国门，字幕翻译的重要性随之日益凸显。字幕翻译是一种即时性、现场性的言语交际行为，受时间与空间因素的制约。由于对白转瞬即逝，翻译应简洁明了、通顺流畅，使观众能在有限的时间内享受视听效果，领略到异域文化。因此，译者必须把字幕安排到正确的时间，利用各种翻译策略，使译文达到最佳语境效果。在此过程中，译者需要对源语语言形式和内容加以取舍，力求保持影片的艺术类型和人物风格特点，并充分考虑到目的语观众的认知能力，在最佳关联原则的指导下引导观众以最小的努力获得最大的语境效果。与此同时，我们一定不能忘记字幕翻译的三个特性：瞬时性、通俗性、时空受限性。"

教学评价： 在此教学环节中，Z 老师引导学生以小组合作的方式在实践中抓住关键翻译问题，强调字幕翻译的三个特点，在翻译实践中反复练习，加深印象。学生也采取了合作学习的方式，合理分配翻译任务，在有限的时间内保证译文的质量。在实践完成后并没有采取传统的译文评价方式，而是让同学们自主讨论，总结字幕翻译经验。此环节契合 TBLT 教学模式的第二步——学生执行任务阶段。Z 老师在第一步时引入了任务，发挥了引导作用，引导学生利用网络资源搜索相关信息，并且在此环节中完成了第二步，小组成员相互讨论，与老师分享对问题的理解，经过讨论，反思自己的翻译过程。在此环节中采用以学生为主的教学理念，充分调动学生的主观能动性，采取合作的方式培养学生的合作式学习能力，增强学生的探索创新能力。

（三）任务后：聚焦中提兴趣

在分析完文本之后，进入了本节课的最后一个环节 Z 老师要求学生分小组总结字幕翻译经验，并在班级进行分享。（见表 8.6）

表 8.6　各学习小组总结经验

第一组	在做字幕翻译的时候要考虑主人公的性格特点，并结合上下文语境，这样才更容易译出更符合原影片的译文。
第二组	字幕翻译要牢牢记住通俗性、瞬时性、时空受限性三个特点，并按照这三个特点调整自己的译文，要站在观众的角度，思考如何译出让观众看一眼就明白的译文。
第三组	在做字幕翻译的时候，有些俚语或者与文化相关的部分，要熟练运用汉语的四字成语或是歇后语来处理文本，这样观众能迅速理解，也更有亲切感。

Z 老师满意地点点头，说道："通过各组的总结，不难看出，大家的学习是十分有效的，都获得了相应的知识，那接下来，我们再进行一些训练吧，看看学过本节课后大家的译文有没有提升。"

Z 老师要求学生结合课前所查的相关资料以及观看"雨课堂"有关 *The Pursuit of Happyness* 的视频，进入"雨课堂"进行个人翻译实训，提交后再以小组为单位进行研讨。Z 老师接着说道："大家要记得我们刚刚总结过的翻译经验和注意事项。十分钟之后，平台会自动提交并给出相应的分数。"Z 老师在座位间来回走动，认真地看着他们的译文，不时地与学生交流。

十分钟的时间很快就过去了，Z 老师看着实训平台的分数统计结果，露出了满意的笑容，接着说道："看来绝大部分的同学已经完全掌握了刚刚讲过的翻译方法，让我们一起看看这两句的翻译，第一句是：'Okay. Can we go to the park today, after?' 谁愿意和我们分享？"

G 同学把手举得高高的："我对这句的译文是：'还好，我们今天能去公园吗？等一会去。'首先这是儿子对爸爸说的话，爸爸问他今天过得怎么样呢，所以 'okay' 不能译成好的，而应译成还好。其次就是这个 'after' 的翻译，我有些疑问，这一个词的宾语是什么呢？是在什么之后？

我的理解是过一会再去，因此译成了'等一会去？'"

A 同学说道："对于 G 同学提到的这个'after'，我也有这种疑问，是在什么事情之后呢？所以我译成了'今天结束后？'"

Z 老师笑了笑，说道："大家都考虑到了'after'这个问题，不错，已经有了语境意识了。那么我们来看一下这句的参考译文：'还好，我们今天能去公园吗？在上完幼儿园后？'出现这句台词之前，电影细节并没有透露爸爸和儿子是在前往幼儿园的路上，如果直接译为'之后'，观众可能不太理解是什么之后。但通过观看"雨课堂"上传的视频，我们也能推断出，他们后续是去了幼儿园，所以补全为'在上完幼儿园后？'观众能更好地理解剧情的发展，也更符合电影字幕通俗性的特点。下面，我们来看下第二句：'You are a piece of work.'有没有同学愿意跟我们分享一下看法？"

B 同学说道："我对这句的翻译是：'你真是个刺头。'这是主人公上司对他说的一句话，表达主人公十分难缠，所以将他比喻成'刺头'是非常合适的。"

H 同学说道："我的译文是：'你真是不错。'表达了主人公上司对他的赞赏，突出主人公的能力。"

Z 老师会心一笑说道："现在有了两种截然不同的说法哦，那我们来看看参考译文：'你还真不简单啊。'这句话出现的背景是男主人公在接受工作后又因为种种原因想退掉工作时，他的上司带着略微感叹而又嘲讽的语气对他说的一句话。这句话是男主人的上司想表达男主人公事多难缠的一句台词。原文'You are a piece of work'如果直接翻译的话意思是'你真是不错'或'你真是一个可用之才'但这样的翻译与电影中老板想要表达的讽刺情感截然相反，与电影情节格格不入。但在改为'你还真不简单'之后，加之电影视觉的互补，老板对于男主人公的贬低讽刺之情便跃然纸上了。"

学生纷纷点头，表示赞同。

Z 老师继续补充道："今天的课结束后，请同学们在电影 The Shawshank Redemption 中，选取喜欢的片段进行字幕翻译训练并配音，制作成视频，视频不少于 3 分钟，然后在 QQ 群中进行分享。在分享的过程中，其余的同学要找出视频中体现了通俗性、瞬时性还有时空受限性的地方，并进行点评，发在 QQ 群里，老师会对你们的点评进行补充。虽然是课后作业，但老师也要提几点要求：首先要反复斟酌原文的确切含义，多查阅期刊和相关书籍；其次是在翻译的过程中，要在疑问旁做好标注，记下自己有疑问的点；最后是翻译完后要思考翻译过程，总结翻译经验。"

教学评价： 在此教学环节中，Z 老师首先让学生进入"雨课堂"完成翻译任务。这既可以检测学生对本节课教学内容的掌握程度，还可对学生翻译能力进行检测。然后，Z 老师在讲解过程中，引导学生独立思考，对学生的回答作出了相应的补充，并强调在翻译时要考虑语境，结合字幕翻译的三个特点进行翻译。最后，Z 老师让学生观看电影 *The Shawshank Redemption* 并翻译其中喜爱片段的字幕，强调认真查阅相关期刊和书籍，培养学生课后自主学习的能力和学术严谨意识。在此教学环节中，老师让学生围绕新知识点、突出主题进行迁移操练，学生通过完成任务学到的知识和形成的技能转化成在真实生活中运用英语的能力。

三、总结

在"任务前：观影中获初知"环节的教学环节，Z 老师首先依据教学目标，提前发布线上翻译任务，让学生们进行预习；然后引导学生思考译前需要注意的问题，介绍电影的相关背景知识；接着强调字幕翻译的三个特点：瞬时性、通俗性和时空受限性；最后引出任务，鼓励学生以小组为单位完成任务，培养学生的团队合作精神。在"任务中：翻译中明内涵"教学环节，Z 老师以字幕翻译的三个特点为主线，引导学生研讨各组译文，并让学生分享译文优缺点，在此期间综合采用师生评价、生生评价等多元评价方式，多方面提高学生的翻译能力与语言运用能力。在"任务后：聚焦中提兴趣"教学环节，学生通过"雨课堂"完成相对应的任务，Z 老师充当"脚手架"，培养学生发现问题，解决问题的思维方式。在本翻译教学中，Z 老师并没有按照传统的"教师为中心"的课堂，而是采用 TBLT 教学模式，按照"任务前——任务中——任务后"的教学流程，精准布置驱动型任务，提供促成任务的资源并开展多元化评价；以学生为主体、教师为主导，不断激发学生的求知欲和学习兴趣，为翻译教学打开了新思路。与传统教学模式不同的是，TBLT 认为学习者是在参与活动、完成任务的过程中，通过有目的的交互活动掌握语言的。它强调"以学习者为中心"，重视学习者作为知识构建者的主体地位及其自身经验对学习的促进作用。它主张有效的语言学习不是传授型的，而是经历型的。在本堂课中，学生在 Z 老师的指导下，通过感知、体验、实践、参与和合作等方式，实现任务的目标，感受成功。Z 老师布置的"任务"使得教学活动有了明确的目的性，将其运用到英语教学中，使学生在一个个类似于实际生活、工作情境的任务中体验、经历而不断提升英语的综合运用能力。

案例思考题

1. 本案例中 Z 老师主要分析了电影 *The Pursuit of Happyness* 中字幕翻译的问题，在此文本中是否还存在其他的难点呢？

2. Z 老师采用的 TBLT 教学模式是一种怎样的模式？这种教学模式能够培养学生哪些能力？

3. Z 老师是如何引导学生发现问题并解决问题的？这对其余课堂教学是否有可鉴之处？

4. Z 老师在进行翻译教学时，如何实现任务前、任务中、任务后的环环相扣？

5. *The Pursuit of Happyness* 的字幕英译对是否能让学生更好地理解电影内涵，从而激发学生了解外国文化的兴趣？

四、案例使用说明

（一）适用范围

适用对象：MTI 教师、翻译硕士、翻译专业本科生
适用课程：非文学翻译、翻译理论与技巧、翻译专业教师发展

（二）教学目的

1. 了解字幕翻译的特点，掌握其相关细节。

2. 掌握在翻译教学中如何充分体现学生的主体性，充分发挥教师主导的作用，以形成师生之间的良性互动。

3. 培养翻译教师的教学能力。

4. 激发学生对生活的热情，培养他们积极向上的生活态度。

（三）关键要点

1. 相关理论

TBLT（Task-Based Language Teaching），即任务型语言教学，是 20 世纪 80 年代兴起的一种强调"在做中学"（learning by doing）的语言教学法。是把语言应用的基本理念转化为具体实践意义的课堂教学方式，由交际法教学发展而来的一种新形态。根据英语教育理论研究和教学实践的最新进展，任务型途径（task-based approach）被认为是"目前最有效的培养学生语言运用能力的方法（most effective means currently available）"。TBLT 认为学习者是在参与活动、完成任务的过程中，通过有目的的交互活动掌握语言的。它强调"以学习者为中心"，重视学习者作为知识构建者的主体地位及其自身经验对学习的促进作用。它主张有效的语言学习不是传授型的，而是经历型的。将真实的语言材料引入真实的语言学习环境，让学生感知真实语言。真实的场景能使学生在轻松的环境中自由地真正体会语言，理解语言并大胆运用语言。学生在教师的指导下，通过感知、体验、实践、参与和合作等方式，实现任务的目标，感受成功。"任务"使得教学活动有了明确的目的性，将其运用到英语教学中，使学生在一个个类似于实际生活、工作情境的任务中体验、经历而不断提升英语的综合运用能力。

2. 关键知识点

字幕翻译教学、TBLT 教学模式、翻译教学设计。

3. 关键能力点

提取文本材料中心要点，引导学生总结翻译难点。在实践过程中，以理论为指导，引导学生发现并解决问题，不仅提升独立思考的能力，还培养学生合作式学习能力、谈判能力和互动能力。在理论学习的过程中，注意分析有关实践的问题并总结有关经验。

4. 案例分析思路

通过分析 Z 老师 *The Pursuit of Happyness* 字幕翻译教学和引导学生进行翻译实践来总结非文学翻译教学的创新点，引导翻译专业教师和教研员在翻译教学中实践 TBLT 教学模式，为翻译专业教师创新课堂教学设计提供借鉴。

（四）教学建议

1. 时间安排：研究生标准课两节（90 分钟）。

2. 环节安排：提前布置预习内容→课堂中学生分为 3～4 小组→根据教学情境小组合作讨论，解决问题→各组形成解决方案进行汇报→师生共同研讨→课后作业布置。

3. 人数要求：20 人左右的班级教学。

4. 教学方法：以任务为中心，以学生为主体，以教师讲授点评为辅助。

5. 工具选择：多媒体教室，其他工具根据教学内容而定。

6. 活动建议：课前要求学生线上完成课前预习的任务，查找文本的相关资料以及观看相关视频，初步了解文本的作者以及相关背景信息，教师也要提前准备好资料并根据教学内容进行教学情境的初步构建。课中学生应该主动地参与到课堂中，积极地参与小组合作并完成相关的任务，教师要充分发挥其主导作用，激发学生的求知欲，引导学生进一步发现并解决问题。课后教师应该及时进行教学反思，总结本课堂的收获以及问题，以便为后续的教学行为提供方向。

（五）推荐阅读

[1] 邓微波. 从电影翻译到视听翻译：国内视听翻译实践的历史与现状探究 [J]. 中国翻译，2016，37（01）：80－84.

[2] 邓晓云. 新课标背景下任务型教学模式初探 [J]. 新课程研究（基础教育），2010，（05）：45－46.

[3] 樊潇笛. 浅析英语影视作品字幕翻译策略 [J]. 国际公关，2020，（01）：248－249.

[4] 龚蒙. 探讨课堂与网络下的大学英语教学模式 [J]. 课程教育研究，2016，（13）：113－114.

[5] 蒋莹，周树涛. 师生合作评价下的英语专业口语评价模式建构 [J]. 英语广场，2020，（27）：67－69.

[6] 李和庆，薄振杰. 规范与影视字幕翻译 [J]. 中国科技翻译，2005，（02）：44－46.

[7] 路之阳，王钰，张林影. "互联网＋"时代大学英语翻译教学模式建构 [J]. 科技资讯，2020，（29）：38－40.

[8] 钱绍昌. 影视翻译：翻译园地中愈来愈重要的领域 [J]. 中国翻译，2000，（01）：61－65.

[9] 魏永红. 任务型外语教学研究 [M]. 上海：华东师范大学出版社，2004.

案例九　基于产出导向法的文化负载词汉英翻译教学

——以纪录片《中国新年》为例①②

摘　要：随着中华优秀传统文化"走出去"进程的加快，有关中国文化的文化产品越来越多地出现在观众的视野中。纪录片《中国新年》字幕中文化负载词翻译教学，可以让学生深入了解中国传统文化，有利于中华优秀传统文化的传承与传播。X 老师的"《中国新年》中文化负载词的汉英翻译教学"一课，采用 POA 教学模式，以获取该片中文化负载词的英译经验为主线，串联三个教学环节，引导学生发掘文本的文化内涵，掌握翻译技巧，并担负起传承和传播中国传统文化的历史使命，进一步增强文化自信，讲好中国故事。

关键词：《中国新年》；产出导向法；翻译教学；文化负载词

Teaching Chinese-English Translation of Culture-Loaded Words in *Chinese New Year* Based on Production Oriented Approach

Abstract：With the acceleration of the process of "exporting" of Chinese excellent traditional culture，more and more cultural products about Chinese culture appear in the vision of the audience. Translation teaching of culture-loaded words in the subtitle of the documentary *Chinese New Year* enables students to have an in-depth understanding of Chinese traditional culture，which is conducive to the inheritance and transmission of

①　**作者简介：**谢云彬，男，湖南衡阳人，湖南科技大学外国语学院英语笔译专业研究生；张瑞鸿，女，湖南科技大学外国语学院教授，硕士生导师。

②　**编制说明：**按照调研学习及当事人的要求，作者对案例所涉及的学校名称、人员及相关数据，做了必要的掩饰性处理；本案例仅供教学之用，无意提倡或暗示某种管理理念、方法或体制比其他的理念、方法或体制更为有效或合理。

the excellent traditional culture of the Chinese nation. The lesson of "Chinese-English Translation Teaching of Culture-Loaded Words in *Chinese New Year*" by Teacher X adopts POA teaching mode and takes the English translation experience of culture-loaded words in the film as the main line. The three teaching steps of online "output driven", offline "input facilitated" and online "learning according to evaluation" are combined to guide students to explore the cultural connotations of the text and master translation skills. Undertaking the historical mission of inheriting and spreading Chinese traditional culture, students can further enhance their cultural confidence, and tell Chinese stories well.

Key words：*Chinese New Year*；Production-Oriented Approach；translation teaching；culture-loaded words

一、背景信息

随着"一带一路"和"中华文化走出去"等国家倡议的实施，越来越多的讲述中国文化的影视作品被世界所熟知。其中，纪录片的形式占比较大。纪录片内容丰富，内容写实，是学生了解传统文化知识，树立文化自信的理想材料，也是中国文化走出去的重要传播媒介。此时，译者扮演着文化交际的架桥师的角色。纪录片中出现了许多文化负载词，对于文化负载词的翻译，译者需要认真斟酌，这样才能更好地让世界上其他国家的人们了解灿烂的中华历史文化。

此外，党的十八大以来，习近平总书记高度重视立德树人在我国教育中的重要地位和作用。2020 年教育部印发《高等学校课程思政建设指导纲要》①，要求全面推进高校课程思政建设。为了响应这一政策，我院设置了应用翻译这门课程，这门课程主要是教学生处理不同翻译材料，进行多种形式的翻译活动。在课程内容上，深入挖掘与课程思政的契合点，以大力弘扬中华优秀传统文化、坚持文化自觉和文化自信为着眼点，突出家国情怀、文化素养、道德修养等价值层面上的引导；在教学方法上，注重翻译理论和翻译

---

① 中华人民共和国教育部. 教育部关于印发高等学校课程思政建设指导纲要的通知 [EB/OL]. (2020－06－03). http：//www. more. gov. cn/srcsite/A08/s7056/202006/t20200603_462347. html.

实践的有机结合，将专业知识的传授和学习主体的参与进行有机融合。

　　本堂课旨在让学生了解文化负载词的特点和翻译方法，培养精通中外文化的合格译者，同时使学生们树立起文化自信，将来更好地把中国文化传播到世界。另外，在教学过程中，将思政元素融入文化负载词翻译的教学是十分必要的。

　　本案例来自 X 省 H 市 Y 大学 2022 年 10 月 12 日 X 老师给 2022 级翻译硕士上的一堂课，课程内容是 BBC 纪录片《中国新年》中文化负载词的汉英翻译，包括三个教学环节。X 老师以从纪录片《中国新年》英译中获取中国文化负载词英译的经验为主线进行教学设计。X 老师在教学设计方面的创新性主要体现在：一是以"产出导向法"（POA）理论为指导，将传统的"输入驱动"转变成"输出驱动"，强调"以产出为导向""以学生为主体"和"以学生为中心"，充分调动学习积极性，激发求知欲；二是利用 QQ、"雨课堂"等网络平台，加强师生之间的沟通互动，激发学生学习的主动性；三是将课程思政元素渗透到教学设计和具体的活动中，春风化雨般地将家国情怀注入学生心灵，提升学生对中国文化的认同感和文化自信。

二、案例正文

（一）兴趣引领，输出驱动

　　22 级的同学们环坐成半圆，打开了电脑和笔记本，做好了课前准备工作，等待 X 老师上课。X 老师面带微笑地走到半圆中心，开始今天的讲课："上周我已将 BBC 纪录片《中国新年》的视频链接发至 QQ 学习群，并要求你们对其中字幕翻译进行思考。根据"雨课堂"的签到情况，各位同学都已经完成了学习任务，相信大家对影片内容有了一定的理解。那么，现在请同学们思考一个问题：在看了这个纪录片之后，你们对于文化负载词的翻译有哪些自己的想法呢？"

　　同学们跃跃欲试，思考片刻后。

　　A 同学答道："观看完纪录片后，我对其中内容有了一定了解。查询了该纪录片有关资料，还利用网络平台，查询了一些关于文化负载词的流程和方法。"

　　X 老师微笑着点点头，说："不错，拿到材料之后，我们要对材料的特点进行分析。《中国新年：全球最大庆典》是由 BBC 制作出品，由 Kate

Humble、Ant Anstead、陆思敬、David Myers、Simon King 主持的一部介绍中国新年的三集系列纪录片，介绍了春节时中国各地的不同习俗，以主持人亲自体验的形式向世界展示了中国人过春节时的独特传统文化，内容幽默风趣。"

X 老师又问："同学们来自五湖四海，你们能跟大家分享你们家乡的春节习俗吗？此外，在介绍自己家乡春节习俗时，想想用英文怎么表达，我们有三分钟的时间思考。"

同学们跃跃欲试，B 同学答："在我的家乡，过年的时候会贴春联，用英语表达就是 'put up the antithetical couplet'，在我考研的时候，有背过这个词条。"

C 同学说："在我的家乡，可能有些不同，在正月初一的时候，家人会一起去拜祖年，意思就是会来到亲人的坟墓前，供上祭品，表达自己对先人的缅怀，拜祖年这个词用英语说的话，我觉得很难找到合适的表达，我会用 'visit grave on spring festival' 来表达，并进行加注解释。"

D 同学又答道："我来自广州，人们在春节期间有逛花街的传统。逛花街俗称 '行花街'，又称 '游花市' '行大运'，其起源朝代已无可考究。花市举行的日期，固定在春节的前三天，即从年廿八到除夕夜，于正月初一凌晨结束。过年的时候，我们会去逛花市，就是买一些花儿放在家中显眼的位置，寓意新年花开富贵，用英语表达就是 'go to the flower market'，我是采取直译的方法。"

X 老师高兴地说道："不同地区的春节习俗真是丰富多彩啊，让我领略到了我国文化的博大精深。同学们作为翻译专业的研究生，身兼传播中国文化重任，对于传统文化和中外文化一定要了解透彻，也要具备对于中西方文化差异的敏锐嗅觉，这样才能成为一名合格的译者，使中国文化更好地走出国门。那么接下来，我将结合纪录片中出现的一些翻译例子和同学们一起探讨翻译中出现的一些问题。"

X 老师接下来说道："在观看完纪录片后，你们发现了哪些问题。"

F 同学说："本片主要是介绍中国春节的相关习俗，出现了许多富有中国特色的专有词汇。我发现许多根据字幕所呈现的译文翻译得不太贴切，希望与大家一起探讨解决这些问题。"

X 老师补充："对的，文化负载词的翻译是中国文化翻译的重点和难点。本节课我们将了解《中国新年》中文化负载词的定义及其基本翻译策略，并能根据语境和翻译目的选择恰当的翻译策略翻译汉语文化负载词，从而更好地讲好中国故事。"

教学评价： 在此教学环节中，X老师首先根据教学目标创设情境任务，让学生利用网络平台学习材料，并查阅相关资料，了解各地不同习俗，感悟其中所蕴含的文化内涵，巧妙地引入了课题。这打破了布置翻译作业让学生完成的传统方式，很好地调动了学生自主学习的主动性和积极性，同时为师生搭建了交流、学习和探讨的平台。然后，通过不断抛出问题，引导学生思考译前需要注意的问题，学生充分思考后，老师作出补充并提醒学生在翻译之前应该先对文本相关背景信息进行研究。这种方式打破了传统的"输入驱动"，而是注重"以产出为导向"和"以学生为中心"，引导学生积极主动地发现问题，总结文本的翻译难点——文化负载词的英译，为下一步介绍文化负载词的相关理论知识提供了很好的铺垫，进一步激发了学生的求知欲。

（二）多维输入，学用促成

在引入课堂重点后，本节课的第二个环节是引导学生总结纪录片《中国新年》字幕中文化负载词的定义、翻译目的和翻译策略。

X老师："今天我们重点来学习探讨在该纪录片中出现的文化负载词的翻译。在学习文化负载词的翻译之前，我们先来了解什么是文化负载词，有哪位同学能分享自己的看法吗？"

B同学说道："我所理解的文化负载词，顾名思义，就是说在目标语言文化中，没有与之相对应的准确表达，所以会导致译本出现一些难以理解的词汇，也就是我们在翻译过程中经常遇到的一种现象，我们把它称为语义空缺。"

X老师："很好，你说出了文化负载词的一些特点，但还不够全面，还有其他人分享吗？"

C同学："老师，刚才我在网上搜寻了相关资料，查到了文化负载词的一些定义。经过我们小组集体的讨论，我们做出了一个简短的总结。所谓的文化负载词，是指在语言系统中，最能体现语言承载的文化信息、反映人类的社会生活的词汇。文化负载词是具有民族文化色彩的词语，也是一个民族语言系统中最直接最敏感地反映该民族历史文化和民情风俗的词语。"

X老师："真不错，集体的智慧更加客观有说服力。同学们，当我们遇到问题时，切忌孤军奋战，应该发挥合作学习的优势，取各家之所长，这样才能更加科学、客观地解决其中出现的问题。现在，我大致了解同学们心中文化负载词的含义了，那么接下来，请让我来为大家简要介绍一下文化负载词的定义和分类吧，请看 PPT！"

说完 X 老师在多媒体中展示了文化负载词的定义和分类。（见表 9.1、表 9.2）

表 9.1　文化负载词的定义

文化负载词（culture-loaded words）
由于不同民族间历史文化等背景差异巨大，各民族间语言的表达方式也千差万别，文化负载词便是民族文化差异性的集中表达。文化负载词又称词汇空缺，指原文本中某些体现民族色彩和文化个性的词汇在目的语中缺少对应词汇的现象。

表 9.2　文化负载词的分类

文化负载词的分类				
生态文化负载词	物质文化负载词	社会文化负载词	宗教文化负载词	语言文化负载词

　　X 老师："看到文化负载词的分类之后，同学们可以通过查阅相关资料，再把这些文化负载词的特点和例子分享给大家。"

　　A 同学："首先，生态文化负载词。生态文化负载词反映了特定地区的气候特点、自然以及地理环境。对于某一地区的人来说，不熟悉其他地区的自然环境和地理特点，理解带有地区特点的表达可能会有难度，这对译者来说是一个挑战。"

　　"再比如说'不到长城非好汉''不到黄河不死心'等句子就反映了中国文化的地域特点。还有就是，'东风'在中国文化中有着独特的含义，代表着万物复苏的兆头，象征春天和温暖；但是在西方，人们通常用'west wind'来表达相同的含义，与中国的东风恰恰相反。所以在翻译时，我们要仔细斟酌其背后的含义。"

　　B 同学："物质文化负载词。这一类的词语反映了某一语言文化群体下的人们所创造的物质文化的特点。比如，'饭碗''衙门''麻将牌'等。"

　　C 同学："社会文化负载词。由于人们生活在不同的社会中，因此他们会有不同的社会习俗和文化，这些不同反映在亲属称谓以及颜色等方面。比如说英文中'uncle'在中文中会有很多不同的称谓：'伯伯''叔叔''舅舅''姨父''姑父'等。此外，颜色所代表的意义也有所不同，如，中国文化中，'红色'代表喜庆和吉祥如意，'白色'代表哀悼。然而，在西方文化中，'red'经常与暴力，血腥联系在一起，而'white'则象征着纯净与高贵。"

　　D 同学："我来说说宗教文化负载词的相关知识。宗教文化是人类文化中的重要分支，宗教代表着人们的信仰，对人们的生活和人生轨迹有着深刻影响，宗教也呈现多样化，所以我们要尊重不同宗教文化，力求翻译准确又保留宗教文化特色。在我们国家，主要的宗教是佛教、道教，还有孔孟为代表的儒家思想影响对人们的影响巨大，所以有很多相关的文化负载词，如'做一天和尚撞一天钟''色即是空，空即是色''道高一尺，魔高一丈'等，这些句子中的字词也具有丰富的文化内涵。"

　　Z 同学："我来说说语言文化负载词。由于汉语和英语的不同，在语音层面，汉语有四个声调，所以会有一些一语双关的表达。在语法层面，俗语一般多为四字结构。比如，'飞黄腾达''惨不忍睹''喜气洋洋'等。"

　　X 老师："同学们，在详细了解文化负载词的定义以及分类后，相信大家心里对文化负载词已经有了一个比较清晰的认识。接下来，让我们结合该纪录片中出现的文化负载词，对文化负载词的翻译进行系统的学习。请找出你们发现的文化负载词，并将其英译表达出来，小组合作，并对其进行分类，我们有 15 分钟的时间，以文字总结的方式上传到 QQ 群中！"

　　十五分钟的交流讨论时间很快就过去了。各小组组长陆续将本组对文本中文化负载词的总结发在了 QQ 学习群里面，下面是各小组的总结。（见表 9.3、表 9.4）

表 9.3　第一组分类总结

物质文化负载词	农历（lunar calendar）、辣条（spicy strip）、姜汤（ginger porridge）、白酒（Baijiu）
宗教文化负载词	犯太岁（offend the god of Taisui）
语言文化负载词	惨不忍睹（eye-watering）
社会文化负载词	春运（spring festival travel rush）、本命年（one's year）、生肖（Chinese zodiac）

表 9.4　第二组分类总结

物质文化负载词	农历（lunar calendar）、辣条（spicy strip）、姜汤（ginger porridge）、白酒（Baijiu）
宗教文化负载词	犯太岁（offend the god of Taisui）
语言文化负载词	惨不忍睹（eye-watering）
社会文化负载词	春运（spring festival travel rush），本命年（one's year），生肖（Chinese zodiac）．农历（lunar calendar）

　　X 老师："不错，同学们都找出了文本中绝大多数的文化负载词，各小组对于文本中文化负载词的分类异议不大，现在让我们一起来探讨翻译这些文化负载词应采取哪些翻译方法。请同学们看到 PPT，探讨以下文化负

载词该怎么翻译。"

影片中的翻译：农历（lunar calendar）

X 老师："对于农历在影片中的翻译，同学们有什么看法吗，请提出来，我们大家可以一起探讨！"

K 同学："老师，我认为影片中的翻译很好，能够让目标语读者很快地明白这个词的意思，并且 lunar 这个词跟月亮有关，可以让读者联想到农历的计时周期与月亮的周期有关，简洁明了。"

X 老师："很好，我们在对文化负载词进行翻译的时候，首要目的一定是使目标语读者能快速了解词汇的意义，简洁明了的表达方式的确是一个不错的选择，还有同学有自己的想法吗？"

L 同学："老师，我觉得影片中的翻译不太妥当，我和我们小组的同学查阅了有关资料，对于农历的翻译，许多人会用'lunar calendar'（阴历）这个表达。但是我们所说的农历，不是纯阴历，农历阴历的成分更重，但不是纯阴历（伊斯兰教主流历法'伊斯兰历'才是纯阴历）。农历是一种阴历加阳年的特殊组合历法，既有维持每一个历月中日期与月相的一一对应的特点，又有基本符合季节变化的好处。无论如何，农历都不能用'lunar calendar'来表达，在我看来，我有两个版本的答案，第一个：'lunisolar calendar'，或者是'Chinese calendar'，前者更侧重于历法的规则，后者则更侧重于国家文化。我更喜欢'Chinese calendar'的翻译，既好理解，又能展示农历的文化背景，更能凸显这个词的中国特色。"

X 老师："非常好，L 同学给我们做了一个很好的榜样，我们需要这种探索的精神和批判性思维。在做翻译时，我们不仅要准确地传达源语言的意思，也要考虑文化话语权，我们应该对自己国家灿烂的传统文化感到自信。在全球化的背景之下，在做翻译时，我们要有话语权意识，不能机械地传达意义，更要考虑文化背景意义。例如，春节的翻译，有些别有用心的人翻译成'lunar new year'，这是万万不可取的，削弱了春节所含的中国文化背景信息。"

X 老师："接下来，请让我们看看下一个词的翻译。"

影片中的翻译：姜汤（ginger porridge）

H 同学："影片中出现的姜汤的翻译，它使用了'porridge'这个表达，我认为不太妥当。'porridge'指的是米糊状食物或者是粥，姜汤应该是一种汤，英语里，汤的表达是'soup'，所以我觉得姜汤的表达应该是'ginger soup'。"

Z 同学："我认为这个翻译没什么问题。观看过影片后，我发现他这里说的姜汤其实不是汤，影片里有介绍它的制作过程，是一种加入了姜末和肉末的粥，冬天喝了可以驱寒。所以我认为 'ginger porridge' 的表达是正确的，可能是中文字幕姜汤这个词不太妥当，使我们产生了误解，应该把姜汤的表达换成姜粥，这样才能使英汉表达相统一。"

X 老师："同学们思考得十分细致，同时也给我们带来了一定的启示。在做翻译时，我们不能仅仅字对字，句对句地去分析译例，更应该透过文字信息，去看本质。就像前面的例子，如果我们不去看影片，很容易就会认为这是一个误译，但是在经过思考之后，我们会发现问题之根源。我希望同学们在以后的翻译工作中，多多去了解词句背后的背景信息，翻译不是简单的语言转换，也涉及很多其他领域的知识。作为一个合格的译者，我们要具备各个领域的相关知识，这样才能拿出一份好的翻译作品。"

X 老师："同学们的思维很活跃，接下来我们继续！"

影片中的翻译：白酒（Baijiu）.

J 同学："我认为这个翻译不太好，只是简单的音译，外国人可能看不懂，我认为应该用 'white wine' 来代替。"

K 同学："我不同意你的看法。虽然是音译，但是这是字幕翻译，有着画面和声音的配合，我相信目标语读者能够理解他的含义。其次，'white wine' 这个翻译也不太妥当，这是字对字的直译，甚至都出现了意义上的偏差。'white wine' 会让人联想到像牛奶一样的红酒，白酒应该是像水一样透明状液体。关于文化负载词直接用音译的方法处理的例子有很多，如二胡（erhu）、麻将（majiang）、豆腐（tofu）、磕头（kowtow）等。每年牛津词典也会收录一些音译热词，这说明外国人能接受不经修改的音译。我认为直接音译在一些情况下是可取的，这样也能更大程度地保留源语言文化特点。"

X 老师："在听完 K 同学的分析后，我感到十分欣慰，同时也引发了一些我的思考。中国文化博大精深。在传播中国文化的过程中，我们应该始终保持文化自信，不能毫不保留地去顺应外国文化，我们要尽最大可能性地去保留中国文化的特点，无论是形式还是内容。因此，在做翻译时，我们应该发挥译者的主观能动性，多方面考量，尽可能保留中国特色，让中国文化始终以开放、自信的姿态传播到世界各地。"

X 老师："同学们认为字幕中文化负载词的翻译有哪些难点呢，在我看来，文化的差异性给翻译带来多方面的困难，在词汇层面上主要表现在以下四个方面：词汇空缺、词义冲突、语义联想、语用涵义。汉语文化负载词翻译的难点在于文化差异的平衡和思维上的调和。而字幕因其自身特点与限制，其中的文化负载词在翻译时除其共性难点，还有它独特的难点，可谓难上加难。"

X 老师："请同学们展开小组讨论，将自己组的看法通过 QQ 群消息的方式展示，给你们 20 分钟讨论。"

I 同学："我认为，字幕中文化负载词的翻译，简洁性至关重要，因为字幕与声音、画面等一起呈现给观众，观众对作品的理解主要来源于声音或画面。相比于传统文学翻译，字幕翻译需要使用各种方法使字幕简明扼要，且常常依靠多媒体的翻译补偿手段，如配合画面，以便观众快速理解文化负载词的含义。例如，'马步'在字幕中可用直译法翻译为'horse stance'，配合画面更能使观众快速理解这一概念。相反，在传统文学翻译中，无论用多少文字解释，观众仍然很难理解这一词语的含义。"

F 同学："我认为，纪录片的翻译首先要考虑保留中国传统文化，因为纪录片外译的一个很重要的目的是传播中国文化，所以要保留原文风格。但我认为想要达到好的传播效果，整体上，字幕翻译还是要以归化策略为主。一是影视作品受众广泛，不是针对某一类或几类特定人群。多数观众可以接受采用归化策略的译文，有些观众会排斥采用异化翻译的译文，这就会影响文化传播的效果。二是字幕要受到诸多限制，包括时空限制等。为使观众理解不费力，译文应尽量符合目的语表达习惯，让目的语观一看就懂。然而，要做到这点，对中国译者来说是一个不小的挑战，这样的译者较少。但近几年有些影视制作团队开始创新方式，从'自塑'走向'他塑'。一些纪录片会与海外制作机构合作，这样的译文显然更易被目的语观众接受。"

X 老师："同学们的回答都很有道理，希望你们能将这些启示牢记于心，并在将来的翻译工作中起到一个很好的指导作用。"

X 老师："请同学们一起总结文化负载词翻译方法，并举例说明，给你们 10 分钟时间，每个小组总结出一种方法。"（见表 9.5）

表 9.5　各组翻译方法总结

第一组	音译法，如白酒（Baijiu），豆腐（Tofu），磕头（Kowtow）.
第二组	直译法，如火上浇油（pour oil on fire），君子协定（gentlemen's agreement），一国两制（one country, two systems），
第三组	释义法，如京酱豆皮（this is tofu skin with meat sauce）

教学评价： 在此环节中，X 老师详细讲解了文化负载词的定义以及分类，再让同学们分析了 BBC 纪录片《中国新年》中出现的文化负载词的翻译，并让学生用辩证性思维去探讨该字幕翻译的优缺点，让学生们

主动思考了各个译本的好坏，在翻译一些特定的词汇时，强调了在做翻译工作时不应该一味地顺从外来文化，应当最大程度地保留中国特色，要对自己国家的文化自信，潜移默化地开启了"文化自信"的爱国教育，激发了学生讲好中国故事的欲望。然后，X老师采用启发式、研讨式、探究式、讲授式等教学方法引导学生循序渐进地思考。这种以学生为中心的教学打破了传统课堂的"满堂灌"和沉默状态的教学模式，使学生的学习更加贴近于翻译情景教学，从而帮助学生在互动中掌握翻译技巧、培养翻译职业素养和了解翻译职业操守，充分发挥了教师的主导作用。课前自学与课上研讨相结合，多维输入，利于学生全面理解文化负载词的定义及翻译方法，也有利于提高学生发现问题和分析问题的能力。在此教学环节中，Z老师引导各小组根据合作的原则解决翻译重难点问题——文化负载词的英译，能够有效调动学生的能动性、主动性和创造性，培养学生的团队精神，提高学生的协作能力和批判性思维能力。

（三）多元产出，多维评价

在分析完文本之后，进入了本节课的最后一个环节。X老师要求学生结合上课所学的知识观看另一部纪录片《舌尖上的中国》，并对其翻译进行评析。

K同学："我对食品有关的翻译比较感兴趣，也找到了几个例子并发到了QQ群里，如下所示。"（见表9.6）

表9.6 K同学翻译例子

例1：早上天刚亮，吃面的流水席就开了。
译文：From early in the morning, a feast serving guests with noodles starts.
例2：才下舌尖，又上心间。
译文：After passing by the tip of the tongue, the combined taste reaches deep in heart.

K同学："例1中，在中国农村，当主人家有喜事的时候，通常会宴请宾客，所以流水席是一种非常具有特色的中国餐饮文化，即在院子里置办酒席，聘请厨师，宴请亲朋好友。用'a feast serving guests'来解释农村的宴席，这种译法既保留了中国传统文化，又能使译语读者一目了然，既传达源语意义又不会导致传统文化的失真。例2的解说词引用了女诗人李清照经典诗词"才下眉头，却上心头"，把美味萦绕在舌尖和心间的感觉

描绘得淋漓尽致。在缺乏文化背景，无法获得心理共鸣的情况下，为了让目的语观众能理解，用'deep in heart（内心深处）'来解释恰到好处。"

X 老师："很好，在这里他采用了何种翻译方法呢？"

K 同学："我觉得采用了释义法。释义法是一种翻译文化负载词的方法，可以对这些词进行解释说明，让目标语读者更好地理解它们的含义。这些文化负载词包括很多中华传统民俗文化，如婚丧嫁娶、各种传统节日和农历节气等。在翻译这些词时，应该遵循去繁就简的原则，采用释义法来翻译。"

S 同学："我还找到了许多音译法的例子，在目标语环境中译出源语所隐含的文化特色考验着译者的文化敏感性和语言运用能力，单纯地采用音译的方法往往会导致译语读者产生疑惑，而直接翻译将会使传统菜名中地道中国文化特色的缺失。为了平衡这一点，我们可以采用音译的方法并加以解释，即用拼音写出菜名，并加上英语解释以便目的语读者了解这道菜的相关信息，如原材料、烹饪方法、口味等。例如，将'黄馍馍'翻译成'yellow momo'并加以英文的解释'steamed bun with beans and dates'，就是为了让目的语观众知道这是一种有中国特色的发酵主食。类似地，其他菜名也可以通过这种方式进行传达，例如将'馄饨'翻译成'Wonton'并解释为'meat dumping soup'，将'锅贴'翻译成'Guotie'并解释为'fried twisted stick'，将'驴打滚'翻译成'lvdagun'并解释为'Glutinous rice roll with sweet bean flour'。"

X 老师："同学们的分析都十分全面，相信你们对于文化负载词的翻译已经有了初步的了解。本堂课，我们对文化负载词的翻译方法进行了学习，并通过对不同纪录片中文化负载词翻译进行分析，更加全面地了解了文化负载词翻译的有关知识。希望你们再接再厉，真正把课堂所学都运用到以后的翻译工作中去，本堂课就要结束了，你们课后去找一些文化负载词，并翻译成英语，将自己翻译的思路写在译例下面，下堂课我们将进行讨论，谢谢大家！"

教学评价：在此教学环节中，X 老师首先让学生观看《舌尖上的中国》并对其翻译进行评析和思考，这既可以检测学生对本节课教学内容的掌握程度，还可对学生翻译能力进行检测，包括运用翻译知识和翻译策略进行翻译的能力。然后，老师在讲解过程中，引导学生独立思考，对学生的回答作出了相应的评价。老师注重评价的多元性，师生以评促学、边评边学，利于学生翻译能力多元产出和综合素质全面提升，强调尊重学生主体地位的同时也要发挥自身的主导作用。最后，老师安排了学生们自主寻找一些文化负载词进行翻译，并将自己的翻译思路表达出来。不同于传统的笔译作业，注重多元产出，能培养学生课后自主学习的能力，也可以增进学生对本堂课内容的理解。在翻译授课的过程中，教师反复强调文化自信，培养学生的家国情怀，为以后讲好中国故事，传播好中国声音提供了有力的思想保障。

三、总结

在"兴趣引领，输出驱动"的教学环节，X 老师首先依据教学目标，提前让同学们观看影片，并邀请一部分同学介绍自己家乡的春节习俗并思考如何用英语表达。在"多维输入，学用促成"的教学环节，老师先引导学生学习文化负载词的定义和分类，并对其翻译难点进行了讨论，X 老师引导学生对译本进行批判性评价，并讨论总结文本中文化负载词的定义、分类以及翻译方法，体现了"以学生为中心"的教学理念，有助于提高学生用英文进行中国文化表达的能力，也为同学们以后翻译文化负载词提供了相关经验。在"多元产出，多元评价"环节，学生完成老师布置的学习任务。老师综合采用教师评价、学生评价等方式进行多元评价，有利于培养学生的批判意识，也有利于学生及时获取产出反馈、改进学习策略，进一步让学生讲好"中国故事"。在本翻译教学中，X 老师并没有按照传统的教学方式一味地给学生灌输知识，而是采用 POA 教学模式，按照"驱动——促成——评价"的教学流程，精准布置驱动型任务，丰富促成型任务资源，开展多元化评价；以学生为主体、教师为主导，不断激发学生的求知欲和学习兴趣，为翻译教学打开了新思路；融入课程思政元素，提升学生对中国传统文化的认同感和文化自信，激发学生使用英语宣传中国文化的积极性和主动性。

案例思考题

1. 本案例中 X 老师主要分析了 BBC 纪录片《中国新年》中文化负载词英译的问题，在此文本中是否还存在其他的难点呢？

2. X 老师采用的 POA 教学模式是一种怎样的模式？这种教学模式

是否适合翻译教学？

3. X 老师是如何引导学生发现问题并解决问题的呢？这对其他课堂教学是否有可鉴之处？

4. X 老师在进行翻译教学时，所布置的任务难度如何？

四、案例使用说明

（一）适用范围

适用对象：MTI 教师、翻译硕士、翻译专业本科生。

适用课程：MTI 中国文化典籍外译课程教学设计、典籍英译课程教学设计、翻译专业教师发展。

（二）教学目的

1. 掌握文化负载词的翻译方法。

2. 掌握在翻译教学中如何充分体现学生的主体性，充分发挥教师主导的作用，以形成师生之间的良性互动。

3. 培养翻译教师的教学能力。

4. 培养学生增强文化自信，讲好中国故事的能力。

（三）关键要点

1. 相关理论

产出导向法（production-oriented approach）是文秋芳课题组"综合学习中心说""学用一体说""全人教育说"等理论而提出的具有中国特色的外语教育理论。其所指"产出"除了说和写，还包括口译和笔译，既重视产出过程，又重视产出结果。其教学过程涵盖驱动（motivating）、促成（enabling）、评价（assessing）三个阶段，强调以"产出为导向""以学生为主体"和"以学生为中心"。

2. 关键知识点

翻译重难点分析、POA 教学模式、翻译教学设计。

3. 关键能力点

对文本材料进行加工，引导学生总结翻译难点。在实践过程中，以理论为指导，引导学生发现并解决问题，提升独立思考的能力。在教学过程中，融入课程思政，提升学生对中国文化的认同感以及文化自信。

4. 案例分析思路

通过 X 老师在课堂上分析学生对该纪录片字幕翻译的翻译实践及重难点的总结以及讲解，引导翻译专业教师与教研员在翻译教学中实践 POA 教学模式，培养学生自主思考问题和解决问题的能力，为翻译专业教师创新课堂教学设计提供借鉴。

（四）教学建议

1. 时间安排：研究生标准课两节（90 分钟）。

2. 环节安排：提前布置预习内容→课堂中学生分为 2～3 小组→根据教学情境小组合作讨论，解决问题→各组形成解决方案进行汇报→师生共同研讨→课后作业布置。

3. 人数要求：20 人左右的班级教学。

4. 教学方法：以产出为导向，以学生为主体，以教师讲授点评为辅。

5. 工具选择：多媒体教室，其他工具根据教学内容而定。

6. 活动建议：课前要求学生线上完成课前任务，查找文本的相关资料以及观看相关视频，教师也要提前准备好资料并根据教学内容进行教学情境的初步构建。课中学生应该主动地参与到课堂中，积极地参与小组合作并完成相关的任务，教师要充分发挥其主导作用，激发学生的求知欲，引导学生进一步发现并解决问题。课后教师应该及时进行教学反思，总结本课堂的收获以及问题，以便为后续的教学行为提供方向。

（五）推荐阅读

［1］胡晓华. 文化负载词的翻译策略及方法［J］. 汉字文化，2022，（22）：144－146.

［2］李姝颖，姜望. 基于 POA 理论的大学英语课程思政交互式教学模式探究：以《大学英语 1》为例［J］. 海外英语，2022，（23）：126－128，140.

［3］文秋芳. 构建产出导向法理论体系［J］. 外语教学与研究，2015，（04）：547－558，640.

［4］杨丹. 跨文化视角下文化负载词翻译教学探索与优化［J］. 高教学刊，2022，（33）：106－109.

［5］郑佳琦. 中国饮食文化传播中文化负载词翻译研究［J］. 新纪实，2021，（17）：84－87.

案例十　交互式教学模式下的商业广告翻译教学①②

　　摘　要：为实现其功能，商业广告的形式和内容必须精练、通俗易懂又引人注意。在翻译商业广告之前，我们必须把握其中的文化内涵，了解中西文化的差异，在翻译过程中使用恰当的翻译方法。L 老师的"商业广告的翻译"一课，采用交互式教学模式，以学生为中心，实现师生互动、生生互动以及多媒体辅助互动，提升学生的课堂参与度，培养学生上课的积极主动性，提高学生翻译商业广告的水平。同时，增强学生的跨文化交际意识和跨文化交际能力，拓宽学生的国际视野，提高学生的综合文化素养。

　　关键词：商业广告翻译；交互式教学；文化差异

Cultural Translation Teaching of Commercial Advertisements Under Reciprocal Teaching Model

Abstract：In order to realize its functions，the form and content of commercial advertisements must be concise，easy to understand and attractive. Before translating commercial advertisements，we must grasp their cultural connotations，understand the differences between Chinese and Western cultures，and use appropriate translation strategies in the process of translation. In Teacher L's "Cultural Translation of Commercial Advertisements" lesson，the reciprocal teaching model is adopted. Taking

---

　　①　**作者简介**：李时欣，女，湖南永州人，湖南科技大学外国语学院英语笔译专业研究生；王程辉，男，河南洛阳人，湖南科技大学外国语学院副教授，硕士生导师。

　　②　**编制说明**：按照调研学习及当事人的要求，作者对案例所涉及的学校名称、人员及相关数据，做了必要的掩饰性处理；本案例仅供教学之用，无意提倡或暗示某种管理理念、方法或体制比其他的理念、方法或体制更为有效或合理。

students as the center，teacher L tries to achieve teacher-student interaction，student-student interaction and multimedia assisted interactive teaching，so as to improve students' participation and enthusiasm in class，improving their translation skills of commercial advertisements，enhancing their cross-cultural communication awareness and intercultural communication ability，broadening their international vision，and improving their comprehensive cultural literacy.

Key words：commercial advertising translation；reciprocal teaching model；cultural differences

一、背景信息

随着经济全球化的进展，各国之间的商业和贸易不断发展壮大，国家和地区之间的经济交流越来越普遍，广告在国际商品经济中发挥着重要作用。商业广告的功能是说服大众，在短时间内吸引大众的注意，获取人们的认同，使其产生购买欲望，最终采取行动。广告翻译不仅是语言的翻译，还结合了文化元素。实践已经证明，成功的广告翻译会打响企业产品的招牌，带来巨大的经济效益；而不成功的翻译，不仅会在交流中发生误解、冲突，还有可能给公司或国家带来惨重的经济损失，间接或直接影响公司或国家的形象。因此，把握商业广告中的文化内涵，了解中西文化差异，并运用恰当的翻译策略翻译商业广告是本课主要课程目标。

然而，从实际情况来看，近年来国内高等院校中培养出来的翻译人才，其专业素质还有待提高，无法完全满足社会的多样化需求。特别是在经济全球化的深入发展中，对优秀翻译人才的需求更大。而国内的英语翻译教学过程中仍存在着比较严重的教学问题，以老师授课为主的传统课堂已经不适应全面人才的培养，老师作为"教书匠"的单一角色也急需转变。英语翻译教学模式必须做到与时俱进，而有效应用交互式教学这一先进的教学模式，能有效促进我国传统教学模式的升级与转变。在此模式下，学生成为学习活动的主导者，老师为学习活动的促进者、组织者和引导者。因此各高校逐渐加大对交互式教学模式的重视。

在本课题中，L老师采取了交互式教学模式。交互式教学最早是由美国教育心理学家布朗（A. L. Brown）和帕林萨（A. S. Palincsar）提出的一种旨在改善学生阅读理解和自我学习能力的教学方法，之后又得到了进一步的研究和发展，是在交互理论、互动假说理论以及社会建构主义理论基础上发展而成的一种教学新模式。这一教学模式将学生视为教学活动中的主体，强调在教学活动中，教师应设法做到师生互动、生生互动以及多媒体辅助互动。在交互型的学习模式下，学生的英语综合能力和英语学习质量将会得到显著提高，对英语翻译教学的交互质量和水平具有重要的促进作用。因此，本文对交互式教学模式在商务广告翻译教学中的应用进行研究，以求提高学生翻译商业广告的水平，并增强学生的跨文化交际意识和跨文化交际能力。

本案例来自 X 省 H 市 Y 大学 2022 年 12 月 20 日 L 老师给 2022 级翻译硕士上的一堂课，课程内容是英汉商务广告的翻译，包括师生互动、生生互动、多媒体辅助互动三种互动模式。L 老师在教学设计方面的创新体现在：一是以交互式教学模式理论为指导，将传统课堂中以教师为中心转变为以学生为中心，教师与学生及学生与学生间积极互动，促使学生更加积极主动地探究商业广告的翻译方法，锻炼学生独立的翻译能力；二是利用 QQ、"学习通"等多媒体网络平台作为辅助工具，促进师生间的沟通交流，激发学生学习的动力；三是大量学习广告所体现出的中西文化背景知识，把握其中的文化差异，在用恰当的中文表达出西方文化的内涵的同时，加深对西方文化的理解，使学生在具备国际视野。

二、案例正文

（一）课前交互，谆谆教导

22 级同学环坐在教室的圆形大桌子旁，将电脑或笔记本打开，整齐地摆放在桌面上，正讨论着 L 老师布置的课前任务。在上课铃声响起的同时，L 老师面带微笑款款走来，对同学们说了句"早上好"，便走到半圆中心，开始了今天的讲课。

"上次课后我将这堂课的课前准备任务布置下去，让同学们自行搜索自认为经典的、很有创意的商业广告翻译，整理成文档发到 QQ 群文件。所有同学都认真地完成了这次任务，我在其中整理了几则比较多同学选择的广告及其翻译待会儿在课上讨论。在这之前，我想先问问同学们，什么样的广告对你们而言是经典的广告呢？"

听到 L 老师的提问，同学们开始积极踊跃地发言。

A 同学率先举手回答："通俗易懂、朗朗上口的广告语，让人过目难忘。"

B同学紧跟其后："比较精练的广告语会让人印象深刻，短小精悍但又让人深表赞同。"

C同学积极接上话茬："我很喜欢用了谐音梗的广告，有趣又有创意，还特别容易记住。"

D同学皱了皱眉头，想回答又有些犹豫，在看到老师鼓励的眼神后，鼓起勇气回答道："我说的这一条应该包含了前面几个同学的标准。我认为饱含文化内涵的广告最容易成为经典。引用成语、歇后语、名言及诗句等优秀文化的广告词，会让人不自觉产生文化认同感，由此对广告中的产品的认可度也会提升。"

听了同学们的各式回答后，L老师赞同地点点头："看来同学们对经典广告的认知各有特色又具共通性呀，我甚至都可以通过几位同学的发言联想到相应的广告词，确实可以称之为经典。接下来，让我们来看看同学们准备的经典广告及其译文。"

L老师随即打开了事先准备的PPT。（见图10.1）

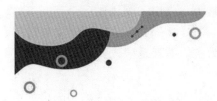

- Good to the lastdrop! 滴滴香浓，意犹未尽！(Maxwell 麦斯威尔)

- When It Rains It Pours. 盐如雨下。(Morton Salt 莫顿盐业)

- 中国银行，全球服务。Always with you. （中国银行）

- 百闻不如一尝。Tasting is believing. (某粮油食品进出口公司)

图 10.1 PPT 页面：经典广告语及其译文

"同学们看完这几则广告及其译文后，思考一下如此设计的意图是什么？起到了什么效果？"L老师提问道。同学们听完都盯着PPT思考，教室此时除了电脑打字记录的啪嗒声和笔在本子上写字发出的哗哗声没有其他声音。

过了一会儿，F 同学推了推眼镜回答道："'中国银行，全球服务'是中国银行国际业务的宣传口号。'中国'和'全球'形成了对比，意图表现的品牌形象是：在全球的任何地方，都能享受到中国银行的服务。'Always with you'所表现的正是服务跨越国界、常伴身边。"

L 老师赞同地点点头："很棒啊，F 同学分析得非常到位，这则广告的译文很出彩，虽然是很日常的词汇，但完美还原了中国银行广告原文呈现出的意图。"

E 同学与 L 老师视线交汇，随后回答："我觉得麦氏咖啡广告的译文很有创造性，运用两个四字格词语，既符合汉语文化含蓄内敛的思维方式，又生动地再现了原文回味无穷的意境美。"

L 老师笑了一下，说道："是的，E 同学分析得对。麦氏咖啡的广告语是很地道的英文表达，译文又是很地道的中式表达，两种不同的语言用不同的表达形式呈现出了相辅相成的效果，达到了两种文化的交融，这就是翻译的魅力。"

D 同学接着答道："'百闻不如一尝'这则广告是我认为的经典广告的典型例子，体现了两种文化交融结合的魅力，借用了汉语成语'百闻不如一见'，突出了食品相比于'闻'和'看'，'尝'更为重要，译文则借用了英语谚语'Seeing is believing'眼见为实，不管是广告还是译文都很有文化底蕴。"

"很不错，D 同学找出了广告里蕴含的文化元素。汉语成语用英语谚语翻译，这是两种文化相结合的完美体现。对于中国和西方的消费大众而言都是耳熟能详的语句，提升了大众的认可度，更容易被消费者接受。"L 老师很是赞同地说道。"最后一则呢，其他同学有没有什么看法，大胆说就行。"

F 同学挠了挠头，有点害羞地回答："我对莫顿盐业的广告语印象比较深刻，我有在网上了解过'When It Rains It Pours'这句话，来自一则著名的英文谚语'It never rains, but it pours'译为'不雨则已，雨则倾盆'，也可以译为'不鸣则已，一鸣惊人'。但我有一个疑惑就是这则广告翻译成'盐如雨下'，虽然简短精练，但我个人觉得引用其谚语的译文会不会更让中国消费者印象深刻呢？因为这样就是中西方的谚语相融合，在中国应该能更容易推广一点吧？"

L 老师笑着点头表示赞赏。由于莫顿盐业的广告比较少见，为了便于同学们理解广告的设计，L 老师点开了该广告的 PPT。(见图 10.2)

图 10.2   PPT 页面：莫顿盐业的广告

L 老师接着说："F 同学的这个疑问提得很好，其实译为'盐如雨下'也能体现公司的巧思，借用汉字成语'泪如雨下'，与盐有关又能形容盐的数量之大。结合 PPT 上莫顿盐业的 Logo 设计，一个小女孩在倾盆大雨中撑着把伞，手里倒着莫顿的盐。不同于当时其他品牌的盐在潮湿环境下会结块，'When It Rains It Pours'及其译文'盐如雨下'都能强调莫顿的筒装铝嘴防潮盐在任何气候条件下都能顺利将盐全部倒出，不会粘筒，起到了极佳的宣传效果。这则广告语在当时被评为全球 100 最佳广告语，是一个成功的广告案例。值得一提的是，F 同学对于译文的思考以及学习的主动性值得大家学习，一位合格的译者不能只会学习和翻译，还要学会对于已有的译文进行评鉴，必须要有自主思考意识和批判精神。"

F 同学和其他同学了然地点点头。

L 老师接着说："以上这些就是成功的广告案例，让大众印象深刻，是成功的第一步也是关键的一步。就像 D 同学刚刚所说的，有文化内涵的广告最容易让人印象深刻，也会让消费者不自觉产生一种认同感，成功达到广告的宣传目的。因为文化对广告效果影响之深，今天我们主要探讨商业广告的文化翻译，探索广告语中富含的文化奥妙。与此同时，对经典广告的文化翻译显然更具挑战性，翻译不到位导致达不到广告原文呈现的文化效果，就是不成功的翻译实践，这可能会直接影响到企业的发展，所以到位的商业广告翻译显得尤为重要。"

教学评价： 在此教学环节中，主要是以老师与学生在课堂上的互动为主。L 老师首先根据课前布置的学习任务，让学生在完成任务的过程中，加深对本次课程内容即商业广告翻译的了解，更利于课程的导入。其次，老师转变了教学思维，重新确定了自己的角色定位。在互动的过程中以学生为中心，以学生为主体，根据所布置任务的内容，对学生进行提问，引导学生思考，并主动解决教师所抛出的问题。学生在老师的引导下，从一开始的主观评判经典广告，转为根据广告翻译思考所达到的效果并挖掘其中蕴含的客观文化因素，跟着老师的节奏逐渐开始摸索本次课程的重难点，把握商业广告中的文化因素的重要性，对这些文化进行恰当的分析和理解，引出翻译在其中起到的作用及其必要性。老师对学生的回答进行评价和补充，对学生的疑惑进行解答。老师在这一整个过程中主要起着引导和补充的作用，补充课前的导入知识，引导下一步的教学内容，由探寻文化因素过渡到中西文化差异比较。这种交互式教学模式，使得教师与学生积极互动，发挥主体作用的学生在课上的参与度更高，更能有效调动学生的积极性和主动性，学生学会独立思考并解决问题。

（二）课中交互，勤学多练

在对这堂课的教学内容进行一定的了解后，现在进入本堂课的第二个环节，也是最重要的环节，即学生在课堂上进行交流学习，发挥学生在学习活动中的主体作用。该环节的生生互动主要以小组讨论为主，老师在这一环节主要起着引导和促进作用。22级翻译硕士班一共有19个人，分为4个小组，每组4～5位同学。老师在学生讨论交流的同时，引导学生讨论商业广告翻译里的中西文化差异，注意两种不同文化的碰撞，引导学生了解商业广告常用的翻译方法，最终使用恰当的翻译方法来独立完成翻译练习。

"刚刚我们了解了商业广告中蕴含的文化因素，以及文化对于广告翻译的重要性，而那几则广告基本都是中西表达相近相融的，并没有什么文化的碰撞。但基于源语言与目的语国家在文化、思维等方面的差异，文化上没有偏差是不可能，甚至有些广告里关于文化差异的矛盾始终无法化解。由此可见，我们在翻译前必须深入了解两种语言的文化背景，了解目的语的语言表达，避免因为文化学习不到位而使翻译出差错。"L老师说道。

同学们听后都认真地点点头。

L老师接着说："那既然这样，我们以之前分的四个学习小组为单位，各组分别讨论某个商业广告在其翻译中体现出来的文化差异，并对其中的差异进行具体分析。给各位十五分钟的交流讨论时间，到时间后每组派一位代表将各自的小组讨论成果发在QQ群里，现在开始。"

　　同学们开始热烈讨论，还时不时使用手机或电脑查资料，教室里每个人都忙碌了起来。十五分钟的交流讨论时间很快就过去了，各小组代表陆续将本小组找到的英汉广告翻译中的文化差异分析发在了 QQ 学习群里面，表 10.1 是各小组的分析。

表 10.1　各小组分析文化差异

组别	第一组
广告原文	即购即食，食用方便。
表达意图	这则广告在中国消费者看来就是该食品食用方便快捷，省时省事。
广告译文	(Always) ready to serve.
文化差异	若按中文意思直接译为 "Opening and eating immediately"，用 "eat immediately" 翻译广告中的 "即食" 会让国外消费者联想为商品的保质期问题，"难道不快点吃掉食品就会变质吗？" 这样势必会影响产品的宣传效果。而译为 "（Always）ready to serve" 是英文惯用表达，也与中文要呈现的 "即食" 效果相符。
组别	第二组
广告原文	以外贸企业为龙头。
表达意图	这是某个内陆省会城市经济技术开发区的招商广告，"龙头" 在中国有领袖的意思，表达了该开发区的发展规划和雄心壮志。
广告译文	With foreign trade enterprises as the lead.
文化差异	若按中文意思直接译为 "With foreign trade enterprises as the dragon head"，会使外国投资商产生误解，因为在西方的文化价值观念中，龙是邪恶的象征，令人生畏。用 "Lead" 来翻译 "龙头" 就更易理解也更好接受。
组别	第三组
广告原文	We lead. Others copy.
表达意图	这是理光复印机的广告，单词 "copy" 是一个双关语，既指该产品的复印功能，又指该产品的先进性，在其行业起到一个引领潮流的作用，其他人纷纷效仿。这则广告符合西方公开自信的习惯。
广告译文	完美科技，超凡先机——尽在理光复印机。
文化差异	但该广告在中国市场如果直译为 "我们领先，他人效仿"，会给人过度自信的感觉，谦虚是中华民族的传统美德，中国人不喜王婆卖瓜式的自吹自播。因此在翻译这则广告时需要换个说法，最终译为 "完美科技，超凡先机——尽在理光复印机" 低调又不失自信，尽显产品实力。

组别	第四组
广告原文	One drop for beauty；Two drops for a lover；Three drops for an affair.
表达意图	广告呈现出该香水可以增添魅力，可以吸引情人，可以发展一段缠绵情事。西方社会可以自如地谈起欲望，所以该香水大胆地展示自己的优势和作用，并不会让西方的消费者觉得过于开放，反倒因为其能为自己的感情发展添砖加瓦而感到心动。
广告译文	法国名牌香水，男人至爱的香水。
文化差异	中国社会谈性色变，虽然这些年在逐渐改变，但广告宣传等依旧明令禁止出现与性相关的内容和意义，所以如果按照广告原文进行翻译，该广告将无法在中国市场传播。该广告最终的译文中"法国名牌"、"男人至爱"都符合中国消费者的购买动机，在中国市场将会很受欢迎。

L 老师："大家完成得都很不错，每个小组对广告意图和文化差异的分析都很到位。而且涉及产品的种类丰富，各不相同。第一组同学找的是食品。西方消费者对于即食产品与我们的理解有出入，所以必须用符合英文习惯的表达让西方消费者对该产品了解到位。第二组是招商广告。中西方龙文化的差异是文化差异里耳熟能详的话题了。中国人眼里的龙是神圣的，我们自称'龙的传人'，而西方的龙是邪恶的化身。第三组是复印机的广告。里面涉及中西方人们自信和谦虚的不同性格。西方崇尚的个人主义培养出了个人的自信，他们对于自己的优势会大方展示，对于他人的夸赞也会欣然接受；而中国作为礼仪之邦，崇尚的是中庸之道，中国人在集体主义的影响下，与他人相处时都是'自谦尊人'的态度。第四组是关于香水的广告。涉及了中西方对性的不同对待方式。与西方人可公开谈性不同的是，中国人通常比较内敛，对于自己的欲望都很有保留，不会对此高谈阔论。这些例子告诉我们，中西方的文化差异出现在我们生活中的方方面面，很多地方都有文化的碰撞，需要我们多去了解去发现去思考。此外，我们在翻译商业广告时，必须尤其注意两种文化截然不同的价值观念。"

同学们都在认真消化这些知识，对其他小组的例子都进行了一定的了解和学习。

L 老师："好的同学们，在我们了解完商业广告翻译的所需的基础文化储备后，就要开始我们今天这堂翻译课的重中之重了，那就是如何进行商业广告的文化翻译，如何选择恰当的翻译策略以达到广告原文的效果。老师根据不同的翻译策略选择了不同的广告原文，同学们可以试着翻译，并判断使用哪个策略更合适。"

老师说着，将 PPT 翻到下一页。（见图 10.3）

- Take TOSHIBA, take the world.（东芝电子）

- That's my way. (La Saunda lady's shoes)

- A diamond lasts forever.（戴·比尔斯钻石）

- Time is what you make of it. (Swatch)

- Wherever you are. Whatever you do. The Allianz Group is always on your side.（安联集团）

图 10.3　PPT 页面：部分商业广告语原文

"同学们可以大胆发挥自己的创造性，按照广告的思路进行翻译，思考一下哪些翻译策略分别适用这几则广告。"L 老师接着说道。

同学们都不约而同打开电脑或笔记本开始头脑风暴，过了一会儿，同学们都陆陆续续停下了动作。

L 老师见状说道："好，看来同学们都已经完成了，有没有同学主动分享一下自己的译文呢？只分享一则广告的也可以，我们可以一起探讨一下。"

G 同学主动答道："老师，我想分享最后一则广告我尝试的译文，'不论何时，不论何地，安联集团，伴您左右。'我认为这里运用的应该是直译的翻译方法。"

L 老师笑着点点头："很好，G 同学的译文运用了四个四字格词语，还原了原文所表达意思，简洁精练，形式工整，朗朗上口。但如果我们不仅仅拘泥于原文的表达呢？这则广告真的需要完完整整译出来吗？有没有其他同学想大胆尝试一下？"

同学们都皱着眉头盯着屏幕作沉思状。

D 同学低头涂涂改改，停笔后看了一眼自己笔记本答道："老师，我按照您所说的思路仔细想了想，这则广告确实有删减的余地。'Wherever you are. Whatever you do.'与'on your side'只保留一个也能表达出原文的意思，所以我最终的译文是'安联只争您朝夕'，借用了名句'一万年太久，只争朝夕'。"

L 老师赞赏地点点头，说道："不错，D 同学今天发言很积极哦，思路很正确。译文很好地借用了名句。他将'on your side'删减了，表达出了原文的意思，也还原了广告想要呈现的忠诚度。参考译文省略的是'Wherever you are. Whatever you do.'，译为'安联集团，永远站在你身边。'"

G 同学仍有点不解，问道："老师，我还是有点不理解为什么要进行删减，保留广告最完整的意思不好吗？"

L 老师回答："按照中文的表达只留最后一句就可以表达出原文意思，中英文的表达有时会有差异，在英文中必不可少的成分用中文译出可能会有点重复。中国有句谚语叫'话说三遍淡如水'，指说话不宜重复啰唆。翻译也是同样的道理，对于非必要的部分我们可以进行适当的删除，保持广告的简洁明了。"

G 同学和其他同学都点了点头。

L 老师接着说："都明白了的话，我们就来了解一下这则广告所运用的缩译的翻译技巧。一些硬信息，如公司名、地名、价格、优惠期限，省去后会造成广告误导，或无法使其传递有效商品信息，其他都可以省略，不但词组可以省略，甚至句子也可以省略①。"

同学们听完都垂头认真地做笔记，待他们停笔后，L 老师说道："这两位同学开了一个很好的头啊，我们翻译的时候就是要大胆尝试，打开思维，各种方向都联想一下，现在来看剩下几则。"

H 同学答道："老师，我分享'Take TOSHIBA，take the world.'这句的译文，'东芝在手，世界我有'。因为和原文意思相近，表达形式也类似，所以我认为这里使用的是直译的翻译方法。"

L 老师会心一笑："H 同学这个译文很妙啊，押韵很有味道，甚至表达出比原文更自信的意味，自信的资本来源于自身实力的强盛，让人不由自主就想信服。有没有同学有其他想法的？"

J 同学答道："老师，我把这句翻译为'拥有东芝，把握世界'，因为我有搜索关于东芝的资料，东芝是日本最大的半导体制造商，也是第二大综合电机制造商，业务领域包括数码产品、电子元器件、社会基础设备、

---

① 李克兴. 论广告翻译的策略 [J]. 中国翻译，2004，(06)：66—71.

家电等。东芝是多方面发展的国际企业，是某些产品研发的佼佼者，所以我认为可以用'把握'一词。"

L 老师点点头："J 同学的做法值得我们每个人学习，在有条件的情况下，当我们看到不熟悉的专有名词就要着手查资料，只有清楚是什么才能准确地将词翻译出来。因此，J 同学针对掌握到的背景知识，译为'拥有东芝，把握世界'，我觉得也是可以的，符合原文意思。参考译文是'拥有东芝，拥有世界'，是 H 同学所说的使用直译的翻译方法。'直译主要用来处理一些原文意义较明确、句法结构较简单、完整，按字面意思直接翻译便能同时表达句子的表层意思和深层意思的广告口号或标题①。'"

K 同学记完笔记后就积极发言："老师，我对 'That's my way' 这则广告的译文是'走自己的路'。因为这是女鞋广告，而且我联想到我们常说的一句'走自己的路，让别人说去吧'，但我觉得留着前面这句就能表达原文的意思了。我认为使用的是意译的翻译方法。"

L 老师赞许道："这个理解很不错，既符合女鞋的广告要求，又让人看了眼睛一亮，让人想象出穿这双鞋的是一位有自己态度的女性，这也符合新时代女性对自己的要求。很不错。"

M 同学接着答道："老师，我有其他想法，将这句译为'穿出自我'。我的理解是广告词要表达的意思应该是鞋子是具有个人特色的，穿上别致的鞋，做一个与众不同的自己。我在这里运用的也是意译的翻译方法。"

L 老师："M 同学的理解也很棒，基本上与广告想表达的情感相符。'穿出自我'是在呼吁女性勇敢做自己，共情的女生很容易达成对该产品的认可。这则广告的参考译文是'踏上个性之路'，运用了意译的翻译方法，两位同学都答对了，很不错。意译较为自由、灵活，翻译过程中通常考虑到了译文目标读者因文化而产生的阅读和理解上的差异，产出的译文从读者角度看比较地道，可读性较强，但意译出的内容对原文的忠实程度比起直译出的内容一般会略逊一筹②。"

在同学们记笔记的同时，L 老师说道："还有两则广告哦，今天还没有发言的同学积极一点哦。"

接收到老师鼓励的眼神，N 同学看着自己的笔记本答道："老师，我将 'Time is what you make of it' 译为'时间握在你指缝'。因为这是手

---

① 李克兴. 论广告翻译的策略 [J]. 中国翻译，2004，(06)：66－71.
② 李克兴. 论广告翻译的策略 [J]. 中国翻译，2004，(06)：66－71.

表广告，生活中时间观念极为重要，且从古至今人们都想征服时间，将时间握在指缝给人一种成就感的错觉。而且一般说时间从指缝中溜走，虽然我们无法将时间握在手中，但我们可以将呈现时间的手表牢牢握在手上，所以请买个表满足自己的奢望吧。我认为这里运用了'创译'的翻译方法。"

L 老师笑着点点头表示认可："N 同学的译文有种具有画面的美感，真的很不错，分析也很让人认同，很有说服力。这则广告的参考译文是'天长地久'，我觉得 N 同学的译文也很不错，这里运用的确实是创译。创译基本脱离翻译框架，属于重新创造的一类。有些中文版本，虽然与原英文文本在表层意思上很少有相似之处，但被认为是其英文文本的翻版。因此，我们仍称这类中文文本为翻译，即带有一定创造性的翻译，而不是纯粹的创作①。"

W 同学主动分析最后一则广告："老师，我的译文是'世间好物不坚牢，唯有钻石永恒存'，借用的是诗句'世间好物不坚牢，彩云易散琉璃碎'。因为钻石坚牢、不易散、不易碎，由此形成鲜明的对比，来烘托出钻石的永恒。这里运用的应该是增译的翻译技巧。"

L 老师眼睛一亮："W 同学这个译文很棒啊，引用诗句来展示钻石的永恒，通过对比来衬托世间的好物唯有钻石才坚牢，别具一番美感。这则广告的参考译文是'钻石恒久远，一颗永流传'，这句比较有难度，也是中国大陆最为经典的广告语之一。在东方古国中国，这句话更是显得意味深长。最后，我们一起了解一下增译。增译是超额翻译，一般包括两种情况，一种是对原文某些关键词的词义进行挖掘、引申或扩充，将原文的深层意思加以发挥，或使其含隐意思凸显；一种是出于中文表达习惯上的考虑，进行对仗、对偶等②。"

等学生都记完笔记，L 老师接着往下讲："同学们，现在我们对刚刚提到的翻译方法及技巧进行总结，商业广告翻译中常用的方法主要有五个，即直译、增译、意译、创译、缩译。根据不同的表达形式，采用恰当的方法。在基本掌握了理论知识后，我们就要挑战比较难的广告翻译了，这样才能真正考验我们所学的知识。接下来我会展示三则广告，每个人都尝试翻译，再由小组进行讨论，最终将全组都认可的译文发到群里，并标记好

---

① 李克兴. 论广告翻译的策略 [J]. 中国翻译，2004，(06)：66—71.
② 李克兴. 论广告翻译的策略 [J]. 中国翻译，2004，(06)：66—71.

使用了什么方法，给大家二十分钟的时间，现在开始。"

L 老师边说边将 PPT 翻到下一页。（见图 10.4）

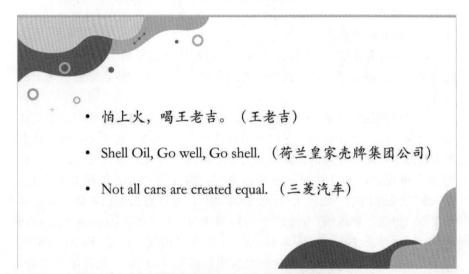

- 怕上火，喝王老吉。（王老吉）

- Shell Oil, Go well, Go shell. （荷兰皇家壳牌集团公司）

- Not all cars are created equal. （三菱汽车）

图 10.4　PPT 页面：商业广告语翻译练习

听此，同学们面露难色，思考了一会儿后都开始奋笔疾书。然后开始热烈的讨论，每个人的表情都很生动，每个人都是投入的。L 老师四处走动，参与同学们的讨论，适当给予指导。

二十分钟时间过去了，四个小组都陆续将本组的译文上传至 QQ 群。

"我看四个小组都已经上传译文，现在每位同学都能看到其他同学的译文，各位同学请发挥批判精神，看别的小组的译文有哪些问题或者可以借鉴的点。我们先来看第一则广告。"（见表 10.2）

表 10.2　第一则广告各小组翻译

怕上火，喝王老吉。	
第一组	Not getting inflamed，but getting Wong Lo Kat. （直译）
第二组	Fear of getting angry and drinking Wang Lao Ji. （直译）
第三组	Afraid of being hot, drink Wang Laoji. （直译）
第四组	So hot. （创译）
参考译文	A bottle of Wang Laoji keeps peeve away. （创译）

A 同学积极发言："老师，我们在翻译的时候不知道怎么处理'上火'一词，英语里好像没有这种概念，有点摸不着头脑。所以我们小组将其理

解为'发炎'或者'发肿',使用'get inflamed'一词。而第二组直接译为'get angry',这是生气发怒的意思,与广告原文的意思截然不同,这是不恰当的。"

L老师赞同地点点头。

C同学接着说道:"还有我认为第四组的译文太精简了。'so hot'只能表达出上火的意思,看到这两个英语单词完全想象不到是凉茶王老吉的广告。"

L老师点点头说道:"将上火译为'get angry'确实太草率了。我们这堂课的前半段一直在强调,要注意词在两种文化的的不同含义,不能只想着字面意思,要思考词语在源语言文化中的真正含义。因为英文中是没有'上火'一说的,所以我们必须表达清楚,国外消费者才能理解其意思。像A同学所在的第一组译为'get inflamed',可以看出他们在翻译时是有考量的,但还不够准确。'上火'一般翻译为'suffer from /get excessive internal heat'。'excessive internal heat'有'热气'的意思,符合中国'上火'的概念。第四组的同学都很大胆,译文'so hot'运用了双关语,不仅表达了上火的意思,也有说王老吉卖得很火爆的意思。有的时候我们在做翻译时需要这种勇气,敢于发散思维,可能收获会更大。"

"另外,我看到同学们关于王老吉的翻译有两种版本,其实这两种版本都是对的。多年来,王老吉的英文名一直都是用传统的广东话,即粤语'Wong Lo Kat'作为其英文翻译。但是王老吉凉茶进入大陆变成国有企业后,就改成了'Wang Laoji'。为了让外国人更直观地了解王老吉是凉茶,补充解释为'Wang Laoji herbal tea'尚可。三个小组用直译翻译原文,第四小组用创译。除了第二组的'上火'翻译错误,都没有什么问题。"L老师补充道。

L老师将参考译文展示出来,所有同学都愣住了,被译文惊艳到了,觉得很不可思议。

L老师接着说:"我们一起来看看参考译文'A bottle of Wang Laoji keeps peeve away.',译者模仿了句式'An apple a day keeps doctors away'。这样的翻译具有一定的创造性,所以是运用了创译的翻译方法。打破原文的束缚,大胆创新,赋予商品更美好的意义,这样的广告语能引起消费者的关注,让商品走向国际市场。但我们一般很难想到这样的译文,所以还要继续努力,夯实知识基础。"

同学们都坚定地点点头,垂头认真做笔记。

"好,我们接下来看第二则广告。"L老师说道。(见表10.3)

表 10.3　第二则广告各小组翻译

Shell Oil，Go well，Go shell.	
第一组	壳牌石油，加油加油！（意译）
第二组	壳牌石油，加油不愁。（意译）
第三组	春蚕到死丝方尽，壳牌发展/兴盛油不尽。（创译）
第四组	人间油物，舍壳其谁。（创译）
参考译文	要想行车好，快把壳牌找！（增译）

同学们看到各自的有趣译文都开始哈哈大笑，和小组同学开始小声讨论。

K 同学率先发言："老师，我觉得第三组引用诗句想法很好。但是组词有点局限于这首诗，所以有点差强人意。'壳牌发展'，这里感觉翻译不够到位。我们小组觉得用'兴盛'可能更恰当，与'到死'形成对比，'丝方尽'与'油不尽'形成对比。"

L 老师笑着点头："K 同学分析得很恰当第三组让人眼前一亮，但组词却没有太惊艳。'壳牌兴盛油不尽'要比'壳牌发展油不尽'要恰当一点，对仗更工整。毕竟壳牌是世界第一大石油公司。同学们要注意，我们借用诗句名言的时候，一定要注意组词的恰当和流畅，不然对比原先就足够惊艳的诗句，会显得我们的翻译更不妥，不加分反而减分，一定要谨慎。"

第三组同学和其他同学都点点头，对"兴盛"一词表示认可。

E 同学这时发言："我觉得同学们的翻译都很有趣。我最喜欢第四组的翻译，'人间油物'太有意思了，形容人可能有点油，但形容壳牌刚刚好。'舍壳其谁'也很有趣，很有世界第一大石油公司的魄力。"

L 老师听后忍俊不禁道："第四组同学的翻译老师也觉得很不错，改词很恰当，不突兀，让人觉得很有趣。第一组第二组的译文也很可爱，让人觉得活力满满。"

L 老师说完将参考译文展示出来，同学们开始动笔写笔记。

"参考译文运用增译的翻译技巧，在还原原文意思的基础上进行了一定补充。前者含有'车辆运行好'和'进展顺利'的双重含义，后者含有'认准壳牌服务'和'购买壳牌油料'的双重含义。"L 老师说道。

"我们现在来看最后一则广告。"L 老师边说边拍拍手吸引同学们的注意。（见表 10.4）

表 10.4   第三则广告各小组翻译

Not all cars are created equal.	
第一组	不是所有汽车都是三菱。（意译）
第二组	并非所有的汽车都有三菱的品质。（意译）
第三组	并非所有的车都生而平等。（直译）
第四组	三菱汽车，一骑绝尘。（创译）
参考译文	古有千里马，今有三菱车。（创译）

J 同学主动发言："广告原文引用的是美国《独立宣言》中的一句名言'All men are created equal.'人皆生而平等。但第三组直接引用这一译文会让人摸不着头脑，对于汽车广告而言这说法有点牵强。"

M 同学接着说道："我觉得第四组的译文很好，'一骑绝尘'不仅表达了三菱汽车的特殊属性，还突出了三菱汽车速度之快，以及质量的取胜，让其他汽车望尘莫及的感觉。"

L 老师赞许道："第四组的译文确实不错。我发现第四组的译文都很有特色，小组成员在认真用心琢磨翻译，其他小组的同学要向他们看齐。此外，日本广告设计者将美国家喻户晓的名句中的'men'改为'cars'来突出广告宣传的目标，将原来的肯定句式改为否定句式，表达出了该车突出的性能和可靠性，这使得三菱汽车在美国一经投放，迅速打开了销路。但我们在翻译时不能直译，特别是第三组的同学要注意，不知所云的广告很难吸引大众的注意。第一二组的译文虽然没有什么错误，但有点普通，不太抓人眼球。"

"请大家看参考译文。三菱公司向中国进行广告宣传时，将其广告词灵活地改为'古有千里马，今有三菱车'，迎合了中国人喜好对仗工整的古谚语的特点，对于目的语读者即中国消费者而言，既亲切熟悉，又生动形象。这是很成功的广告翻译案例。同学们在翻译时要注意我们这堂课一直在强调的文化因素和翻译方法，掌握基础的文化和理论知识，在着手翻译时才更游刃有余，译文也会更吸引眼球。我们在看到广告原文的时候，首先是要根据自己所积累的知识基础，判断其中是否蕴含文化因素，是否存在文化差异等等；其次是根据原文的形式选择恰当的方法，是忠实翻译，还是灵活变通，还是创造性翻译，或是对原文进行扩充，或是进行删减。总之，翻译的过程不仅仅只有翻译，也要学习，还要思考和判断。译完要对自己的译文进行审核和修改，对参考译文不能只抱着学习的想法，还要有批判的精神，要学会独立思考。"L 老师总结道。

教学评价：在此教学环节中，主要以学生之间的互动为主，学生进行小组讨论并解决问题，成为学习活动的主体。L 老师首先引导学生在翻译中学会把握两种文化的差异，学生在小组讨论中学会寻找和分析广告翻译中的文化差异，避免因知识把握不到位而出现误译的情况。之后便开始这堂课的重难点，学习商业广告文化翻译的五种常用方法并进行翻译练习。学习时老师起着主要的引导作用，老师将事先准备好的广告原文呈现给学生，学生译完与老师一起讨论翻译的思路以及所选的翻译方法，老师对其译文和思路进行评判，再对翻译方法进行总结；进行翻译练习时，L 老师先让学生自行翻译再进行小组讨论，选出最佳译文，再对其他小组的译文进行学习和建议，同学之间共同进步。这一环节中，不再是老师对学生进行提问，而是学生在翻译和讨论过程中产生疑惑或异议时，向 L 老师提问以寻求答案。在这一过程中，L 老师主要发挥帮助和促进的作用。学生发挥学习的积极主动性，活跃了课堂氛围，学习效率也大大提高。加上老师的指导和帮助，学生进一步拓展自己的思路，了解自己的不足，发现自身优势。同时，学习其他同学的优点，在老师与同学的交流中将课堂上的收获系统整理，为自己所用，不断成长与进步。

（三）课后交互，温故知新

总结完最后一则广告的翻译，课程进入最后一个教学环节，借助多媒体开展教学活动。

L 老师："同学们，干货满满的一堂课马上就要结束啦。我们现在一起来总结一下今天所学吧。首先是评判经典广告的标准，学习优秀广告的共性，并为自己所用。其次是分析广告里的文化因素，寻找文化差异。中西方在社会文化和价值观等方面有着较大的差异，比如文化传统、风俗习惯、价值观念以及宗教信仰等。因而我们在翻译时要把握好这些差异，在考虑源语言的文化内涵的同时也要兼顾目的语，实现不同文化的相互融合而不是坚硬碰撞。最后是尝试翻译广告，并总结常用的翻译方法，常用的方法有五个，即直译、意译、增译、缩译、创译。根据不同的表达形式，采用恰当的翻译方法。在翻译商业广告时，我们要打破原文的束缚，大胆创新，赋予商品更美好的意义，这样的广告语能引起消费者的关注。"

"同学们，商业广告的文化翻译不能止步于课堂，而是要在实践中不断学习，不断发现问题，不断解决问题，不断总结方法。因此，我们这堂广告翻译课还有最后一个任务：课后作业。课后请同学们对今天的译文进行修改和反思，以小组为单位，由小组长打包好组员的总结发到 QQ 群里，老师会给每位同学的总结进行点评。如果有什么需要老师及时解答的问题也可以在群里留言。另外，同学们课后以小组为单位进行角色扮演，用自己翻译的广告词对客户进行产品讲解和介绍，锻炼你们的口语和应变能力。每小组录一个视频，由组长发到"学习通"平台。老师会及时查看，每位同学也要观看其他小组同学的视频，互相学习，而且还要点评。老师会设置互评通道。每位同学记得查收，并及时完成学习任务。"L 老师接着说道。

> **教学评价**：在此教学环节中，学生借助多媒体和网络平台等工具完成学习任务。L 老师先总结了这堂课的知识点，梳理了课堂的主要内容，加强学生对商业广告翻译方法的掌握。翻译是一门实践性很强的课程，要求学生必须在课外也有翻译实践。所以 L 老师布置了课后作业，要求学生以小组为单位，在小组各成员之间进行讨论学习与互评，锻炼学生的口语和应变能力，提升学生对广告翻译及所蕴含的文化因素的理解，共同进步。翻译任务主要是在 QQ 和"学习通"上进行，利于学生及时巩固所学知识，课后作业需要学生在多媒体和网络上进行学习了解，学生在接触多媒体的过程中会发现更多学习的乐趣，激发学习的兴趣。教师也充分利用多媒体与网络技术，来增加自己与学生间的课外交流，对学生上传的总结及视频进行点评，并随时留意 QQ 群的消息，及时给学生进行答疑解惑。由此可见，这些辅助工具也是教学互动中必不可少的一环。

三、总结

企业想要走出去，将商品打入其他国家的市场，就必须依靠广告，因此恰当的商业广告翻译就显得尤为重要。符合目的语国家文化和习惯的广告翻译，更容易被消费者所接受。因此，译者应该在不违背翻译基本原则的基础上，结合源语言与目的语国家在文化、思维等方面的差异，充分发挥自身的想象力，尽全力将商品的特性展现在消费者面前。只有这样的翻译才会拉近商品与消费者之间的距离。但这一点说着容易，着手却很有难度。很多人绞尽脑汁都没办法翻译出令自己满意的广告语，所以需要老师对其进行一定的指导与点拨，运用正确的翻译方法，转变固有思维，打开思路，大胆尝试，但不能天马行空，要有理有据。

在本教学案例中，L老师采用了交互式教学模式，使教师与学生及学生与学生积极互动，并利用好多媒体和网络平台等辅助工具。在第一教学环节中，教师根据所布置任务的内容，对学生进行提问，引发学生的思考，引导学生主动解决教师所抛出的问题；在第二教学环节中，学生根据老师的问题以小组为单位进行讨论和解决，并评价其他小组的完成情况，实现了学生之间的交流互动。在此过程中，教师引导学生在翻译中学会把握两种文化的差异，学习商业广告文化翻译的方法并进行翻译练习，帮助学生解决在翻译和讨论过程中遇到的问题，再对翻译方法进行总结；在第三教学环节中，教师总结这堂课的知识点，引导学生梳理课堂内容，加强学生对商业广告翻译方法的掌握，并布置课后作业。借用多媒体和网络平台等辅助工具，巩固学习内容，拓展学生学习范围。在交互型的学习模式下，学生的英语综合能力和英语学习质量得到显著提高，对英语翻译教学的交互质量和水平具有重要的促进作用。

案例思考题

1.L老师采用的交互式模式是一种怎样的模式？这种教学模式能够培养学生哪些能力？达到了怎样的课堂效果？

2.除了L老师在课堂上和学生们讨论的常用的商业广告的翻译策略，你还知道哪些适用于广告的翻译方法？

3.L老师在进行广告翻译教学时，是如何基于交互式模式引导学生交流讨论，积极解决问题的呢？

4.L老师在教学过程中是如何发挥引导作用的？对调动学生的积极性和主动性，发挥学生的主体性有何好处？

5.作业布置还可以采用何种辅助方式来巩固课堂所学，促进学生的课后学习？

四、案例使用说明

（一）适用范围

适用对象：MTI教师、翻译硕士、翻译专业本科生。
适用课程：文学翻译、翻译理论与策略、翻译专业教师发展。

(二) 教学目的

1. 掌握商业广告翻译的常见翻译方法。
2. 把握广告翻译中的文化因素和文化差异。
3. 提高学生自主学习、团队协作的能力，培养学生的解决问题意识。
4. 培养翻译专业教师的创新能力与思维品质。

(三) 关键要点

1. 相关理论

交互式教学，最早是由美国教育心理学家布朗（A. L. Brown）和帕林萨（A. S. Palincsar）提出的一种旨在改善学生阅读理解和自我学习能力的教学方法。之后又得到了进一步的研究和发展，是在交互理论、互动假说理论以及社会建构主义理论基础上，发展而成的一种教学新模式。

2. 关键知识点

商业广告翻译教学、交互式教学模式、翻译教学设计。

3. 关键能力点

提取文本材料中心要点，总结翻译过程相关重难点，培养学生跨文化交际能力，即与其他译员的小组合作能力，合作式学习能力、交流能力和评判能力。在理论学习的过程中，注意分析有关实践的问题并总结有关经验。

4. 案例分析思路

通过分析 L 老师商业广告文化翻译教学内容，以及课程中对学生进行翻译实践的引导，总结出广告翻译教学的创新点。给翻译专业教师和教研员在翻译教学中实践交互式教学模式提供参考，为翻译专业教师创新课堂教学设计提供借鉴。

(四) 教学建议

1. 时间安排：研究生标准课两节（90 分钟）。
2. 环节安排：提前布置预习内容→课堂中学生分为 4 小组→根据教学情境小组作讨论，解决问题→各组形成解决方案进行汇报→师生共同研讨→课后作业布置。
3. 人数要求：20 人左右的班级教学。
4. 教学方法：学生合作交流为主，教师讲授点评为辅。
5. 工具选择：多媒体教室，其他工具根据教学内容而定。

　　6. 活动建议：课前要求学生自行了解与课程相关的教学内容，进行初步了解，教师也要根据教学内容进行教学情境的初步构建。上课过程中让学生分小组合作完成任务，进行讨论交流，并汇报各自的讨论成果，尽量让更多的学生参与课堂，教师准备好点评资料和提纲。课后教师及时进行教学反思，总结得失，以便改进后续的教学行为。

（五）推荐阅读

　　[1] 白锐. 英语商业广告翻译与跨文化交际 [J]. 产业与科技论坛，2021，（07）：136－137.

　　[2] 顾菲. 交互式英语翻译教学模式建构 [J]. 英语广场，2021，（30）：65－67.

　　[3] 霍艳娟. 课堂交互理论及其对英语教学的启示 [J]. 内蒙古农业大学学报（社会科学版），2006，（03）：170－171.

　　[4] 蒋宏. 论跨文化因素对英文广告语翻译的影响 [J]. 内蒙古电大学刊，2007，（11）：91－92.

　　[5] 金敏娜. 交互式教学模式下学生翻译能力培养策略：评《英语翻译理论的多维度诠释及实践应用》[J]. 中国教育学刊，2020，（05）：145.

　　[6] 李克兴. 论广告翻译的策略 [J]. 中国翻译，2004，（06）：66－71.

　　[7] 李萍凤. 英汉商业广告翻译中的文化及语言差异 [J]. 对外经贸实务，2011，（07）：70－72.

　　[8] 潘心怡，龙璐. 文化差异视角下中英文广告翻译探析 [J]. 山西青年，2020，（18）：131－133.

　　[9] 宋连莹. 英汉广告语的文化差异现象及翻译策略 [J]. 现代交际，2019，（16）：88－89.

　　[10] 汪庆华，郭琳，卢贞媛. 交互式教学模式下学生翻译实践能力的培养 [J]. 语文学刊（外语教育教学），2016，（03）：86－87.

　　[11] 王荣华. 中西方广告文化的冲突与融合 [J]. 安徽工业大学学报（社会科学版），2014，（01）：56－58.

　　[12] 张林影. 交互式教学模式及其在英语翻译教学中的运用 [J]. 教育探索，2016，（09）：98－100.

　　[13] 邹春荣，杨晓斌. 英文广告汉译策略初探 [J]. 南昌大学学报，2009，（02）：157－160.

案例十一　不愤不启，不悱不发：
商务信函翻译"做中学"①②

摘　要：随着经济全球化，商务信函在外贸商务沟通中十分重要。商务信函是最主要的、应用范围最广的涉外文书之一，在国际贸易中扮演着非常重要的角色。商务信函翻译课程可以使学生了解商务信函的格式与翻译技巧，提高商务英语翻译能力。T 老师的商务信函翻译课堂，采用任务型教学模式，以学生为主导，通过三个教学环节，使学生掌握商务信函的翻译技巧，并培养学生自主学习的能力、团结合作能力，以及在实践中学习的能力。此课程让学生在做中学，使学生在完成任务的同时掌握运用语言的能力。

关键词：商务信函翻译；任务型教学模式；在做中学

Enlightening Students When They Feel Confused:
Learning by Doing in Translating Business Letters

Abstract：With the economic globalization, business letters become increasingly important in the foreign trade and business communication. It can be said as one of the most important and the most widely used foreign-related documents, playing a very important role in international trade. Business letter translation courses can enable students to understand the format and translation skills of business letters and improve their business English translation skills. Ms. T's Business letter

---

①　作者简介：汤慧雯，女，湖南湘潭人，湖南科技大学外国语学院英语笔译专业研究生；张瑞鸿，女，湖南湘潭人，湖南科技大学外国语学院教授，硕士生导师。
②　编制说明：按照调研学习及当事人的要求，作者对案例所涉及的学校名称、人员及相关数据，做了必要的掩饰性处理；本案例仅供教学之用，无意提倡或暗示某种管理理念、方法或体制比其他的理念、方法或体制更为有效或合理。

translation class uses a Task-based Language Teaching mode，featuring on regarding students as the leading roles. There are three steps in this class：classroom introduction，task execution，task display and evaluation，which enables students to grasp translation skills of business letters and cultivate their ability of independent learning，group cooperation，and learning while practicing. This course allows students learning by doing，which makes students master the ability to use the language while completing the task.

Keywords：business letter translation；task-based language teaching mode；learning by doing

一、背景信息

随着我国经贸合作的增多，商务英语翻译在经贸合作中发挥着越来越重要的作用。同时商务英语翻译的教学也尤为重要。翻译专业的学生应当开拓视野，涉猎各个领域，因此也需要具备商务翻译的能力。

商务英语翻译包括：商务信函翻译、商业广告翻译、旅游文本翻译、产品说明书翻译、企业简介翻译、商务合同翻译等。不同内容的翻译都是有一定的格式的。商务英语文体风格是在商务活动中商品生产以及商品贸易活动中形成的一种特有的文体风格。它不以追求语言的艺术美为主要目的，更追求语言表达准确、客观简洁、逻辑清晰、结构严谨，少用华丽的辞藻、丰富的修辞，更多要求就是风格直白朴实，浅显易懂。商务英语信函作为国际商务往来经常使用的联系方式，是开展对外经济贸易业务和有关商务活动的重要工具，也是帮助公司建立友谊、树立企业形象的重要媒体①。因此，商务信函翻译的学习对翻译专业的学生来说是很有必要的。而在翻译实践中，学生往往会忽略信函的语言特征，不能译出最符合商务信函的语言。如何引导学生在 7C 原则下用最合适的语言翻译出商务信函是本节课的主要教学目标。

---

① 译员. 商务信函翻译的原则［EB/OL］.（2020－8－20）. https：//mp. weixin. qq. com/s?＿＿biz＝MzU4MzE1NjA3NA＝＝&mid＝2247488838&idx＝3&sn＝e42dc7d81f01b90a5e e040fc6b9f8ca7&chksm＝fdac3d43cadbb4556544891ff06b6f97cb91c5a6fdcbf1b08539a9508cfd06361e4 5080153fe&scene＝27.

　　7C 原则是商务信函写作和翻译中的基本原则。7C 原则，即礼貌性原则（Courtesy）、体谅性原则（Consideration）、简洁性原则（Conciseness）、正确性原则（Correctness）、完整性原则（Completeness）、清楚性原则（Clearness）和具体性原则（Concreteness）。我们可以用 7C 原则来衡量商务信函在选词、造句、内容、语气、态度等方面的优劣，这是写好商务信函的关键，也可为商务信函的翻译提供借鉴。

　　本案例来自 H 省 X 市 S 大学 2022 年 12 月 12 日 T 老师给 2022 级翻译硕士上的一堂课。因为该校翻译专业以文学翻译、科技翻译为主，对商务翻译所涉及的内容少。因此 T 老师试着通过任务型教学模式，让学生接触商务翻译中的信函翻译，引发学生对该领域的探索。从基础知识开始导入，接着慢慢布置由句子到信函篇章的任务，最后让学生自己来展示，总结重难点。

　　T 老师在教学设计方面的创新性主要体现在：一是以任务教学理论为指导，打破传统教学模式，将"学"与"做"相结合，让学生在做中学。二是 T 老师教授了商务信函的格式，以及信函常用句型，让学生接触商务英语；三是分配小组任务，运用合作学习法，让学生以组为单位润色译文，并汇报翻译思路或者重难点等。

二、案例正文

（一）课堂导入：学习商务信函格式

　　上课铃响起，2022 级翻译硕士环坐成半圆，准备好了手中的笔和本子。一些同学低头看着手机、平板或笔记本中的商务信函文本，似乎在思考着什么。T 老师打开 PPT，拿出文件夹中的资料，开始今天的讲课。

　　"同学们早上好，之前在群里和同学们沟通过，发现大家对商务英语翻译的兴致很高，老师觉得十分欣慰。现在我们就开始学习大家都很期待的商务英语翻译。今天的课程我们以商务信函为例。前天我已将三篇齐头式商务信函发到了群里，让大家仔细阅读。不知大家阅读后，能否总结出商务信函的格式呢？"

　　同学们齐刷刷地说："能"。

　　C 同学说："商务信函和普通信函有很多相似的地方。首先有称呼，然后是正文。正文后有结尾语（一般都是'Yours faithfully'或者'Yours sincerely'），最后还有签名。"

　　T老师点点头："C同学总结得很好。我们今天学习的是商务信函中最通用的格式——齐头式。主要特征就是每行均从左边顶格写，信中各段落之间均空一行。在正式的商务信函往来中，通常还有信头，也就是指发信人的地址和发信的日期等。还有封内地址，也就是收信人的姓名和地址，一般写在信笺的左上方，并且还有事由，也就是我们通常说的主题。可以直接写明信件的重点，事由一般写得简明。"（见图11.1）

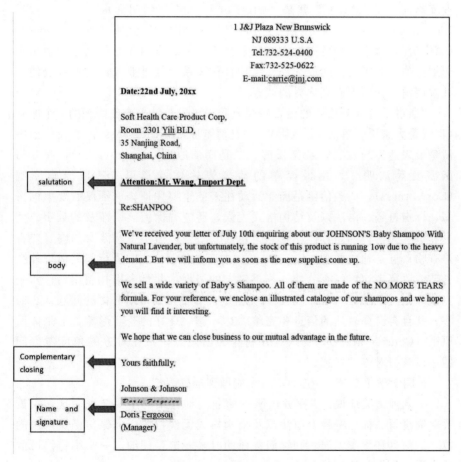

图 11.1　信函格式样例

　　"那么通过这几篇信函，同学们能不能说出商务信函的语言特征呢？"

　　D同学举手说道："语言要礼貌。"

　　E同学补充道："缩写词很多，像'L/C'，'FOB'等。"

T 老师问道："还有吗？"

同学们都疑惑地摇摇头。

T 老师环视学生们后，说道："大部分商务信函是为了达成交易或合作，并找出交易或者合作中问题解决之道，比如询盘、索赔、道歉函等等。所以不管是在翻译还是写作中，信函的语言都很正式，很少使用一些基本词汇和口语常用词汇。大家来看这组词汇：'spread'，'hand out'等，在信函中我们可以用'dispatch'来替代。其次，在信函中有很多专业缩略词。如：'L/C'就是'letter of credit'（信用证），'D/P'就是'documents against payment'（付款交单），'FOB'就是'free on board'（离岸价），这个就需要同学们的日积月累。礼貌原则在商务信函中也是十分重要的，为了努力达成交易、维护合作关系及促进业务，需要频繁使用礼貌用语，让对方看到你方的诚意。"

"通过了解商务信函的语言特征，我们可以总结出商务信函的 7 个原则（也就是大家所了解的 7C 原则）。一是清楚原则（Clearness），要在信函中清楚地表达你的意思，避免误解；二是简洁原则（Conciseness），商务信函需要简洁明了，用最简单的话来表达你的意思；三是准确原则（Correctness），商务信函是商业活动往来的重要凭证。这不仅需要单词拼写、标点符号、语法以及结构格式无误，还应确保信函所涉及的数字、信息和事实无误；四是具体原则（Concreteness），信函中所涉及的内容要言之有物；五是礼貌原则（Courtesy），在商务信函中，字里行间要体现外交礼节，语言表达客气有分寸，尊重对方的习俗，并且多用礼貌用语；六是完整原则（Completeness），一封完整的商务信函要对对方提的问题认真回答，并且自己要表达的信息要完整表达，建立良好的企业形象；七是体谅原则（Consideration），要以对方利益为出发点，站在对方的角度考虑问题，以获得对方的好感。"

F 同学举手问道："老师，怎么能做到准确呢？"

T 老师微笑地说："商务信函是商业活动往来的重要凭证。这不仅需要单词拼写、标点符号、语法以及结构格式无误，还应确保信函所涉及的数字、信息和事实无误。同学们翻译的时候一定要仔细，一个小错误可能就会影响合作关系的确立。"

"基于这些原则，下面我们来看一些信函中的常见表达，同学们能不能准确地表达出来？"

同学们聚精会神地看着屏幕。

"欲与贵公司建立合作关系……哪位同学试着翻译一下？"

　　H 同学自告奋勇地回答：　"We are inclined to establish cooperative relationship with you."

　　T 老师说："H 同学是字对字翻译，在商务信函翻译中显得略为啰唆。有没有同学能译得更简洁一点？"

　　B 同学思量后回答："We hope to cooperate with you."

　　"B 同学的译文更加简洁，更符合信函用语。我们还可以这样翻译：'We may now prefer to buy from your company...'这里添加了'prefer to'，更加能显示出我方的诚意。大家在翻译信函的时候不要去抠着每个字眼，要学会灵活处理，在简洁的基础上显示出我方的诚意。"

　　同学们认真听后点点头。

　　T 老师又指了指屏幕，"好，我们来看第二个表达：告知某人某件事……"

　　C 同学不假思索地抢答："tell sb. about sth."

　　T 老师笑了笑，说道："我们看到这个表达，第一反应一般都是'tell sb. about sth.'。但在信函中，我们要用正式语言，那么该怎么翻译合适呢？"

　　C 同学思考了一会，又说道："用'inform'应该更加正式一些。'inform sb. of sth.'。"

　　T 老师点点头，说："'inform'要比'tell'更合适。还有同学有自己的想法吗？"

　　同学们相互对望后，摇了摇头。

　　T 老师说道："我们用'inform'是很合适的，这里老师再教大家另一个表达：'send particulars of'做名词可以表示详情、细节，用在信函中也是很正式的。"

　　"这里还有一些其他的常用表达，大家可以浏览一下，在一些信函翻译中是可以套用的。"（见图 11.2、图 11.3、图 11.4）

日积月累

• 欲与贵公司建立合作关系
We may now prefer to buy.....from your company
• 告知某人某件事
send particulars of.......
• 如蒙惠赐上述报价单，不胜感激
We would be obliged if you would give us a quotation
• 如能....，必感激不尽。
It would also be appreciated if you could....

图 11.2 信函翻译中的常用表达 (1)

日积月累

• 盼复
We look forward to hearing from you
• 欲购买
be in the market for....
• 想要
be desire of...
• 报价
quote sb. a price for something

图 11.3 信函翻译中的常用表达 (2)

🧪 日积月累

- 给某人最好（低）的报价
send sb. one's (best/lowest) quotation for....
- 感谢某人对某商品的询价
thank sb. for one's inquiry for....
- 请特别注意
Particular care shall be taken

图 11.4　信函翻译中的常用表达（3）

教学评价：在此教学环节中，首先完成了任务型教学模式的第一步：课堂导入。T 老师在课前两天就将几篇商务信函发给同学们，让同学们对信函有个基本的了解。开始从信函的结构入手，让同学们先清楚信函的结构，避免出现格式错误。随后，T 老师引导同学们自己发现信函的语言特征，并引出商务信函的 7C 原则。了解语言特征与原则是写作和翻译的基础，可以让同学们在翻译的过程中有所注意。了解完格式和语言特征后，"趁热打铁"，让同学们翻译一些句型表达，这些表达在商务信函中使用得比较多。在导入的过程中，T 老师并不是一味地讲解，而是和学生进行互动，一步一步提问，激起学生的兴趣和思考。这些都属于信函的基本知识，学习基本知识是前提，打好基础，才能更好地翻译商务信函。

（二）小试牛刀：任务执行

"接下来我们来试着翻译一些句子，在翻译的过程中探讨商务信函的翻译策略以及需要注意的地方。请大家仔细思考，并写在纸上，10 分钟后我请两个同学分享自己的译文。"（见图 11.5）

小试牛刀

1. 请尽快报价。

2. 是否参加，请早日告知。

3. 如果此事您能尽早回信的话，我们将衷心感谢。

4. 如果您有什么问题的话，请不必客气，尽管与我们联系。

5. 该公司送货及时，价格适中，质量卓越。

图 11.5 商务信函原文语句

10 分钟后，T 老师环顾四周，看到同学们先后放下笔，说道："我看到同学们差不多都完成了，现在我们来分析一下译文。有没有同学自愿分享一下译文？"

D 同学和 H 同学积极地举手，并将译文交给老师。

"我们先来看看第一句。第一句话很简短，看上去很简单，但是我看见了很多种版本的译文，下面我们来看看 D 同学和 H 同学的译文。"（见表11.1）

表 11.1 学生翻译版本（1）

D 同学译文	Make the offer as soon as possible.
E 同学译文	It is hoped that the offer is made as soon as possible.

"我们可以看到，D 同学用的是我们很熟悉的祈使句。大家觉得这里用祈使句合不合适？"

B 同学摇摇头，说道："我觉得这里用祈使句显得语气有点强硬，会让对方觉得在逼迫他尽早做回答。"

一些同学点头表示认同。

"B 同学说得有道理。用祈使句会让对方觉得有点像命令的口吻，在商务信函中一定要体现礼貌。如果你要用祈使句，别忘了加上 'please'，否则对方会觉得你很没有礼貌。E 同学的译文更加委婉礼貌，为客户所接受。此外，E 同学用的是被动语态。在商务信函中，有时被动语态的使用能让客户看起来更舒服，使用被动语态还可以强调双方在合作中应该承诺和遵守的责任与义务。"

"下面我们来看第二句：是否参加，请早日告知。"（见表 11.2）

表 11.2　学生翻译版本（2）

D 同学译文	Please let me know whether you participate.
E 同学译文	Please let me know your decision.

"大家觉得他们的译文怎么样？"

同学们都点点头。

T 老师说道："刚刚大家在翻译的过程中，我下来看过一些同学的译文，基本和 D 同学译得差不多。这种直译的方法是可以的，但怎么能让译文更加好，使对方看起来舒服呢？"

同学们陷入沉默。T 老师继续补充："大家来看看这个译文：Please let me know your participation at your earliest convenience. 是不是和大家写得有些不一样？这句话中采用增译法，增加'at your earliest convenience'结构，是不是在委婉中带有催促的意味？既让客户觉得很有礼貌，又带催促的意思。"

"下面我们来看第三句：如果此事您能尽早回信的话，我们将衷心感谢。"（见表 11.3）

表 11.3　学生翻译版本（3）

D 同学译文	If you can reply sooner, we will be appreciated.
E 同学译文	It will be appreciated if you can reply sooner.

"B 同学，看你若有所思的样子，请你来发表一下你的评价。"

B 同学思考了一会，说道："我认为 E 同学的译文更符合商务信函翻译。第二句用'It'做主语，更加强调了我方的'感谢'，语言也更加正式。"

T 老师点点头，说："E 同学的译文更加突出了感谢，并且会让客户觉得更有礼貌。还有同学有不一样的想法吗？"

H 同学积极举手，分享自己的译文："老师，我是这样翻译的：'Your prompt attention to this matter will be appreciated.' 我认为用'reply sooner'会让对方觉得我方太直接地催促，因此我用的'prompt attention'，更加委婉，也能提醒对方多重视我们的合作。"

同学们对 H 同学的话表示赞许，投来赞同的目光。

　　T 老师说："H 同学的译文确实有独特之处，想法非常好。既礼貌地表达了自己的感谢，也委婉地提醒对方尽早回信。H 同学并没有采用字对字的翻译方式，给我们提供一个新颖的译文。"

　　"我们来看看第四句话：如果您有什么问题的话，请不必客气，尽管与我们联系。刚刚看了大家的译文，几乎都是使用的 If 从句，同学们基本上都是这么翻译的：'If you have any questions, please feel free to contact us.'大家写的句子有些口语化。今天我教给大家另一种方法。使用倒装句可以强调一些关键信息，一般置于句首。在商务信函中通常可以使用倒装句来强调某些重点信息，倒装句在书信中比较常用。'Should you have any questions, please do not hesitate to contact us.'是不是更书面化呢？用倒装句来强调。后面用'do not hesitate'，是不是会让客户更加舒心呢？"

　　同学们纷纷点头。

　　"接下来我们看最后一句话：该公司送货及时，价格适中，质量卓越。这句话中含三个形容词短语，大家都是怎么处理的呢？"

　　F 同学抢答道："我觉得可以用转换法，转换成名词短语。把送货及时，价格适中，质量卓越译为'provided in-time delivery, moderate prices and superior quality。'"

　　"Good idea。在保持原义的前提下，我们可以对某些词汇的词性进行相应的改变，使译文更符合对方的阅读习惯。在这句话中，我们可以把形容词短语转换成名词短语。"

　　"通过这几句话的练习，我们可以发现，翻译商务信函也不止直译一种方法，还可以采用增译、转换，使用倒装句、被动结构等等，同学们要学会灵活处理，总而言之要符合信函的语言特征，符合我们刚刚所讲的 7C 原则。"

　　教学评价：在此教学环节中，我们完成了任务型教学模式的第二步：任务执行。通过翻译练习让学生在做中学，提高翻译能力。在进行句子翻译时，由易到难。T 老师做了译文对比，学生自愿来分享自己的译文。先让学生来评价译文，让学生自己发现译文中的亮点或者不足。此外，T 老师在分析的过程中也教授了一些翻译的方法，让学生学会翻译的思路。

（三）大展身手：任务展示与评析

"下面我们来正式完成翻译任务。请大家分成 3 组，完成 PPT 上的翻译练习后，小组间相互交换译文，并讨论出大家认为最好的译文版本。我给大家 30 分钟，然后，请大家把润色好的译文发在群里，并且每组派个代表上来讲解你们的翻译思路、策略或者遇到的问题。"（见图 11.6）

大展身手

敬启者：

根据昨日的电报，我方向你发出如下订单：6000打男士衬衫四月装运，直轮运输，请确认。

请特别注意首批订货的质量和包装，按惯例，每件装入一个盒，二十盒装入一纸板箱。如果此初次订货令人满意，将会有大量的订单涌入。

兹内附购货确认书一式两份，请回签一份以便我方存档。一收到你方确认书，我方将通过伦敦国民西敏寺银行开出信用证。

我方相信此订单将会是我们之间一系列交易的开始。

敬上

图 11.6　PPT 页面：学生翻译练习

T 老师四处环顾着，同学们都已完成了自己的译文，并进入了热火朝天的讨论。大家都充满着热情，如火如荼地进行着。

30 分钟到了，同学们几乎都已经结束了讨论，低头看着自己组的最终译文版本。

"我看到同学们都已经完成了任务，大家的翻译速度还是挺快的。现在请大家把润色好的译文发到群里，并注明好是哪一组。"（见表 11.4）

表 11.4   各小组翻译版本

第一组	Dear Sirs， According to yesterday's telegram，we sent you the following order：6000 dozen men's shirts are shipped in April and shipped by direct steamer. Please make a conformation at your earliest convenience. Please pay more attention to the quality and packaging of the first order. According to the convention，each piece is packed in a box，and 20 boxes are packed in a cardboard box. If this initial order is satisfactory，there will be a large influx of orders. The purchase confirmation is enclosed in duplicate. Please sign one copy for our filing. Upon receipt of your confirmation，we are going to open a letter of credit through the National Westminster Bank，London. We believe that this order will be the beginning of a series of transactions between us. Yours sincerely，
第二组	Dear Sirs， We dispatched to you this order as per yesterday's cable："6000 DOZ SHIRT APRIL SHIPMT DIRECT STEAMER PLS CONFIRM." Particular care shall be taken about the quality and the packing of the goods to be delivered in this first order. It is the usual practice that each shirt should be put into a box and twenty boxes are packed to a carton. If this initial order proves to be satisfactory，there will be a flow of orders. We are enclosing our Confirmation of Purchase in duplicate. It will be appreciated if you sign one copy and return to us for our file at your earliest convenience. Upon receipt of your confirmation，we will open an L/C through National Westminster Bank of London. We trust this order will be the first of a series of deals between us. Yours sincerely，

第三组	Dear Sirs, According to yesterday's telegram，we sent you this order：6000 dozen men's shirts are shipped in April and transported directly by steamer. Please confirm. Please pay special attention to the quality and packaging of the initial order. According to the convention，one shirt one box，and 20 boxes are packed in a cardboard box. If this initial order is satisfactory，there will be a large influx of orders. The purchase confirmation is enclosed in duplicate. Please countersign one duplicate for our filing. Upon receipt of your confirmation，we will issue a letter of credit through the National Westminster Bank of London. We believe that this order will be the beginning of a series of transactions between us. Yours sincerely,

"大家都按时完成了任务，说明大家的效率都很高。现在哪组同学率先开始做展示，可以直接走到讲台上来分享。"

第一组组长 V 同学积极地走上讲台，拿出组内讨论时的笔记。"我们组基本是用的直译法，我们力求信函语言的准确以及简洁。第一段中，我们组采用了增译法，译为'Please make a conformation at your earliest convenience'，增加了'at your earliest convenience'表达，在委婉中带有催促。'兹内附购货确认书一式两份，请回签一份以便我方存档'一句中，我们组采用拆分法，前一句用倒装句，更能强调让对方重视购货确认书并早日签署。但本组遇到一个问题：'根据昨日的电报'我们译为了'According to yesterday's telegram'，从语法上来说应该没有什么问题，但我们有组员认为不符合商务信函的表达，但是本组至今没有讨论出这句话合适的译文。"

T 老师点点头，说："从语法上来说确实没有什么问题，但在信函中，一般很少用'according to'的表达，在正式的文本中，一般用'in accordance with'，这个表达更加正式。"

V 同学恍然大悟地说:"原来是这样,谢谢老师的解答。"

"大家对这组同学的汇报有什么要提的问题吗?"

C 同学举手说:"第一组的同学译文中出现了'be going to',这个表达不太正式,我们组用的 will,应该更加正式点。"

T 老师补充道:"在商务信函中,一般不用'be going to'的结构,会用'be to + 动词'或者'will/shall + 动词'来替代,这样语言更符合信函正式的特点。"

第二小组的组长 L 同学思索了一会,提出了她的疑惑:"信函开头的'6000 打男士衬衫四月装运'应该算是订单的名称,我们组认为应该译成简洁的名词短语。"

其他的同学纷纷点头表示赞同。

T 老师也表示赞同:"L 同学说得很对,这是订单名称,因此我们要和标题的处理方式一样,译成名词短语,用更加正式的语言,更加符合语言特征。"

紧接着,L 同学自信地走上讲台,开始分析本组的译文。"我们组把发送订单译为'dispatch','dispatch'比'send'更适合书面语,更加正式。第二段的开头,我们把'particular care'作主语,可以表强调,引起对方注意。'按惯例'我们并没有处理成'according to',而是用更为正式的'It is the usual practice that'。另外,'请回签一份以便我方存档',我们组也不是直接翻译,采用'It will be appreciated... at your earliest convenience'的句型,在遵循礼貌原则的基础上也在催促对方。我们组翻译这篇信函基本上就是直译、套译、增译。"

话音刚落,H 同学率先提出一个疑问:"最后一句话中,用'trust'比'believe'更正式吗?"

L 同学回答:"'trust'应该表示更加深信不疑吧,我们组认为用'trust'会让对方更安心,我们对对方是十分信任的。"

紧接着,第三组的 F 同学也开始分析本组的译文:"我们全篇都是直译。我们组翻译的难点就在于刚刚大家所讨论的'6000 打男士衬衫四月装运',我们组内一直没有统一意见。有的同学认为应翻译成句子,有的同学认为应翻译成短语结构。刚刚老师也分析过了,我们组这句话的翻译还有待改进。此外,我们还讨论了一个问题:译文中'please'的使用次数是不是过多了,会不会让客户觉得有点太过刻意的感觉?"

一些同学也表示有同样的疑惑。

T 老师说道:"看来有很多同学也有同样的问题。在信函翻译时,我们要遵循礼貌原则。但是礼貌原则不一定就得要用'please'来体现。要让对方看出你对他的尊重，语言让对方读上去舒服。对于你们组的这个问题，可以用变换句型来解决。我们可以使用倒装句、被动语态等，这样就能避免通篇都是'please'的情况。有时可能换个句型，会比'please'的效果更好。"

同学们都点头表示赞成。

T老师接着说："现在三组的同学都已经做完了汇报，同学们认为哪组提供的最终译文最好呢？"

教室里，大家异口同声："第二组。"

老师会心一笑，问道："哪位同学能告诉我选第二组的理由？"

Y同学积极站起来说道："第二组的译文符合信函语言正式、准确、完整的特征而又不失礼貌，在有限的篇幅里达到了言简意赅的效果。"

Z同学接着补充道："第二组的译文词句表达也是值得我们学习的，他们所用的'Particular care shall be taken about''It is the usual practice that'等表达是我们组所没有考虑到的。"

T老师总结说："大家都已经圆满完成了任务。这篇商务信函看上去很简单，但是想要译好，也不是易事。从大家的译文和展示中可以发现，很多同学都存在着以下几个问题：一是对正式用语不是太了解。第二，在翻译中，一些词的翻译不太确定。在国际贸易中，有很多固定表达、专业术语和固定译法。在这里，老师推荐给大家一些网站。（见图11.7）大家课余有时间可以多浏览或者记忆，对我们之后的经贸翻译都很有帮助。在翻译过程中，我们要了解这些独特词汇的专业含义和固定译法，体现专业性，这也是我们所提到的准确性原则。其实信函翻译甚至说商务英语翻译都是一种专业领域，一些词的表达需要我们日积月累，在翻译的过程中来学习这些表达，并学以致用，多读多练，才能熟能生巧。三是祈使句频率太高，会让对方感觉到有点命令的语气。在商务信函中，应该尽量减少祈使句的使用频率，可以用倒装句、陈述句来表达，或采用虚拟语气、情态动词或者被动语态等结构来委婉表达。"

国际贸易固定表达推荐

网站:
https://www.xiexiebang.com/a10/2019051412/0896cd3
c5e9ea80a.html
https://j.51tietu.net/juzi/1364095.html
https://baike.baidu.com/item/%E5%A4%96%E8%B4%B
8%E6%9C%AF%E8%AF%AD%E5%A4%A7%E5%85%A8/
8957948?fr=aladdin
公众号:
"英语学习邦"中的推文—常用外贸术语大全 (完整版)

图 11.7　国际贸易翻译网站

"今天的课进入尾声啦。现在我来布置这节课的作业。第一个作业请大家在课后阅读英语正式用语的资料或者论文,并以正式用语为主题来写一篇论文,两周后上交。第二个作业请大家完成一篇信函翻译,并以小组为单位进行讨论,下节课来汇报每一组对于翻译这篇信函所遇到的问题。大家只有多练、多讨论,才能更好地掌握翻译技巧。在翻译的过程中,请大家注意信函语言特征,一定要尽量符合信函用语。"(见图 11.8)

 趁热打铁

敬启者:

感谢贵方11月12日函,按常规条款给我方65长吨上述货物报盘,单价每长吨CFR到上海价165美金。现答复,很遗憾我方用户认为贵方价格太高,与先行市场行情不一致。信息表明,一些日本货已以每长吨158美金的价格出售。

因此,在可以容易地以更低的价格买到类似质量货物的情况下,我们不可能说服用户接受贵方价格。如贵方愿意减价,比如说,减8%,也许能达成交易。只是鉴于双方长期的关系,我们才能给上述还盘。市价正在下跌,希望你方采取赞许态度加以考虑,并早日来电接受我方的还盘。

盼早复。

图 11.8　课后作业:信函翻译

　　教学评价： 在此教学环节中，以展示与评价为主，这也是任务型教学模式的最后一步：让学生以小组为单位，自己来做展示，自己总结翻译的思路、重难点等，最后老师再点评。每个组翻译的思路和重难点不一样，各组之间也可以相互学习，提出自己的疑问。这种方式有两个目的：一是通过小组讨论，整合译稿的过程；培养学生在翻译中不断推敲、借鉴他人优点的能力；二是培养学生团队合作精神。这种模式对传统授课方式进行了革新，做到了以学生为主导，教师起引导作用。最后老师布置课后作业，让学生巩固本节课所学内容，学以致用，在实践中继续学习。

三、总　结

　　商务信函翻译是商务英语翻译中重要的一种。信函语言简朴，但却要求礼貌、完整、准确。信函中没有什么难懂的语言，但是要想翻译得准确又不失礼貌，还是有一定的难度。不仅需要译者能翻译出来，更需要符合信函语言的特征，符合商务信函 7C 原则，这就需要教师在教学中，引导学生精益求精，还要提醒学生日积月累，学会信函用语。

　　在本教学案例中，T 老师采用了任务型教学模式，以引导学生为主，对教学模式进行创新。设置分组翻译任务，并让学生进行组内讨论和润色，最后让学生做汇报来讲解自己组的翻译思路，并让其他组学生来总结、点评。课前导入引导学生了解商务信函的结构以及语言特点，不是一味地教授，而是用提问的方式来引导学生自己来发现。在任务布置环节，T 老师布置句子翻译以及信函翻译两个任务。第一个任务采用译文对比分析，让学生品鉴，老师点评。第二个任务采用小组合作，译完后小组讨论并提供最终译文版本。由浅到深，由易到难，循序渐进。最后的展示评价环节，让学生上台做展示，培养学生自己发现问题、解决问题的能力、小组合作能力。在任务型教学模式下，T 老师打破了传统的翻译理论教学模式，引导学生自己发现问题，并学习翻译方法，让学生在做中学。

案例思考题

　　1.本案例中 T 老师分析商务信函翻译主要用考虑直译、增译等方法，那么此类文本是否还有别的更好的方法？

　　2.T 老师是如何激发学生的求知欲和积极性，成功实现一问一答教学模式的？

　　3.T 老师采用的任务型模式是一种怎样的模式？要如何运用这种模式来进行教学？

　　4.T 老师采取的是信函知识导入，有没有更好的导入模式？

四、案例使用说明

（一）适用范围

适用对象：MTI 教师、翻译硕士、翻译专业本科生。
适用课程：商务英语翻译、翻译理论与技巧、商务信函翻译。

（二）教学目的

1.掌握商务信函翻译的常见翻译方法。
2.培养学生自主学习的能力、实践中学习的能力，以及自我发现问题。
3.培养学生团队合作能力。
4.培养翻译教师的教学能力。

（三）关键要点

1.相关理论

任务型教学模式（task-based language teaching）指教师通过引导语言学习者在课堂上完成任务来进行的教学：掌握语言大多是在活动中使用语言的结果，而不是单纯训练语言技能和学习语言知识的结果。在教学活动中，教师应当围绕特定的交际和语言项目，设计出具体的、可操作的任务，学生通过表达、沟通、交涉、解释、询问等各种语言活动形式来完成任务，以达到学习和掌握语言的目的。

2. 关键知识点

句子翻译教学、任务型教学模式、翻译教学设计。

3. 关键能力点

提取文本中的要点进行分析，学习信函翻译的方法，培养学生翻译和写作能力，小组合作能力以及商务交流。不止学习背景知识，更重要的是在实践也就是信函翻译练习中学习。

4. 案例分析思路

通过分析 T 老师对信函结构和特点讲解，引导学生在翻译实践中学习并发现问题的创新点，引导翻译专业教师和教研员如何在翻译教学中实践任务型教学模式，为翻译专业教师创新课堂教学设计提供借鉴。

（四）教学建议

1. 时间安排：研究生标准课两节（90 分钟）。

2. 环节安排：提前布置预习内容→课堂中学生分为 3 小组→根据教学情境小组作讨论，解决问题→各组形成解决方案进行汇报→师生共同研讨→课后作业布置。

3. 人数要求：18 人左右的班级教学。

4. 教学方法：以学生合作探究并完成任务为主，以教师讲授点评为辅。

5. 工具选择：多媒体教室，其他工具根据教学内容而定。

6. 活动建议：课前要求学生预习老师所发资料，进行初步了解。教师也要提前准备好资料并根据教学内容进行教学情境的初步构建。课中激发学生兴趣，使学生积极参与课堂，积极参与小组合作，完成老师所布置任务。下课后学生给予评价与反馈，教师及时进行教学反思，总结得失，以便改进后续的教学行为。

（五）推荐阅读

[1] 冯娇娇. 英语商务信函的特点及翻译策略研究 [J]. 文化创新比较研究，2018，(13)：142－145.

[2] 王盈秋. 商务英语翻译教学存在的问题与改革 [J]. 中国大学教学，2009，(09)：71－73.

[3] 沈悦. 任务导向法在商务英语翻译教学中的应用 [J]. 海外英语，2019，(04)：44－45.

［4］田卉. 任务型教学法在《商务英语翻译》教学中的运用［J］. 教育理论与实践，2010，(11)：56—58.

［5］闫缜. 探析任务型教学模式在大学英语翻译教学中的应用［J］. 中外企业家，2020，(01)：181—182.

［6］曾立伟. 商务英语函电翻译原则及其教学应用［J］. 湖南城市学院学报（自然科学版），2016，25 (05)：361—362

［7］张洁. 基于经济一体化下的商务英语翻译教学策略［J］. 科技教育，2017，(14)：162—164.

案例十二　中国科幻文化话语建构：《三体》中文化负载词英译教学①②

　　摘　要：《三体》是中国作家刘慈欣创作的科幻小说，获得了国际科幻文学大奖"雨果奖"。这部作品在国际上的成功，对于推动中国科幻文学的发展，扩大中国文化的国际影响力有着重要意义。本课以《三体》中的文化负载词翻译教学为主要内容，引导学生发掘文本的文化内涵，掌握翻译技巧，并担负起传承和传播中国文化的历史使命，进一步增强文化自信，讲好中国故事。

　　关键词：中国科幻；《三体》；翻译教学

Constructing the Cultural Discourse of Chinese Science Fiction：Translation Teaching of *The Three-Body Problem*

　　Abstract：*The Three-Body Problem* is a science fiction written by Liu Cixin, a Chinese writer. It won the Hugo Award, one of the most renowned rewards in the field of science fiction literature. The success of this work has great significance for the development of Chinese science fiction literature and the international influence of Chinese culture. This lesson focuses on teaching the translation of cultural loaded words in *The Three-Body Problem*, guiding students to discover the cultural connotations of the text, master the translation skills, and take up the historical

　　①　**作者简介**：张泽湘，男，湖南科技大学外国语学院英语笔译专业研究生；尚巾斌，女，湖南科技大学外国语学院副教授，硕士生导师。

　　②　**编制说明**：按照调研学习及当事人的要求，作者对案例所涉及的学校名称、人员及相关数据，做了必要的掩饰性处理；本案例仅供教学之用，无意提倡或暗示某种管理理念、方法或体制比其他的理念、方法或体制更为有效或合理。

mission of passing on and spreading Chinese culture，further enhancing cultural confidence and sharing Chinese stories by good communications.

　　Key words：Chinese science fiction；Course for ideological and political education；translation teaching

一、背景信息

　　《三体》是中国作家刘慈欣创作的长篇科幻小说，其英文版由刘宇昆翻译，于 2015 年获得了第 73 届雨果奖最佳长篇小说奖，在国际上产生了深远的影响。本课例以《三体》文本为翻译材料，通过合作学习模式，引导学生掌握科幻文本的翻译技巧和方法。同时，潜移默化地让学生产生中国科幻文化自信，进而对中国文化产生自信。一方面，经济发展提供了足够大的文化消费市场，我们的市场规模已位居世界前列，为科幻产业带来难得的条件和机遇。另一方面，科技进步为科幻文艺的传播和接受提供了现实依据。比如，观众在大银幕上看到中国航天员身着航天服，在空间站出舱行走，会自然信服而不感到违和。真实世界跟影像世界是有必然联系的，强盛的国家才能托举起强大的科幻产业，这是已经被文艺史、电影史证明了的。党的二十大报告要求，"提炼展示中华文明的精神标识和文化精髓，加快构建中国话语和中国叙事体系，讲好中国故事、传播好中国声音，展现可信、可爱、可敬的中国形象"①。因此，在本节课的教学中，老师侧重于学生对翻译方法和技巧的掌握，同时也兼顾思政教育。

　　本案例来自 H 省 X 市 H 大学 2023 年 2 月 20 日 Z 老师对 2022 级翻译硕士开展的一堂翻译实践课程。因 H 大学安排的翻译实践课程主要以新闻、经贸等题材居多，对科幻作品翻译内容的教学虽稍有涉及，但不够深入。因此 Z 老师基于翻译问题展开教学活动，将同学们引入一个较新领域的翻译，并对其进行实践和探索。在教学过程中，通过在真实且有意义的情境下进行独立探究和合作讨论，学生自主发现、分析和解决问题。教师起着引导者而非主导者的作用，从而使学生能够学习知识、锻炼能力并最终提高综合素养。

---

　　① 郑海鸥，许晴，王珏. 增强实现中华民族伟大复兴的精神力量［N/OL］.（2022－10－21）［2023－02－05］. http：//paper. people. com. cn/rmrb/html/2022－10/21/nw. D110000renmrb_20221021_1－05. htm.

对于科幻文化来说，其历史悠久，系统性较强，知识脉络庞大。因此在进行翻译的时候，必须要精准、科学、恰当地来进行翻译，确保翻译结果的准确无误。只有这样才能够实现信息的正向输出，有利于科幻文化的"海外传播"。本课程依托鲜活的翻译实践案例，深挖思政元素，对学生因势利导，充分发挥翻译学科的人文关怀和育人功能。

Z老师在教学设计方面的创新性主要体现在：一是采用"以学生为中心，教师为主导"的合作学习模式，课程以提出问题、译例分析、讨论总结、评价与反思的四个步骤进行教学，引导学生自主思考与小组合作，充分调动学生参与翻译实践的主动性和能动性，培养学生的合作精神与反思能力。二是以对学生进行思政教育为重点，对学生进行科幻文化教育，以促进科幻文化的对外宣传；三是以网络技术为依托，利用QQ平台，让学生在课上能相互评鉴各自译文，并进行讨论，有助于培养学生的合作能力；四是在作业布置的环节，请学生课后对自己感兴趣的科幻影视作品进行翻译，并进行小组讨论。然后，让学生写关于这堂课的课程反思，让学生能学以致用，并有助于提高学生的翻译实践能力，培养团队协作精神。

二、案例正文

(一) 接触科幻题材，激发输出兴趣

22级的同学们环坐成半圆，打开了电脑和笔记本，做好了课前准备工作，等待Z老师上课。Z老师面带微笑地走到半圆中心，开始今天的讲课：

"同学们早上好！今天我们将围绕中国文化走出去这个话题，展开一系列翻译实践。让我们先观看一个视频。"（见图12.1）

Z老师："同学们，这是我国科幻电影《流浪地球2》在海外上映前的终极预告片。这部电影在海内外都影响很大，可以说是中国文化走出去的代表之一。影片强调全世界人民大团结，表达了希望各国打破政治壁垒携手合作，共同创造美好生活的愿景。那么同学们还知道哪些中国科幻文化走出去的事例吗？"

图 12.1　《流浪地球2》
电影海报

同学们议论纷纷。

A 同学答道："刘慈欣创作的《三体》小说经过刘宇昆翻译后获得了国外科幻大奖雨果奖，连美国前总统奥巴马都催更刘慈欣。"

Z 老师赞许地点点头："同学们说得都很好。习近平总书记提出'讲好中国故事、传播好中国声音'。中国科幻小说《三体》在国际上的影响力使其成为传播中国声音的绝佳载体。在翻译这部作品之前，我们要通过文本分析，掌握原文的语言风格以及语言特征。为了更好地掌握原文的语言风格，老师建议大家阅读了解相关背景知识。在词汇方面，可以看到原文中有很多文化负载词，这类词不仅承载了丰富的文化内涵，且只存在于某一特定文化中，在另一文化中是空白的。还有很多专业术语，如木星引力危机、太阳氦闪危机等也是科幻作品翻译的重点和难点。本节课我们将对《三体》中的文化负载词的定义及分类进行学习，并能根据语境和翻译目的选择恰当的翻译方法，妥善处理汉语文化负载词，从而更好地讲好中国故事。"

Z 老师接着说："好，下面我想举一个很简单的例子。《三体》第一部中人物叶文洁的故事主要发生在我国大兴安岭。当地人民为了御寒，会穿戴狗皮帽。同学们用 30 秒讨论一下，如果让你们来翻译'狗皮帽'，会译成什么呢？"

30 秒讨论结束。各组同学派出代表发言。

D 同学："老师，我认为直译'Dogskin hat'可以较好地保留原文的意思。"

Z 老师："但是，一些英语读者可能很难接受这样的描述。因为在英语国家，狗被视为朋友和家庭成员。因此，刘宇昆采取归化的翻译策略，译成'Hat'。他翻译这个词时省略对'狗皮'的翻译，以免引起误解。尽管我们今天翻译的主旨是传播中国文化，讲好中国故事，但是在处理像'狗皮帽'这种负载词时，我们为了避免西方读者产生反感，是不是可以适当地省去呢？即使看上去简单的文化负载词，翻译时也需要译者用审慎的态度对待，这样我们才成为一个优秀的译者。"

教学评价：在此教学环节中，首先完成了合作学习模式的第一步："情境导入，合作探讨"。通过视频导入，激活学生的翻译背景知识和对科幻文化的兴趣。通过中国文化走出去事例展示，让学生意识到中国璀璨的文化，引发学生的自豪感。这不仅是为接下来的翻译活动做准备，更重要的是在"潜移默化"中让学生对于科幻自然产生兴趣，培养学生主动了解中国科幻文化的积极性和能动性。并且在导入过程中，通过教师问和学生答，从而共同明确本节课的学习任务为科幻小说《三体》的翻译，让学生能清楚自己本堂课的学习任务。同时引导学生积极主动地发现问题，总结文本的翻译难点——文化负载词的翻译，并介绍相关理论知识，进一步激发了学生的求知欲。以上教学内容为学生自主学习提供了方向，有助于学生加深对我国科幻文化的理解和领悟。

（二）经典译文赏析，学以致用

同学们在了解了科幻小说翻译的难点之后，开始进入经典译文赏析的环节。

Z老师说："现在让我们聚焦文化负载词的翻译问题。请大家基于课前预习，对文化负载词作出初步定义，并举出相关实例，可以用文本中的例子加以说明。"

同学们面带难色，C同学回答："在语言系统中，最能体现语言承载的文化信息、反映人类的社会生活的词汇是文化负载词。老师，我暂时没有想到可以解释的例子。"

Z老师："学者廖七一认为文化负载词是指标志某种文化中特有事物的词、词组和习语。这些词汇反映了特定民族在漫长的历史进程中逐渐积累的、有别于其他民族的、独特的活动方式[1]。所以，我们可以得出结论，所谓的文化负载词，是指承载中国特色的文化内涵，能呈现中华民族特征和彰显中国人民智慧的重要文化载体，反映中国的政治、经济、社会、历史、文化等各方面特有意义的词汇。依据美国著名翻译理论家尤金·奈达对语言中文化因素的分类，可以将文化负载词分为物质文化词、生态文化词、语言文化词、社会文化词和宗教文化词。"

Z老师："看看大家能不能举例说明，你熟悉的文化负载词属于哪一类？"

E同学："'红包、拜年'应该属于社会文化词。"

F同学："'天、道'，这些种属于宗教文化词。"

Z老师说："不错。下面，请大家以小组为单位进行讨论，找出文本中的文化负载词，并进行分类。五分钟之后，请各小组组长将本组的总结以

---

① 廖七一. 当代西方翻译理论探索［M］. 南京：译林出版社，2000.

文字的形式上传至 QQ 群。"

十五分钟的交流讨论时间很快就过去了。各小组组长陆续将本组对《三体》中文化负载词的分类发在了 QQ 学习群里面。下面是各小组的总结。（见表 12.1）

表 12.1　《三体》部分文化负载词

文化负载词			
小组	生态文化负载词	物质文化负载词	社会文化负载词
1	狍子	狗皮帽、炕	丛包、红卫兵
2	关东烟、高粱酒	缘	诏书、伏羲
3	爆肚、二锅头	阴阳鱼	墨子、礼

Z 老师："不错，同学们都找出了文本中绝大多数的文化负载词。各小组对于文本中文化负载词的分类还是有所出入的。现在让我们一起来探讨翻译这些文化负载词应采取哪些翻译方法？请同学们看以下译例，探讨以下文化负载词该怎么翻译。"（见表 12.2、表 12.3、表 12.4）

表 12.2　原文及学生译文（1）

原文	模拟宇宙刚刚显示……汉武帝……发布了浸泡诏书。
译文	According to the model universe... Emperor Wu of Han has just issued the order...

Z 老师："有同学将诏书翻译为 'imperial edict'，读者可能不清楚是什么东西，刘宇昆直接将它译为 'order'，便于外国读者理解。"

表 12.3　原文及学生译文（2）

原文	周文王说着……画出了一对大大的阴阳鱼。
译文	King Wen... and drew a yin-yang symbol on the floor.

Z 老师："'阴阳鱼'是太极符号的一部分，出自道教文化。为保持阅读流畅，译者采用了异化策略，省略了对这个符号具体形状的描述。否则，就会有多余的信息，让读者错误地认为这是一种鱼做的符号，甚至是一种鱼。基本概念比它的其他特征更需要传达。"

表 12.4　原文及学生译文（3）

原文	译文
"所以我们来找秦始皇。"牛顿指指金字塔说。	"That's why we've come to see Qin Shi Huang, the First Emperor." Newton pointed at the pyramid.
"这是伏羲"	This is Fu Xi."
"你好，我是墨子。"他自我介绍道。	"Hello," the man said, "I'm Mo zi."
"那是孔子。"墨子说道，"他认为，一切都要合乎礼……."	"That's Confucius," Mo zi said. "He believed that everything had to fit it..."

　　F 同学："文本中多次出现了中国古代历史著名人物的名字，对此如何翻译实在是个大难题。"

　　G 同学："我认为可以进行脚注，给目的读者补充相关背景知识。"

　　Z 老师："我们可以看到刘宇昆的译文是有选择性地进行翻译补充，为了阅读流畅，他没有在正文进行过多的赘述。当翻译'秦始皇'时，才补充了'the First Emperor'，因为秦始皇这个角色在《三体》中被反复提及，所以译者做了适当的补充。而在对其他仅出现少次的角色翻译时，简单直译。"

　　Z 老师："语言文化负载词在《三体》中出现了很多，包括成语、俗语、谚语。我们来看下面的例句。"（见表 12.5、表 12.6）

表 12.5　原文及学生译文（4）

原文	"我不回去……"叶文洁的声音仍很轻，但其中有一种斩钉截铁的坚……在这里，她有一种久违的安全感。
译文	"I don't want to go back..." Ye's voice remained soft, but there was a determination in her tone that was harder than steel... Here, she felt a sense of security that had long eluded her.

　　C 同学："成语的翻译一直是个难题，如果直译为'cut nail and steel'既没有中文成语的形式美、音韵美，也会让英语读者一头雾水。"

　　A 同学："不如就译为'resolutely'，符合目标语读者习惯。"

　　Z 老师："小说里叶文洁决定在不同的世界里度过余生，她在经历了文化大革命和亲人背叛之后，再也找不到出路。"斩钉截铁"显示出她的坚定决心，四字成语铿锵有力，呈现出叶文洁坚韧的性格。这是中文语言中非常常见的成语，许多汉英翻译都会将其转换成常见的英语表达形式，如'categorically, resolutely, and decisively, without any doubt or definitely'。它们都传达了原文的意思，但无法还原成语的文化内涵。译者刘宇昆的直译'harder than steel'看似多余，会令人困惑，但它在这里完美地服务于忠实性和连贯性原则。这是译者为保留尽可能多的中文特色做出的取舍。"

表 12.6　原文及学生译文（5）

原文	"……不要只想着技术方面，看这里穷的……穷山恶水出刁民……基地会成了这儿的唐僧肉。"
译文	"... don't just focus on the technical side. Look at how poor this place is. The poorer a village, the craftier the people... the peasants thinking of the astronomy complex as a juicy piece of meat that they can take bites from."

Z 老师："同学们小组讨论一下原文中的中文俗语'穷山恶水出刁民'应该怎么翻译？"

E 同学："我们组认为可以译为'Unruly people come out of poor areas.'"

Z 老师："E 同学，你们小组的翻译也不错。中文俗语难以在英语语境下找到对应的句子，意译的方法可以保留下中文俗语的文化特色。'穷山恶水出刁民'源自清代皇帝乾隆的'穷山恶水，泼妇刁民'。这句话通常用来贬低或侮辱特定地区的人。在原文的语境下，说话者担心如果基地设置在这个偏僻山村，当地的贫苦百姓会想尽办法捞取利益。说话者要强调地区的人文环境的重要性。刘宇昆在此处把'刁'翻译为'crafty'，意为'狡猾的'，非常准确，他还将'唐僧肉'这一西方读者陌生的词汇译为'a juicy piece of meat'，十分符合受众阅读习惯。翻译没有标准答案，我们如何翻译取决于采取何种翻译策略。"

Z 老师接着说："我们再看一下宗教文化词。"（见表 12.7）

表 12.7　原文及学生译文（6）

原文	"……有缘相见。"
译文	"... fate will direct us to meet again."

D 同学："'缘'是佛教术语，我们小组觉得英语国家的民众大多不是佛教信徒，这对他们来说是一个完全陌生的词，可以翻译成'yuan'，然后加注，再进一步解释这个词的深层意思。"

Z 老师："正如这位同学所说，考虑到英语读者大多不是佛教信徒，为了保证阅读流畅，译者使用了英文中相似意思的词。'fate'在英语文化中，比如在基督教中有着宿命的意味。译者采用在英语中对应的词进行翻译，不仅从意思还原上到位，也可以留下宗教文化的气息。"

Z 老师："翻译文化词时，应该遵循以下原则：原语词汇意义的再现优于形式的再现；选词必须考虑原语词汇所处的语境；考虑读者的背景以及文化差异选择合适的词义。"

Z 老师补充："要准确地将科幻文本翻译成英文，不仅需要了解西方科幻文化，同时也需要对科幻文本的社会历史环境、写作背景有一定的了解。此外，还需要不断理解文字背后的寓意，试图将作者的真正意图表达出来。对于文中的文化负载词，如果直接将其进行音译，那么目标读者很难理解这类词真正的意思。我们可以根据不同的语境采用直译、意译或音译加注的方法。大家要结合具体的语境，选择合适的翻译方法。"

教学评价：在此教学环节中，Z 老师采用合作学习和自由讨论的模式引导学生循序渐进地思考问题，总结《三体》中文化负载词的定义、分类以及翻译技巧，进而检验学生的学习成果。这种以学生为中心的教学打破了传统课堂的"满堂灌"的教学模式，使学生的学习更加贴近于翻译情景教学，从而帮助学生在互动中掌握翻译技巧、培养翻译职业素养，充分发挥了教师的引导作用。课前自学与课上研讨相结合，多维输入，利于学生全面理解文化负载词的定义及翻译方法，也有利于提高学生发现问题和分析问题的能力。在此教学环节中，Z 老师引导同学们通过讨论解决翻译重难点问题——文化负载词的英译，调动了学生的能动性，提高了学生批判性思维能力。

（三）建构中国话语体系，传播中华优秀文化

在译文评析告一段落之后，同学们对科幻翻译有了初步的了解，接下来，进入到本课的下一个教学环节，翻译实践。

Z 老师："刚才我们集中分析了中文里的文化负载词的英译，接下来我将在 PPT 展示几个文本让大家尝试着进行翻译，让大家小试牛刀一番。同学们翻译完后，请将自己的译文发送到 QQ 群，大家相互品鉴，小组讨论后，请评选出本组所认可的最佳参考译文。"

表 12.8　原文及学生译文（7）

原文	"……已经有这么多书呆子寻了短见，让他去不是'肉包子打狗'吗?"
学生译文 1	"There have been so many bookworms who have been short sighted. Isn't it 'meat buns beating dogs' to let him go?"
学生译文 2	"There have been so many bookworms kill themselves. Then you let him go, does it not mean 'meat bun hit the dog'?"
刘宇昆译文	"… So many bookworms have already killed themselves. If we send him, he'd be a meat dumpling thrown to the dogs."

　　Z 老师："译文 1 中两句话都是完全直译，第一句把'寻短见'的意思理解为目光短浅，是不太恰当的。译文 2 则将'寻短见'翻译成'自杀'。'寻短见'在中文意思里就是'自杀'，这是合理的。'肉包子打狗'属于语言文化负载词，它是由两部分组成的，其第二部分为'有去无回'。源文本的意思是进行科学研究的科学家加入一个名叫'科学边界'的组织以后相继自杀，汪淼也是其中的成员之一。如果他加入这个组织，很可能会遇到和这些人一样的命运。结合上下文，译者使用直译来告知读者，让读者有这样一种认识：像汪淼这样的知识分子如果加入就不会回来了。两位同学和刘宇昆的翻译均保留了这句话的原意，让西方读者欣赏中国谚语并达到了文化传播的效果。"（见表 12.8）

表 12.9　原文及学生译文（8）

原文	"士兵们练队列，因为文化水平极低，连军官喊一二一都听不懂，于是军官想了一个办法，让每个士兵左脚穿草鞋右脚穿布鞋，走队列时喊：'草孩布孩……'（四川话）我们需要这样水平的士兵就行，但要三千万。"
学生译文 1	"The soldiers practiced in the queue. Because of their low level of education, even the officers could not understand 'one, two and one'. So the officers thought of a way to make each soldier wear straw shoes on his left foot and cloth shoes on his right foot. When walking in the queue, they shouted in Sichuan dialect: 'straw shoes, cloth shoes…' We need soldiers of this level, but 30 million."

学生译文 2	"Soldiers practice formation, because their level of education is very low, even the officer shouted 'one two one' can not be understood, so the officer thought of a way, he had every soldier wear a straw shoe on the left foot and a cloth on the right, when they marched, he shouted: 'cao hai, bu hai...' (Sichuan dialect) We need such a level of soldiers on the line, but 30 million."
刘宇昆译文	"Some soldiers were being drilled, but because they had no education, they couldn't even follow the drill instructor's simple orders to march LEFT－RIGHT－LEFT. So the instructor came up with a solution: He had every soldier wear a straw shoe on the left foot and a cloth on the right, when they marched, he shouted——here he switched to a Sichuan accent——'STRAW－CLOTH－STRAW－CLOTH...' That's the kind of soldier we need. Except we need thirty million of them."

　　Z 老师:"上面的'一二一'和'草孩布孩'两个例子都是关于汉语拼音和汉字的,涉及口音问题。众所周知,口音是不可翻译的,因为两种文化之间没有所谓的对应口音。当汉字、拼音、同音字和口音混合在一起时,译者很容易失去方向。学生 1 和学生 2 都把'一二一'翻译成'one two one'。那么在英文语境下,比如美国军官在整队时,是否使用'one two one'呢? 刘宇昆设法用美国的操练用语来代替中国的操练用语,用美国人熟知的'左右左'的口号来表达'一二一'。然后在翻译'草孩布孩'时,用英文'straw'和'cloth'来强调草鞋和布鞋的材质,再加上前文中说明了士兵左脚穿草鞋右脚穿布鞋,他还强调说,军官换成了四川口音。这些信息应该足以让目标读者消化,理解了军官让士兵先抬左脚再抬右脚,尽管他们并不真正理解错综复杂的中文。两位同学一个用拼音,一个用草鞋布鞋的英文,其实也是不错的。只要能让读者了解原文的意思,不产生冗长的阅读感,是可以加注的。"(见表 12.9)

表 12.10　原文及学生译文 (9)

原文	"……却在晚年遁入空门……"
学生译文 1	"In his old age, he chose to be single."
学生译文 2	"But in his old age, he followed buddhism."
刘宇昆译文	"…but became a monk in his old age…"

　　Z 老师："'空门'是一个带有宗教文化色彩的词,指佛教的总称。佛教以'空'为基本原则,认为世界是空的。因此,'遁入空门'是指一个人放弃他的七情六欲和世俗生活,出家为僧,希望达到更高的人生追求。那么在处理'遁入空门'时,可以翻译成'出家成僧'。学生 1 把'遁入空门'这一概念省去了,缺少了这部分携带的宗教文化的含义。虽然意思上接近,但无法传递佛教词汇的本义。学生 2 所在的小组有思考过如何保留佛教文化词,译为'信教',也是非常优秀的译文。这里刘宇昆考虑到英语读者对佛教的不熟悉,译者将其直译为'became a monk',这不仅是对原文的忠实,也传递了'空门'这个佛教术语的宗教意味。忠实于原文,遵守忠实规则,同时也说明了佛教术语的含义,满足了目标读者的交流要求。"(见表 12.9)

　　Z 老师继续补充:"课后请同学们观看英语电影《流浪地球 2》,并找出其中汉语文化负载词相应的英语表达,思考其是否忠实还原了中华传统文化的内涵。如果对其翻译有不同的见解,可以自行翻译,下节课和我们一起分享。总之,文化负载词的准确翻译,是我们在翻译中要注意的一个重要问题,也是我国文化走出去的关键环节,有助于中国文化的传播。"

　　教学评价: 在此教学环节中,Z 老师在讲解过程中,引导学生独立思考,对学生的回答作出了相应的补充,并强调在翻译时要选用合适的翻译方法。老师注重评价的多元性,师生以评促学、边评边学,有利于学生翻译能力多元产出和综合素质全面提升,强调尊重学生主体地位的同时,也发挥了自身的主导作用。最后,Z 老师让学生观看电影《流浪地球 2》并对其中文化负载词的翻译进行批评。不同于传统的笔译作业,本课的作业布置注重培养学生课后自主学习的能力,也可以增进学生对中国传统文化的理解,培养家国情怀,增强文化自信。

　　三、总结

　　在"接触科幻题材,激发输出兴趣"的教学环节,Z 老师首先视频导入,播放科幻电影预告片,激发学生们对科幻文化的兴趣,然后引导学生思考译前需要注意的问题,并引出翻译重难点,以任务驱动为导向,加深学生对中国文化的领悟,实现了阶段性的思政渗透。在"经典译文赏析,学以致用"的教学环节,Z 老师引导学生研讨文本中所蕴含的文化内涵,并讨论总结文本中文化负载词的定义、分类以及翻译方法,体现了"以学生为中心"的教学理念，有助于提高学生用英文进行中国文化表达的能力，也为同学们以后翻译文化负载词提供了相关经验。在"建构中国话语，传播中华文化"环节，学生通过翻译文本完成相应任务，将所学经验灵活地运用于翻译实践。

在本翻译教学中，Z 老师并没有按照传统的教学方式一味地给学生灌输知识，而是采用合作学习模式，重视学生的合作学习，提升学生自主性，不断激发学生的求知欲和学习兴趣；同时，融入课程思政元素，提升学生对中国传统文化的认同感和文化自信，激发学生使用英语宣传中国文化的积极性和主动性。

案例思考题

1. 本案例中 Z 老师主要分析了《三体》中文化负载词英译的问题，在此文本中是否还存在其他的翻译难点呢？

2. Z 老师采用的学生合作学习的模式是一种怎样的模式？这种模式能够培养学生哪些能力？

3. Z 老师是如何引导学生发现问题并解决问题？这对其他课程的教学是否有可鉴之处？

4. Z 老师在进行翻译教学时，是否体现了"以输出为导向"和"以学生为主体"的教学理念？

5. 科幻文本的英译是否能推动中国文化的传播，推动中国文化走出去？

四、案例使用说明

（一）适用范围

适用对象：MTI 教师、翻译硕士、翻译专业本科生。
适用课程：文学翻译、翻译专业教师发展。

（二）教学目的

1. 掌握在翻译教学中如何充分体现学生的主体性，充分发挥教师主导的作用，以形成师生之间的良性互动。

2. 培养翻译教师的教学能力。

3. 培养学生增强文化自信，讲好中国故事的能力。

（三）关键要点

1. 相关理论

合作学习模式理论是从动机的角度出发，强调了合作目标对学生从事学业任务的诱因影响；发展理论则从认知的角度出发，重视合作学习对完成任务效果的影响（在达到小组目标的过程中是否每个小组成员都提高了自己的认知水平）。合作式学习有利于发展学生个体思维能力和动作技能，增强学生之间的沟通能力和包容能力，还能培养学生的团队精神，提高学生的学业成绩。

2. 关键知识点

翻译重难点分析、合作学习模式、翻译教学设计。

3. 关键能力点

对文本材料进行加工，引导学生总结翻译难点。在实践过程中，以理论为指导，引导学生发现并解决问题，提升独立思考的能力。在教学过程中，融入课程思政，提升学生对中国文化的认同感以及文化自信。

4. 案例分析思路

通过 Z 老师在课堂上对学生《三体》翻译实践的分析，及重难点的讲解及总结，引导翻译专业教师与教研员如何在翻译教学中培养学生自主思考问题和解决问题的能力，为翻译专业教师创新课堂教学设计提供借鉴。

（四）教学建议

1. 时间安排：研究生标准课两节（90 分钟）。

2. 环节安排：提前布置预习内容→课堂中学生分为 3～4 小组→根据教学情境小组合作讨论，解决问题→各组形成解决方案进行汇报→师生共同研讨→课后作业布置。

3. 人数要求：20 人左右的班级教学。

4. 教学方法：以产出为导向，以学生为主体，以教师讲授点评为辅。

5. 工具选择：多媒体教室，其他工具根据教学内容而定。

6. 活动建议：课前要求学生线上完成课前预习的任务，查找文本的相关资料以及观看相关视频，初步了解文本的作者以及相关背景信息，教师也要提前准备好资料并根据教学内容进行教学情境的初步构建。课中学生应该主动地参与到课堂中，积极地参与小组合作并完成相关的任务，教师要充分发挥其主导作用，激发学生的求知欲，引导学生进一步发现并解决问题。课后教师应该及时进行教学反思，总结本课堂的收获以及问题，以便为后续的教学行为提供方向。

（五）推荐阅读

［1］曹秀萍，黄玉梅. 小组合作学习模式下翻译纠错效果的实证研究：以一项非英语专业汉译英纠错实验教学为例［J］. 湖北文理学院学报，2015，36，（03）：72－75.

［2］胡戈. 后现代科幻小说：评威廉·吉布森的赛博朋克科幻作品［J］. 牡丹江大学学报，2022，31，（07）：46－50.

［3］李卓容. 模因论视角下《三体》英译本中文化负载词的翻译策略研究［J］. 内蒙古师范大学学报（哲学社会科学版），2019，48（03）：96－100.

［4］刘红. 中国文学"走出去"现状和对策研究：以《三体》版权输出为例［J］. 科技与出版，2018，（07），132－137.

［5］刘维杰. 目的论视角下《三体》中文化负载词的翻译策略［D］. 北京外国语大学，2022.

［6］廖七一. 当代西方翻译理论探索［M］. 南京：译林出版社，2000.

［7］吴瑾瑾. 中国当代科幻小说的海外传播及其启示：以刘慈欣的《三体》为例［J］. 山东大学学报（哲学社会科学版），2021，（06）：172－184.

［8］许浩. 厚翻译理论视角下科幻小说《三体》英译文中文化词语的翻译策略研究［D］. 广州：广东外语外贸大学，2017.

［9］支浩洁. 目的论视角下《三体》中文化负载词翻译策略研究［D］. 长春：吉林大学，2022.

［10］周海燕. 翻译课堂中合作学习模式的可行性研究［J］. 河南理工大学学报（社会科学版），2018，19（03）：119－124.

［11］Newmark，P. A Textbook of Translation［M］. Shanghai：Shanghai Foreign Language Education Press，2001.

案例十三　理论与实践：翻译硕士《红楼梦》中国特色文化翻译能力培养①②

摘　要：翻译理论是总结于实践过程的经验，与时俱进的翻译理论可给予实际操作一定的正面指导，其落脚点在于实践；在翻译实践过程中，理论获得检验和发展，并指导翻译技巧的提升。W 老师的"理论与实践：翻译硕士《红楼梦》中国特色文化翻译能力培养"一课，采用发现式学习教学模式，分为翻译背景知识介绍、翻译练习和评价与鉴赏三个教学环节。通过本课的教学，以期提高翻译硕士的中国特色文化翻译能力与批评鉴赏能力。

关键词：《红楼梦》；中国特色文化；典籍英译教学；翻译硕士

Theory and Practice：Cultivating Ability of MTI to Translate Chinese Characteristic Culture in *A Dream of Red Mansions*

Abstract：Translation theories are formulated from practical experiences and provide guidance for effective translation practices to improve translation quality. Also，translation practice allows for the testing and refinement of translation theories，leading to the development of more sophisticated translation skills. Professor W's "Theory and Practice：Cultivating Ability of MTI to Translate Chinese Characteristic Culture in A Dream of Red Mansions" employs a discovery-based learning

①　**作者简介：**凌芊，女，湖南株洲人，湖南科技大学外国语学院英语笔译专业研究生；禹玲，女，湖南湘潭人，湖南科技大学外国语学院教授，硕士生导师。

②　**编制说明：**按照调研学习及当事人的要求，作者对案例所涉及的学校名称、人员及相关数据，做了必要的掩饰性处理；本案例仅供教学之用，无意提倡或暗示某种管理理念、方法或体制比其他的理念、方法或体制更为有效或合理。

and teaching model that comprises three teaching sections: the introduction of *A Dream of Red Mansions* and translation background knowledge, translation practice, evaluation and appreciation. evaluation onstudents' exercises. This lesson aims to improve the cultural translation skills and critical appreciation abilities of MTI candidates.

Key words：*A Dream of Red Mansions*；Chinese characteristic culture；English translation teaching of Chinese classics；MTI candidates

一、背景信息

伟大的文学经典《红楼梦》是优秀传统文化的杰出代表，对于红学的讨论与研究已经持续上百年的历史，可见其在中华文化中地位之高。在翻译中，关于特色文化的内容一直都是比较复杂和困难的部分，深刻地体现着一个民族的特点和特色，因此特色文化的翻译十分考验译者的翻译水平、翻译素养、知识广度和知识深度。《红楼梦》作为一部经典的中华小说，蕴含着源远流长的中华文化和丰富浓厚的特色文化，如何引导学生找到其中蕴含的特色文化的翻译方法是本课主要教学目标。

本案例来自 W 老师给 2022 级 MTI 学生上的一堂翻译实践课。该班共有学生 19 名，学生在本科阶段基本上为英语专业，都上过翻译课程，具有一定翻译经验，但只有极少数人参加过社会翻译实践。本堂课首先在课前让学生带着问题去查找相关资料，在上课时分享查找到的知识，对于翻译问题进行探讨。学生进行翻译实践，总结翻译《红楼梦》中的特色文化的问题。对于翻译问题提出各种可能性及解决方法，最后对各种可能性进行反复求证、讨论、寻求答案，最终得出结论。

在本课题中，W 老师全程采取了发现式学习的教学模式。发现式学习的教学模式是以培养学生探索知识、发现知识为主要目标的一种教学模式。这种模式最根本的地方在于让学生像科学家一样去发现，以体验知识产生的过程。

W 老师在教学设计方面的创新性主要体现在以下几个方面：一是在教学环节的推进中，采取发现式学习的教学模式，让学生在翻译实践中发现棘手的翻译问题，带着翻译问题去找寻合适的解决方案；二是在教学手段使用上，以 QQ 平台为依托，课前发布翻译任务让学生做好课程准备，在课程过程中，发布自己译文和小组总结问题的情况，以便交流翻译情况，在课后发布翻译作业；三是在学习方式上，以学生主动探究、合作探究学习为主，教师补充为辅的方式，充分调动学生的主观能动性，在教师与学生共同探索创新下解决实际翻译问题。

对《红楼梦》中特色文化翻译的学习及实践，使学生认识到中华传统文化的深邃与魅力，在更加重视优良中华传统文化的同时，继承其中的精髓。在学好学精中华文化的同时，学生们向全世界人民介绍和宣传优秀的中华文化，向全球热爱中华文化的人民传播最真实最精华的文化内容，不断深入推广中华传统文化，丰富世界文化。

二、案例正文

（一）引入，背景知识介绍

外语楼清脆的上课铃声响起，22 级翻译硕士的学生坐在教室中，打开了各自的电脑、iPad 和翻译练习本，拿出笔，做了充足的课前准备工作，等待着 W 老师上课。W 老师笑容满面，在讲台上操作笔记本电脑，开始了今天的授课：

"昨天我已将《红楼梦》的翻译文档发送在 QQ 班级群中，相信各位同学们已经在课前通读了整个文件，对于我们即将要讲的主题已经有了大致的了解，并且也对于其中的任务进行了相应的准备，那么今天就让我们开始探讨《红楼梦》特色文化翻译这个主题。那么老师想问各位同学一个问题，对于《红楼梦》的译本，你们了解哪些呢？"

由于同学们做了课前准备，积极踊跃地回答。

A 同学答道："我了解有杨宪益、戴乃迭夫妇的译本，其译文策略主要偏向异化翻译，为目的语读者保留异国风情；还有霍克斯译本，他的译本相对杨氏夫妇译本而言更偏向归化翻译，目的语读者在阅读时有更多熟悉的内容。这两个译本是《红楼梦》十分经典的译本。"

B 同学随即便举起了手："老师我在'知网''读秀'等学术性网站搜索时，发现还有乔利的译本以及林语堂的译文都是学者们探讨比较热烈的版本，有许多学者使用他们的译本做该方面的研究。"

其余同学纷纷点头，对 A 和 B 同学的答案表示赞同。

W 老师随即微笑着说："不错，同学们在课前都做好了充分的准备工作，为自己的翻译文本做了背景知识调查。搜索一些不同译本是很重要的，可以了解不同译本的翻译风格和特点，同学们可以吸取其中的一些翻译优点，也可以在实践中避免这些译者出现的翻译问题。现在和老师一起来大致了解一下《红楼梦》的不同译本。"

　　W 老师随即打开了事先准备的表格。（见表 13.1）

表 13.1　《红楼梦》英译本统计表

《红楼梦》英译本统计表			
序号	译本	译名	出版时间
1	杨宪益、戴乃迭夫妇译本	*A Dream of Red Mansions*	1978－1980 年
2	霍克斯译本	*The Story of The Stone*	1973－1980 年
3	乔利译本	*The Dream of The Red Chamber*	1892－1893 年
4	林语堂译本	*The Red Chamber Dream*	1954－1973 年翻译，未出版
5	王际真译本	*Dream of the Red Chamber*	1929 年
6	麦克休姐妹译本	*The Dream of The Red Chamber*	1958 年
7	邦斯尔译本	*The Dream of The Red Chamber*	完成于 20 世纪 50 年代末，未正式出版，2004 年以电子版在香港大学图书馆发布
8	包腊译本（前八回）	*The Dream of the Red Chamber（Hung Low Meng）*	1868－1869 年

　　"除了同学们提到的几个最为熟悉的中译本呢，老师这边统计了一个较为常见的中译本表格，包括王际真译本、麦克休姐妹译本、邦斯尔译本、包腊译本等等，其中当前翻译界认为大家普遍轻视了非全译本所带来的作用，例如英国传教士包腊译本实际上是翻译了《红楼梦》的前八个章回，但是却对于 19 世纪的英国甚至欧洲产生了较大的影响。不同的译本也呈现出不同的特点，有学者发现包腊译本的叙述部分和诗词部分呈现出不同的语言特点和翻译风格。包腊译本在叙述部分力求浅显易懂，在诗词部分呈现出较高的文学艺术性，为后来《红楼梦》译本的发展带来启发和借鉴。① 同学们可以课下对于不同的译本特点进行分析总结，整理出每个译本的主要风格，这样更利于改善自己的翻译实践。"W 老师说道。

---

　　① 于泽洋，徐行，俞海婴.《红楼梦》包腊译本的定量研究 [J]. 名作欣赏，2020，（24）：76－78.

　　W 老师的讲解打开了同学们的思路。C 同学抛出了一个问题："在课前任务中，同学们分析了曹雪芹对于宗教的态度，我想知道其他同学有什么想法呢？同学们觉得《红楼梦》最主要的两种宗教思想是什么？"

　　D 同学犹豫了一会回答："我认为在该部小说中，曹雪芹主要体现了佛、道两种宗教思想，描写时两种思想混在一起，时常同时出现，比如'和尚'和'道人'会一起出场。"

　　W 老师微笑说："这位同学阅读非常仔细，看来课下时常研读这部小说。从《红楼梦》中跛足道人及癞头和尚的形象可以看到曹雪芹的救世思想，曹雪芹对这二人在凡尘中的外貌的描写却让人不敢恭维。'癞头跳脚''跛足蓬头''疯疯癫癫'，这与现今社会上一些行乞的人的外貌没有多大差距，这让人感到十分困惑。既然身怀奇才，却又面目丑陋。但通读全文后能发现，这是曹雪芹对于这二人的一个反衬手法。通过外貌的残缺来衬托出内在品德才行的完美。这种写作手法是深受庄子的影响。在《庄子·德充符》中就描写了许多外貌形体有着残缺，却身怀完美品德的人，如：王骀，虽然断了脚，却对人们的教化有着潜移默化之功，连孔子都要拜他为师；哀骀，它面貌丑陋，见到他的人都会感到惊骇，但是所有人都愿意亲近他，因为他有着完美的品德。庄子笔下的这些人物正和《红楼梦》中的跛足道人和癞头和尚一样，外貌丑陋、身有缺陷，却身怀大德。曹雪芹这样写，一是对当时社会上一些'金玉其外，败絮其中'的人的讽刺，二是由于曹雪芹自身的思想矛盾，三便是这二人寄托了曹雪芹渴望通过佛道两种思想来拯救当时无所出路的社会。因此，在《红楼梦》中，曹雪芹并没有对佛道之间的界限分得很清楚，以至于在书中有着两种哲学思想混杂、两种哲学思想相依的现象，所以在《红楼梦》中，癞头和尚和跛足道人总是不分开的，俩人出场时总是僧不离道、道不离僧。①"

　　E 同学感到疑惑，提出问题："老师，我认为曹雪芹本身家道衰落，是从大家族中走出来，十分了解统治阶级的虚伪性。曹雪芹有没有可能对这两种思想持有一定的反对态度？"

　　W 老师欣慰一笑，说："这位同学见解独到，有自己的想法。确实在《红楼梦》六十三回中就有内容揭露神仙鬼怪以及佛道思想之类的荒诞无稽，讽刺了贾敬、贾赦之流的愚蠢与可笑。这在某方面可以说明曹雪芹对

于佛道思想持有一定程度的反对态度。"

F 同学打开思路，提出疑问："了解到曹雪芹对于佛道思维的态度后，那么与《红楼梦》有怎样的联系？"

G 同学积极答道："《红楼梦》中有一些诗词都是含有浓厚的佛道色彩的，比如小说开篇的《好了歌》，有一些咏物诗，像《春灯谜》《白海棠诗》《菊花诗》《螃蟹咏》等等里面都提到了这方面的内容。"

W 老师微笑说："这位同学阅读非常细致，对于原著以及相关的学术论文都进行了仔细地查阅。《红楼梦》全书都是建构在对立统一框架上的。太虚幻境与大观园、天上的警幻仙姑与人间的僧道、木石前盟与金玉良缘、好与了、甄士隐与贾雨村、贾宝玉与甄宝玉、贾政与贾宝玉、林黛玉与薛宝钗等等，无不是对立统一的。林黛玉的前身是西方灵河岸的一棵绛珠草，故而姓林，她秉承警幻仙子旨意，为了还泪报恩来到人间。她与神瑛侍者贾宝玉同为贾母的外孙女和孙子，又同住大观园。林黛玉来到人间是为了'还泪'，性格自然多疑善愁；还由于她原是神仙世界的一棵草，故而带有仙界不喜束缚、热爱自由、鄙弃人间仕途的明显特征。①"

W 老师说："我们一起了解了这么多背景知识，可见曹雪芹在写《红楼梦》时，融入了许多特色文化的内容，其对于佛道思想的态度在某些方面是持有反对态度的。现在我们将其运用到翻译实践中来，看看翻译效果！"

W 老师让学生们打开翻译硕士《红楼梦》特色文化翻译文档，同学们迅速进入了翻译状态，老师则在教室中走动，及时回答同学们提出的问题。

教学评价： 在此教学环节中，通过老师和学生两方不断抛出问题，让学生自行思考译前需要做好的准备以及对于材料搜索与整理相关的问题。在学生充分思考后，鼓励学生积极对于问题提出自己的见解，再对相关回答进行补充，并在此过程中更加深入地了解《红楼梦》不同版本的译文、原作者曹雪芹对于佛道思想的态度和看法、《红楼梦》中的佛道思想内容。这里属于发现式学习教学模式的第一步提出问题或情境与第二步探索与研究，学生是带着问题去学习，老师创设问题情境，老师通过介绍《红楼梦》哲学思想相关背景知识，情境中的问题既匹配学生已有的知识能力，又需经一番努力才能解决，而促使学生对未知事物进行探究。一步步引导学生进行更加深入的思考，打破思维局限，开拓视

---

① 杨建波. 佛道框架下的《红楼梦》[J]. 湖北社会科学，2003，(11)：34—35.

野，建立更加全面的思维方式，同时又不失探索和解决问题的乐趣。相关背景知识介绍清楚之后，W 老师紧接着给学生布置了课堂任务，促成学生的知识建构与教师的干预。W 老师通过不断交流的过程觉察学生知识欠缺的地方，不仅有利于学生自行查漏补缺，理清了相关基础知识，又明确了本节课的教学目标，即如何翻译《红楼梦》中特色文化相关的问题，且在此过程中通过老师和学生之间的互动，锻炼学生资料搜索和整理的能力，提高学生的表达能力，也充分发挥了教师的引导作用。

（二）练习，实践中反思不足

具备充分的背景知识才能更好地推进翻译实践，进行扎实的翻译实践才能在过程中找到实际翻译问题，总结出相关翻译重难点，从而推进翻译实践课堂的有效进行。W 老师在布置完翻译任务之后，引导学生在翻译的过程中及时反思。15 分钟一晃而过，同学们已经完成课前任务中部分对话的翻译，所有同学都在规定时间内完成了译文。

W 老师会心一笑说道："同学们都在规定时间内完成了任务，课前的翻译任务也按时按量完成好了。老师将同学们课前翻译的内容收集起来，展示在 PPT 上，大家看看彼此的译文，总结一下同学们普遍存在的问题与疑惑。"

部分同学主动展示了自己的译文。（见表 13.2、表 13.3、表 13.4、表 13.5）W 老师从第一句开始问："第一句练习的原文为'此开卷第一回也。作者自云："因曾历过一番梦幻之后，故将真事隐去。"'，有没有同学找到经典的参考译文呢？你觉得自己的译文和参考译文的区别在哪里？"

表 13.2 原文与学生译文（1）

原文	此开卷第一回也。作者自云："因曾历过一番梦幻之后，故将真事隐去。"
译文 1	This open book is the first time. Author："After experiencing a dream，he hid the real thing."
译文 2	This is the first time to open a book. The author said："because he had experienced a dream，he hid the real thing."
译文 3	This is the first time to open the book. The author Ziyun："After experiencing a dream，the real story is hidden."

H 同学积极回答："我找到了杨宪益夫妇的译文，是'This is the opening chapter of the novel. In writing this story of the Stone the author wanted to record certain of his dreams and illusions，but he tried to hide the true facts of his experience by using the allegory of the jade of "Spiritual Understanding." 我将'梦幻'一词译成'dream'，却不理解'梦幻'的深层含义，并且忽略了'真事'这一词的含义，没有将其具体地翻译出来。"

W老师继续补充道："这位同学意识到了自己译文的缺陷，翻译首先是要理解原文，才能开始动手翻译。同学们没有理解'梦幻'的隐藏的文化内涵，所以简单理解成'dream'。'梦幻'源自《金刚经·应化非真分》的'六如'：'一切为有法，如梦、幻、泡、影，如露亦如电，应作如是观'，意为人生如梦幻泡影，亦如露水如闪电，虚而不实，多变无常，稍纵即逝。据《红楼梦大辞典》的解释，这里的'梦幻'应理解为'历经巨大变故，深感世事如梦幻一般的经历'。杨宪益夫妇取其字面意思译为'dreams and illusions'（梦想和幻觉）。英语中，'dreams'通常是指人在睡眠状态下的心理活动，也可指梦想；它的哲学思想意义主要在于上帝在梦里向他的子民传递旨意，如《圣经·创世纪》，上帝在雅各远离父母时，通过梦的形式向雅各显现一把梯子立在地上，预示着基督为人类打通通天的道路。'illusion'意思在'幻想'，突出了原文隐含的哲学意蕴——虚幻无实。也许这正是译者的苦心，通过移植源语的语言形式和字面意思，忠实地保持了源语哲学思想概念的独特性，使原汁原味的源语文化逐渐被译语社区接受和认可。① 这也是同学要学习的优秀译者，煞费苦心把译文做到最佳。好，了解了第一句的哲学思想内涵，我们来继续分析下一句的译文，有哪位同学自我分析一下？"

表 13.3　原文与学生译文（2）

原文	忽然这日有个跛足道人，来化斋，口称专治冤孽之症。
译文 1	Suddenly, on this day, a lame Taoist came to fast, saying that he specialized in curing the first disease of injustice.
译文 2	Suddenly a lame man came to break his fast, claiming to cure the first disease of evil.
译文 3	Suddenly, a lame Taoist came to Huazhai one day, saying that he only cured the first disease of injustice.

① 俞森林，凌冰. 东来西去的《红楼梦》宗教文化：杨译《红楼梦》宗教文化概念的认知翻译策略［J］. 红楼梦学刊，2010，（06）：79－99.

I 同学积极回答:"第二句的原文是'忽然这日有个跛足道人,来化斋,口称专治冤孽之症。',我搜索到了杨宪益夫妇的译文,是'One day a lame Taoist priest came begging for alms and professes to have specialized in curing diseases due to retribution.',还有霍克斯的译文,是'One day a lame Taoist appeared at the door asking for alms and claiming to be able to cure retributory illnesses.',其中我虽然把'道人'翻译出来了,但是'化斋'只能音译(见译文 3),'冤孽之症'也理解为'disease of injustice',未曾想到其中的哲学思想深意。"

W 老师继续这位同学的分析:"这位同学分析比较到位,'冤孽之症'你们仅仅想到的是'不公平',但是这实际上与佛教思想有非常紧密的联系。因果报应是佛教的基本教义,起于原始'十二缘起论'。'十二缘起论','无明、行、识、名色、六入、触、受、爱、取、有、生、老死',说的是因果报应、生死轮回,是对人生的基本阐释,如'有因有缘集世间,有因有缘世间集,有因有缘灭世间,有因有缘世间灭',意指每个人的身心活动,必会得到果报。千百年来民间对自然的神秘信仰,对神灵的敬畏,融合中华传统思想文化的精髓,如警世玄理和修道成仙,产生了多种多样的思想观念。'冤孽(业)之症'具有迷信色彩,指因造孽而得病症。曹雪芹描写贾瑞沉迷情欲,好色丧德是一种病,是"邪思妄动之症"。'孽(业)'和'报'是佛教业报轮回说的基本概念,体现了善有福报,恶有罪报的因果关系。译者将"冤孽"翻译成'retribution',即'报应,惩罚'。译者并没有将该词的佛教色彩滤除或者替代,而是选择相关译语形式进行移植(transplantation)来传递原文信息,即通过直译转换语码:冤孽之症——'diseases due to retribution'。① 从这里我们可以借鉴杨宪益夫妇和霍克斯译文技巧,用移植和通过直译转换语码,同学们在今后的翻译中可以运用起来。下面这一个例子与其他例子有所区别,是《红楼梦》第九十八回的章回标题,'苦绛珠魂归离恨天 病神瑛泪洒相思地',有没有同学和我们分享一下翻译这个标题的心得?"

---

① 俞森林,凌冰. 东来西去的《红楼梦》宗教文化:杨译《红楼梦》宗教文化概念的认知翻译策略 [J]. 红楼梦学刊,2010,(06):79—99.

表 13.4　原文与学生译文 (3)

原文	苦绛珠魂归离恨天　病神瑛泪洒相思地
译文 1	The soul of the bitter pearl returned to hate the heavens, and the sick God Ying shed tears in love.
译文 2	Bitterpearl bead soul from hate day sick God Ying tears acacia.
译文 3	The soul of bitter crimson bead returns to leave and hate the sky, and the sick god Ying sheds tears.

J 同学积极分享自己的心得："首先是对这个'绛珠'和'神瑛'的理解，是否直接翻译字面意思，还是译为'宝玉'和'黛玉'。这里我比较犹豫。我找到了杨宪益夫妇的译文'Unhappy Vermilion Pearl's Spirit Returns in Sorrow to Heaven; Deranged Shen Ying Sheds Tears in the Lodge of His Loved'，而且标有注文'One Notes：The Goddess of Disenchantment granted her attendant Shen Ying's wish to assume human form，and gave the Vermilion Pearl Plant this chance to repay her debt of gratitude to him by a lifetime of tears in the world of men. Shen Ying was reincarnated as Pao-yu，Vermilion Pearl as Tai-yu.'，还有霍克斯的译文'Crimson Pearl's suffering spirit returns to the Realm of Separation And the convalescent Stone-in-waiting weeps at the scene of past affection'。"

K 同学继续补充回答："我认为在翻译时还是保留原文的字面意思，标题应该简洁精练，但是以何种方式向读者解释其中的深意和隐喻，这是让我困惑的地方。"

W 老师继续这两位同学的分析："不错，这两位同学有对标题特殊处理的意识。《红楼梦》的章回目录格式简洁工整，语言形式优美。'绛珠仙子'和'神瑛侍者'是作者虚拟的神话人物，杨宪益在翻译时紧扣字面意思，移植了源语概念的语言形式，即直接转换成译语形式'Vermilion Pearl'和'Shen Ying'，因此保留了原文回目中简洁的特点和对应的语言结构，并且通过加注的形式，向读者传达'绛珠仙子'和'神瑛侍者'这个神话故事中蕴含的宝黛爱情的悲剧是前生注定的思想文化信息，体现了因果轮回观和谪凡观。据佛教思想的因果轮回观，前世神瑛侍者对绛珠的灌溉之恩，一施一受，黛玉今生必须（用泪）偿还所受的甘露恩惠——'repay her debt of gratitude by a life time of tears in the world of men'，然而最终两人的今生情缘还是以悲剧结局，也许这就是'但实际上就是一切众生（无情、有情）在因果范畴之中来来回回地走了一串'。此外，道教文化中认为，不仅凡人可以修道成仙，仙人也会'因为触犯天条而堕入凡尘世界沦为凡人'。小说中作者虚构了'凡心偶炽'的'神瑛侍者'和'绛珠仙子'下凡的神话，是'典型的谪世托生模式'。译者在注文中向读者解释了'神瑛侍者'和'绛珠仙子'是宝黛二人的前世——'Shen Ying was reincarnated as Baoyu, Vermilion Pearl as Daiyu'。貌似简单随意的一笔，实则向译语读者介绍了哲学思想的业报轮回说，并糅合了中国特色文化的仙人下凡思想，使原文蕴含的哲学思想背景一目了然。① 因此我们也学习到在文学翻译中，关键时刻需要用这种加注的形式，以便读者对于原文的人物与情节的理解，同时也传播了中华特殊的思想文化。现在我们进入今天最后一个句子的翻译，同学们注意，对于《红楼梦》中特色文化的翻译，我们可以分类出不同的处理方式。"

表 13.5　原文与学生译文（4）

原文	备细一闻，弟子则洗耳谛听，稍能警省，亦可免沉沦之苦。
译文 1	Be prepared to smell carefully, and the disciples will listen to the truth, and if they can be alerted a little, they can also avoid the suffering of sinking.
译文 2	To learn more about it, the disciples would listen to it for a little warning and to avoid the pain of sinking.
译文 3	If you hear it carefully, the disciples will listen carefully, and if you can be alert, you can avoid the suffering of sinking.

L 同学积极回答："原文为'备细一闻，弟子则洗耳谛听，稍能警省，亦可免沉沦之苦。'，'沉沦'一词我可能理解为'indulgence'，尘世各种诱惑所导致的'沉沦'。我对比了杨宪益夫妇的译文'If you would kindly elucidate to enlighten me, I promise to listen most attentively. For profiting by your wisdom may prove my salvation.'，霍克斯的译文'If you would have the very great kindness to enlighten my benighted understanding with a somewhat fuller account of what you were discussing, I can promise you the most devout attention. I feel sure that

---

① 俞森林，凌冰. 东来西去的《红楼梦》宗教文化：杨译《红楼梦》宗教文化概念的认知翻译策略 [J]. 红楼梦学刊，2010，(06)：79—99.

your teaching would have a salutary effect on me and—who knows—might save me from the pains of hell. '，霍克斯的译文是我现在能够达到的水平，'save me from the pains of hell'，将'沉沦'理解为'地狱中所要历经的痛苦'。"

　　W老师微笑点头，接着这位同学分析："这位同学对自己的翻译能力现状有比较清晰的定位。对比两位大家的译文，确实'salvation'这个翻译需要经过深入的思考，译者才能想出这个极具西方主流宗教思想色彩的词，而'save me from the pains of hell'则相较之下没有那么浓厚的宗教色彩。'沉轮'与'轮回'有关，'轮回'是梵文'Samsara'的意译，又译'流转'，指众生在未解脱前，各依所作善恶业因，在六道（天、人、阿修罗、地狱、恶鬼、畜生）中生死相续、循环不已，如车轮之回旋无穷。原文中的'沉沦'，原指受到'植恶因，得恶果'的苦难，在生死轮回中永远不得解脱。《八大人觉经》载：'第五觉悟，愚痴生死，菩萨常念，广学多闻，增长智慧，成就辩才，教化一切，悉以大乐'，指出了众生之所以会沉沦生死轮回之苦不得解脱，是因为自古以来人们由于迷惑无知，才使自己沉沦，才造成了人世间的各种烦恼与痛苦。'而觉悟了的菩萨则常常认识到，只有博学多闻才能增长自己的学问智慧，使自己获得宣讲哲学思想圆通流畅、无所滞碍的才能，教化一切众生，使他们都能够得到救赎'Salvation'在西方主流宗教思想中表示神的救恩，指灵魂得到拯救，获得远离生死、彻底解脱的大快乐'。西方主流宗教思想称耶稣为救世主，认为耶稣是为了拯救相信他的人，摆脱罪恶，获得永生。基督徒认为唯有相信与依靠救世主耶稣为人赎罪，才能够求得死后永生。译者选择用'salvation'来替换源语概念，虽然找不到原文蕴含的佛教思想基本教义'轮回'的影子，但是都一致表现出教化者或救赎者的慈悲和仁慈，以及对佛祖或耶稣拥有的超人力量的崇拜，基本向译语读者传递了原文中的主要信息。也许，正是因为中国的宗教思想和西方的主流宗教思想的神性论，在其信仰对象都具有超乎于人之上的超越性这一点上，是有彼此相通之处的，译者巧妙地用'salvation'替代原文，多少能在译语读者心中产生异曲同工的共鸣吧。[1]"

　　W老师继续提问："同学们在学习完这四个例子后，按小组总结一下

----

　　[1]　俞森林，凌冰. 东来西去的《红楼梦》宗教文化：杨译《红楼梦》宗教文化概念的认知翻译策略 [J]. 红楼梦学刊，2010，(06)：79—99.

翻译问题，大家互相交流一下，通过查阅学术论文等方式自主寻求解决方案；等完成后，我们来总结一下这些问题具体怎么处理。"

W 老师话音刚落，教室里就响起了热烈的讨论声，W 老师也加入了同学们的讨论中来。

教学评价： 在翻译练习过程的部分，W 老师利用不同类型的原文例子考查学生的翻译能力，引导学生自主提出疑问，对比分析自己的译文与名家译文的区别与差距，找出自己翻译的难点。学生互相解答彼此的困惑点，W 老师对同学们的疑问和解答进行深入补充。此部分属于发现式教学模式的第二步"创设情境"和第三步"提出假设"。老师通过布置翻译任务，创设问题情境，情境中的问题既匹配学生已有的翻译知识能力，又需经一番努力才能解决，而促使学生对未知进行探究；老师通过引导学生自主寻找解决方法，让学生提出假设，学生利用所掌握的资料，对翻译问题提出各种可能性。W 老师引导学生以小组合作的方式在实践中抓住关键翻译问题，展现同学们的译文，互相了解彼此的翻译状况和水平、翻译问题和疑惑，通过小组合作的方式总结各自小组的问题，以小组的方式展现普遍的问题，也以小组合作的方式寻求问题的解决方案，集思广益，总结出问题。在实践完成后并没有采取传统的译文评价方式，而是让同学们自主讨论，总结在实践中遇到的真实的翻译问题，再对译文进行润色。自主学习，让学生成为课堂的主体，同时通过小组合作讨论译文，W 老师也发挥了引导作用，引导学生利用网络资源搜索相关信息和讨论交流；充分调动学生的主观能动性，让同学们主动思考翻译过程中产生的问题，以问题为导向探讨优化译文的方式。

（三）评价，全面看待问题

同学们认真阅读自己的译文、其他同学的译文和名家的译文，积极进行讨论，还有同学在细心地做着记录，小组交流的时间很快就过去了。

"好的，时间到了，同学们，大家刚刚又带着问题看了一遍自己的译文，也对比分析了其他同学的译文，以及名家的翻译版本。现在我们来讨论大家普遍需要解决的翻译问题以及处理方式！"

组长陆续将小组成员总结的问题以文字形式发在了群里，表13.6 为小组问题总结：

表 13.6　小组问题总结

第一组
1. 对于中国传统宗教思想中的一些专有名词，有难以理解的地方。 2. 对于中国特色文化中特殊的含有宗教色彩的词语，往往含义丰富，不懂怎么简洁明了地翻译出来。
第二组
虽然有些句子和段落可能当时可以勉强翻译出来，但是难以结合整篇小说，从整体上统一作者对于这些思想的态度，在这一方面如何去协调与统一呢？
第三组
在翻译遇到困难时，我们尝试寻找相关宗教思想翻译的平行文本，但是要找相关性比较强的平行文本有些吃力，有什么方式和渠道找相关平行文本呢？

组长上传了组内问题之后，立马引起了同学们的兴趣，纷纷对照自己的译文，看是否存在类似的问题或者是否注意到了相关重点。

M 同学积极回答："每一组同学发现的问题都有各自的特色，我归纳了下，同学们在翻译过程遇到的重难点有以下几点：一是对于中国特色文化中专有名词的翻译；二是难以找到相关贴近的平行文本；三是对于中国特色文化中特殊的含有宗教色彩的词语理解；四是难以结合整篇小说，从整体上统一关于作者对于宗教思想的态度。"

W 老师问道："这位同学归纳得比较全面，大家在修改自己翻译的时候，重点关注一下这些问题。通过每个译文的讲解，哪位同学可以总结一下里面所提到的解决方案吗？"

N 同学积极答道："有一点是移植中国宗教思想文化，还有一点是阐释中国宗教思想文化内涵，我认为这两点是刚刚的译文和分析中所蕴含的精华。"

W 老师说："不错，这位同学的总结能力很强。除了你提到的这两点呢，还有替换，或者是过滤，但是这种情况下不可避免地会造成文化流失。经过同学们讨论合作，查找网络信息，以及刚刚的译文分析，大家对于解决方案是否有了答案呢？有没有同学可以来解答一下呢？"

O 同学主动答道："对于中国特色文化中的专有名词，我们可以找到经典的平行文本，而对于寻找平行文本，我们可以通过查找各种语料库和数据库来达到我们的目的；对于中国特色文化中含有宗教色彩的词语理解，我们可以通过各种学术论文和著作来看其中的分析和理解；难以结合整篇小说，从整体上统一关于作者的态度，则需要我们熟悉原著本身，并且观察其他有影响力的译文，总结他们的译文风格，从而形成自己的理解，再加以统一。"

　　W 老师欣慰一笑，说："我们班积极准备，思考很有深度，叙述也很有条理。老师这里再补充一点，我们在翻译时所参考的文献资料呢，尽量查找有学术分量，在学术界有影响力的论文和著作，质量会更加优质，给予我们翻译提供更有利的思路。好了，认真研讨问题的时间总是过得很快，主体课程基本步入尾声，相信大家今天收获满满，大家就利用今天所收获的知识，趁热打铁，修改本节课讨论的例子，以及完成《红楼梦》特色文化相关内容的翻译任务，老师会将翻译任务发在 QQ 群中，大家运用今天总结的翻译方法，在翻译实践中检验是否能够解决出现的问题。"

> **教学评价：**在这个部分，学生在对比自己、其他同学以及名家译文之后，带着同伴和 W 老师提出的问题，以小组的形式总结翻译问题。学生经过讨论与查阅特色文化的资料后，反思自己的译文，W 老师引导学生主动归纳解决方案，总结对于《红楼梦》特色文化的翻译方法，对翻译方法进行分类。此部分采取发现式教学模式的第三步"提出假设"与第四步"检验假设"，老师引导学生通过小组讨论、论文阅读、专著检索等方式寻求解决翻译问题的方法，提出假设，学生利用所掌握的资料对问题提出各种可能性。紧接着引导学生检验假设，得出相应结论，对各种解决方案的可能性进行反复地求证、讨论、寻求翻译《红楼梦》特色文化内容的方案。对于学生忽略的部分，W 老师进行了补充。随后布置课后任务，帮助学生巩固今天所学到的理论知识，运用和熟悉其用法。

三、总结

　　对于中国传统特色文化及《红楼梦》的理解，自古以来就是一个难点，而《红楼梦》与特色文化相结合更是难上加难，需要对两者有深入的背景知识了解，才能理解原文本的真实内涵，从而进行翻译，进行中华文化的传播。《红楼梦》特色文化的翻译及传播并非一日之功，需要译者长年累月对于《红楼梦》特色文化的细致挖掘，参考与借鉴其他译者的长处，反思自己的译文。

　　在本教学案例中，W 老师采用了发现式学习模式，老师引导学生通过学术网站、同学间讨论交流等渠道寻求解决翻译问题的方法，提出假设，学生利用所掌握的资料，对问题提出各种可能性；紧接着引导学生检验假设，得出相应的结论，对各种解决方案的可能性进行反复地求证、讨论、寻求翻译《红楼梦》特色文化内容的方案。在实践环节，采取合作翻译的方式来保证译文质量，确定翻译难点。从而在评价环节重点放在解决翻译上面，推进学生对知识点的进一步掌握，培养学生发现问题、解决问题的能力。在发现式学习教学模式下，W老师打破了传统的填鸭式教学方法，引导学生发现翻译问题，并寻找解决翻译问题的方法；引导学生迅速提出假设，利用多种方法寻找可能性，不断深入验证假设，最后得出对于《红楼梦》特色文化翻译解决方案的结论，同时促进了学生自主学习和探索能力，拓宽学生视野。

案例思考题

1. W老师采用的发现式学习模式是一种怎样的模式？此教学模式能够培养学生哪些能力？

2. 除了W老师在课堂上和学生们讨论的这些《红楼梦》特色文化翻译的要点，你觉得还要注意哪些问题？

3. W老师在进行《红楼梦》特色文化翻译教学时，是如何引导学生积极解决问题的呢？这对其他课堂教学是否有可鉴之处？

4. 除了W老师的方法，还可怎样利用网络平台来辅助教学？

5. 老师在教学过程中是如何起辅助作用的？这样的翻译教学对学生有何好处？

6. 作业布置还可以采用何种方式来巩固课堂所学，促进学生的课后学习？

四、案例使用说明

（一）适用范围

适用对象：MTI教师、翻译硕士、翻译专业本科生。

适用课程：文学翻译、翻译理论与技巧、翻译专业教师发展。

（二）教学目的

1. 掌握哲学思想内容的常见翻译方法。
2. 掌握文学翻译文本的解析方法。
3. 提高学生自主学习、团队协作的能力，培养学生的问题意识。
4. 培养翻译专业教师的创新能力与思维品质。

（三）关键要点

1. 相关理论

发现式学习模式：是以培养学生探索知识、发现知识为主要目标的一种教学模式。这种模式最根本的地方在于，让学生像科学家去发现，以体验知识产生的过程。基本程序如下：

（1）提出问题：教师选定一个或几个一般原理，学生一样带着问题去学习。

（2）创设问题情境：情境中的问题既适合学生已有的知识能力，又需经一番努力才能解决，而促使学生对未知事物进行探究。

（3）提出假设：学生利用所掌握的资料，对问题提出各种可能性。

（4）检验假设：得出结论，对各种可能性进行反复的求证、讨论、寻求答案。

2. 关键知识点

《红楼梦》特色文化翻译教学、发现式学习模式。

3. 关键能力点

提取文本材料中心要点，总结翻译过程相关重难点，培养学生与其他译员的小组合作能力、合作式学习能力、谈判能力和互动能力。在理论学习的过程中，注意分析有关实践的问题并总结有关经验。

4. 案例分析思路

通过分析 W 老师《红楼梦》中国特色文化翻译教学和引导学生进行翻译实践来总结文学翻译教学的创新点，引导翻译专业教师和教研员如何在翻译教学中实践发现式学习模式，为翻译专业教师创新课堂教学设计提供借鉴。

（四）教学建议

1. 时间安排：研究生标准课两节（90 分钟）。
2. 环节安排：提前布置预习内容→课堂中学生分为 4 小组→根据教学

情境小组作讨论，解决问题→各组形成解决方案进行汇报→师生共同研讨→课后作业布置。

3. 人数要求：25 人左右的班级教学。

4. 教学方法：学生合作探究为主，教师讲授点评为辅。

5. 工具选择：多媒体教室，其他工具根据教学内容而定。

6. 活动建议：课前要求学生自行搜集相关课程内容资料，进行初步了解，教师也要根据教学内容进行教学情境的初步构建。上课过程中让学生分小组合作完成任务，并进行汇报，尽量让更多的学生参与课堂，教师准备好点评资料和提纲。下课后教师及时进行教学反思，总结得失，以便改进后续的教学行为。

（五）推荐阅读

［1］Bruner，J. The Process of Education ［M］. Cambridge，MA：Harvard University Press，1960.

［2］Bruner，J. The Act of Discovery ［M］. Cambridge，MA：Harvard University Press，1961.

［3］Bruner，J. Toward a Theory of Instruction ［M］. Cambridge，MA：Harvard University Press，1966.

［4］Bruner，J. Going Beyond the Information Given ［M］. New York：Norton，1973.

［5］Hawkes，D，Minford，J.（Eds）. The Story of the Stone ［M］. London：Penguin Classics，1973.

［6］Yang，X Y，Yang，G（Eds）. A Dream of Red Mansions ［M］. Beijing：Foreign Language Press，2010.

［7］曹雪芹，高鹗. 红楼梦 ［M］. 北京：人民文学出版社，1996.

［8］何元建. 翻译认知过程中的两种编码机制 ［J］. 外语与翻译，2008，（01）：1－13.

［9］李汝. 从《红楼梦》中跛足道人及癫头和尚的形象看曹雪芹的佛道救世思想 ［C］//贵州省社会科学界联合会. 红楼纵横谈. 2012 年贵州省社会科学学术年会第二十二分会场暨贵州省《红楼梦》研究学会 2012 年学术年会论文集. ［出版者不详］，2012：11.

［10］任亮娥，杨坚定，孙鸿仁.《红楼梦》汉英平行语料库 ［DB/OL］.（2010－02－14）. http：//corpus. usx. edu. cn/.

［11］谢氏映凤（释坚莲）.《红楼梦》中的佛教思想探讨 ［D］. 福州：

福建师范大学，2009.

　　［12］杨建波. 佛道框架下的《红楼梦》［J］. 湖北社会科学，2003
（11）：34－35.

　　［13］俞森林，凌冰. 东来西去的《红楼梦》宗教文化：杨译《红楼
梦》宗教文化概念的认知翻译策略［J］. 红楼梦学刊，2010，（06）：
79－99.

　　［14］于泽洋，徐行，俞海婴.《红楼梦》包腊译本的定量研究［J］.
名作欣赏，2020，（24）：76－78.

案例十四　任务中成长：翻译硕士数字口译能力培养①②

摘　要：在英语笔译翻译硕士的教学中，学生的口译能力提升是当前英语笔译专业急需解决的难题，而数字口译是口译学习的难点之一。在 MTI 基础口译课程上，R 老师采用任务驱动教学法，以数字口译技巧为主线，串联三个教学环节，引导学生总结经验，并运用于口译实践。为培养英语笔译专业学生的口译能力提供了一个真实完整的教学案例。

关键词：翻译硕士；数字口译能力培养；任务驱动型教学法

Growing in Tasks：the Cultivation of Figure Interpreting Ability for MTI

Abstract：In the cultivation of MTI，how to develop the interpreting ability is a difficult point that we should solve. So in the class of Basic Interpreting，Miss. R adopts a task-driven teaching method and takes figure interpreting skills as the thread to link three parts：basic figure knowledge，figure interpreting skills and figure interpreting practice，which can guide students to summarize their experiences and apply them to the practice of figure interpretation. This lesson provides a practical complete teaching case for cultivating interpreting ability for MTI.

Key words：MTI；cultivation of the figure interpreting ability；task-driven method

①　**作者简介：**任琴，女，湖南永州人，湖南科技大学外国语学院英语笔译专业研究生；王慧，女，湖南湘乡人，湖南科技大学外国语学院副教授，硕士生导师。

②　**编制说明：**按照调研学习及当事人的要求，作者对案例所涉及的学校名称、人员及相关数据，做了必要的掩饰性处理；本案例仅供教学之用，无意提倡或暗示某种管理理念、方法或体制比其他的理念、方法或体制更为有效或合理。

一、背景信息

新中国成立以来，我国的外语院校培养了大批优秀的外语人才，其中一些成了优秀的翻译人才。但是，现行外语人才的培养模式在教育理念上偏重专业的学术性，对翻译的专业性和应用性重视不够。特别是 MTI 中英语笔译专业学生将自己的发展面只局限于笔译板块，忽视了自身的全面发展。在此背景下，我院在 MTI 课程中设立了"基础口译"这门课程。然而这门课程的教学往往会走向两个极端：一是只讲理论，专注于介绍翻译理论、口译标准，如卡尔精力分配模式；二是只重视实践，教师截取口译片段，要求学生现场口译，然后教师点评，要求学生改进。第一种教学只重知识的传授，不符合"应用型笔译专业人才"的培养目标；第二种教学只重实践，然而翻译文本种类繁杂，如若不了解历史背景、翻译理论、基本知识储备，就很难译出合格译文。特别是数字口译板块，中英文数字表达差距较大，译者很难在第一时间就将其准确译出，需要一定时间缓冲。数字口译作为口译教学的重难点，更应该拿出来进行重点教学。在口译人才培养中，传统的课堂教学因为学时有限、教学模式单一，很难发挥学生的主动性，学生对口译技能理解的深度、运用的熟练度、各模块综合训练的效果均受到一定限制。此外，在这两种教学模式中学生都处于被动接受的地位，很难形成师生之间和生生之间的良性互动。MTI 的培养目标为：培养具有专业口笔译能力的高级翻译人才。教学内容突出口笔译技能训练，重点培养学生的翻译实际操作能力，兼顾翻译理论素质和跨文化交际能力的培养。因此，如何培养 MTI 笔译专业研究生的口译能力，将翻译理论与实践能力有机结合起来，是我们要研究的课题。

本案例是来自 H 省 X 市 K 大学 2023 年 2 月 15 日 R 老师给 2022 级翻译硕士上的一堂课，课程内容是"数字口译技巧"，包括基础数字知识、数字口译技巧、数字口译实践三个板块的内容。R 老师在教学设计方面的创新性主要体现在：一是以学生的职业发展方向为导向，重在培养学生的翻译理论意识和口译实践技能，并将两者有机结合；二是以网络技术为依托，利用 Wechat 平台，让学生在课后也能进行讨论，促进学生的自主学习；三是在作业布置的环节，提供真实情景和实践平台，让学生积累实战经验，并培养团队协作精神；四是本课程重点是培养 MTI 笔译学生的口译能力，促使学生全面发展。

二、案例正文

（一）基础数字了于心，口译数字心有数

K 大学外语楼的钟声响起，22 级翻译硕士学生已坐在同声传译专用教室中，将笔记本摊开，有些在浏览前面所做的笔记，有些在讨论着什么，等待 R 老师开始上课。R 老师身着笔直西式套装站于讲台上，干练十足："同学们早上好，刚过完新年，也祝同学们新年快乐，学业有成。相信大家都知道咱们二十大的召开，我也在 2022 年 10 月 16 日的时候看见了同学们在微信上纷纷转发党的二十大开幕会的直播视频，当时就有很多同学在朋友圈称赞现场交传。那么接下来我们就播放一个交替传译的视频（见图 14.1）。这是在 2021 年 3 月 18 日举行的中美高层战略对话会上，中央政治局委员，中央外事工作委员会办公室主任杨洁篪连着输出了一段 16 分钟的临场脱稿发言。外交部翻译司的高级翻译张京一气呵成，畅快自如地完成了口译任务。张京沉稳大气、完整准确的翻译表达，充分地展现了新时代大国外交人员的风采。看完以后，我希望同学们能够跟我们分享一下自己的想法。"

图 14.1 视频页面：张京口译名场面

在视频播放完后，R 老师说道："有没有哪位同学自愿分享一下你的想法？主题不限，同学们不用紧张，我们只是随意地交流，没有对错之分。"

A 同学在听到 R 老师的话后，与 R 老师进行了眼神交流，便说道："老师，在看完这个视频后，我觉得张京译员真的很厉害。主任 16 分钟的即兴演说，张京老师竟然都翻完了。而且这是中美高层战略对话会，顶着这么大的压力还能翻译得那么顺畅，从容不迫是我们作为译员必备的一个技能。"

B 同学在 A 同学讲完后，立马举起了手，在得到老师的示意后说道："老师，我觉得 A 同学讲得非常有道理。但是我想说的是另外一点，就是译员的发音和语速问题。我注意到张老师的发音并不像英语母语者那样说话有大量的连读，而且语速跟我们平常讲话一样，就觉得很自然。"

在听完 A、B 两位同学的分享后，R 老师微笑着说："两位同学说得都不错，都有提到我们前面学过的内容。A 同学讲到译员的必备技能，B 同学提到了信息表达的流畅性。另外，B 同学提到的发音问题，我想在这里声明一点，口译主要的目的是帮助沟通和交流。只要普通话流利、表达力强、口齿清楚、意思到位，即使讲普通话有点地方口音，也不会影响从事口译工作。就像在汉英口译工作中，如译员能讲纯正的英式英语或美式英语诚然好，但是如果以从事口译为目标，只需要译员能说规范的英语（即educated English），清楚、达意，实现交流和沟通的目的①。但总体而言，两位同学都是讲的表达信息模块，口译过程一共分为三个阶段：听辨信息、记忆信息、表达信息。我们这节课的重点是三者的整合，单独把数字口译拎出来讲，从听辨数字到记忆数字再到表达数字，是我们这次课学习的内容。好的，现在我想请同学们分享一下自己对数字口译的看法，大家直接说就行，不用举手。我们只是简单地讨论，大家无需紧张。"

在听完 R 老师的提问后，C 同学率先发表自己对数字口译的看法："老师，我觉得数字口译是很难的，特别是很大的数字，一大串，很难反应过来。"

同学们纷纷点头。随即，D 同学说："老师，我觉得 C 同学说得非常对。但是我想补充两点：一是对于生疏的数字表达，如分数、序数词、倍数等数字，在翻译的时候总是反应不过来；二是记忆数字，刚刚老师您也说了，数字口译过程分三个阶段，听辨数字、记忆数字、表达数字。那我们应该如何记忆数字呢？"

R 老师随即微笑着说："看来大家在课前都做了一定的准备工作，而且上课也很认真，值得表扬。C 同学的问题也就是在听辨数字时产生的问题，D 同学的问题就是表达数字和记忆数字。两位同学的想法还是很到位的，概述了我们这节课将要讲的内容。那么由此我也就给大家介绍一下本节课

---

① 戴惠萍. 交替传译实践教程 上 [M]. 上海：上海外语教育出版社，2014.

的教学目标和教学重难点。我希望大家能够根据我们的教学目标为基准，在课中能够向其靠拢，课后检验自身的学习效果。"同时，R 老师运用多媒体教学课件展示了本节课的目标、重点和难点。课程目标：一是了解数字口译基础知识，学会听辨信息、记忆信息和表达信息；二是学会用翻译理论为指导对译文进行分析；三是了解数字口译需要注意的问题；四是将口译过程中及老师同学们的点评中所得的经验运用到数字口译翻译实践中。重点：学会听辨数字、记忆数字和表达数字。教学难点：如何在较短的时间内，准确无误地译出数字。

R 老师转过身说："现在请大家看幻灯片，下面 PPT 上将播放几个数字，我想请大家在第一时间将其口译出来。"（幻灯片上的数字顺序为 123；12345；123456789；0.9；0.000009；2023 年 9 月 20 日；3/2）

同学们跃跃欲试，回答声此起彼伏："one hundred and twenty three；twelve thousand three hundred and forty five.... zero point nine......"此时，R 老师说："果然，C 同学和 D 同学说得很对，大家对于不常见的数字反应很慢，特别是较大或较小的数字。其实直接展示给大家的数字口译不算难，类似于视译。这只是考验大家的数字表达能力，但在真实的口译场景中，大家需要听辨数字后再记忆数字，才能进行表达。好的，接下来进入本堂课的第二个环节，了解基础数字知识。"

R 老师在多媒体课件上展示基础基数词相关知识。（见图 14.2）

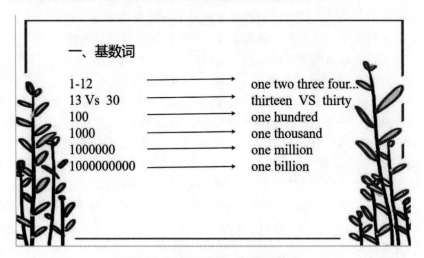

图 14.2　PPT 页面：基数词英译

切换课件后，R 老师说道："基数词就是我们日常生活中所熟悉的那些整数。比如1、2、3等，1至12都有其特定的表达，这个大家都如数家珍。那么我们就从最简单、最容易被忽视的讲起。对于英译中而言，十几（-teen）和几十（-ty）在数字听辨中往往给译员带来较大的困扰。最简单的是通过单词重音来区别。十几（-teen）的重音有两个，如十四（①four ②teen），重音位于 four 和 teen 两个音节上，而且十几的词尾-teen 的发音更清晰；而几十（-ty）的重音却只有一个，如60（①sixty），重音只在 six 上面，词尾-ty 的发音更模糊。下面的百、千、百万、十亿这些数字应该不用过多赘述了。但强调一点，当百、千、百万、十亿（hundred，thousand，million，billion）作为数字成分时，后面不加表示复数的 s，如900译作 nine hundred。英式英语和美式英语在表达数字时也存在差异，即在英式英语中百位和十位之间要用 and 连接，如果十位为零，则百位和个位间用 and 连接，而美式英语不用。如127的英式英语为 One hundred and twenty-seven，美式英语为 One hundred twenty-seven。大家请注意，在以 one 开头的大数字中，特别是在不正式场合或无需精确数字的情况下，可用不定冠词 a 或 an 来代替 one。如'他一次性买了100多张电影票'了。译为：He bought over a hundred film tickets at once. 在非正式的用法中，thousand 甚至可以用 hundred 来表示，如1100，1200有时可以读作 eleven hundred，twelve hundred 等，以此类推。①"

"这些是基础的基数词知识，但是刚刚测试过程中，发现同学们还是不熟悉时间的英译。那我们现在来加强一下时间的英译法。跟汉语中逐一读出数字的读年方法不同，英语中表达年份的方法有以下八种：

第一，一般情况下，将表示年份的四个数字按前后分为两组，每一组的数字都按基数词来读。例如：1865年译为 eighteen sixty five；1998年译为 nineteen ninety-eight。第二，如果前两个数字为非"零"数字，后两位数分别为"零"，则先译出前两位数，然后将后面的两个"零"译为 hundred。例如：1900年译为 nineteen hundred；1800年译为 eighteen hundred。第三，第三个数字为"零"（其他数字不是"零"）的年份的读法应当将该"零"读为 O。例如：1809年译为 eighteen o nine。第四，关于千年的一些译法：2000年译为 two thousand；2008年译为 two thousand and eight（或 twenty o eight）。第五，非四位数的年份，它们有两种译法：一作为基数词译，二作为一个个单独的数字译。例如：公元前531年译为

---

① 任文. 交替传译［M］. 北京：外语教学与研究出版社，2011.

five three one B. C.（或 five hundred and thirty-one B. C.）。第六，英文中有个专指"十年"的词 decade。二十年既可以叫做 twenty years，也可以叫做 two decades。第七，在表达年代意义时，如 in the nineteen eighties（in the1980s），即 20 世纪 80 年代。注意，1990 年属于 20 世纪，1880 年属于 19 世纪。在年代到世纪的转化中，有个"加一"的原则。英语中，如果要表示在一个年代的早期、中期和晚期，我们就在年代数字前加 early，mid 或 late。例如，in the early/mid/late 1980s。第八，此外，英文中还有一个专指"世纪"的词 century。例如，the 21st century，即 21 世纪。英文中也有一个数字专指千年，即 millennium①。

在时间的表达法中，十二小时制使用最为广泛。常见的表达方法有以下几种：一是直接按照表示时间的数字而译。例如：10：56 译为 ten fifty six；8：30 译为 eight thirty。二是正点后的前半小时，通常说几点"过"（past）几分。例如：9：25 译为 twenty-five past nine；2：16 译为 sixteen past two。三是正点后的后半小时，通常说几点"差"（to）几分。此时，所说的"几点"指的是"正点"后的下一个"正点"。例如：10：55 译为 five to eleven；twenty to nine 即 8：40。四是英语中的 15 分钟也可以说成"一刻钟"（a quarter）。例如：4：15 译为 a quarter past four；three quarters 即 45 分钟。"

同学们一边认真听着老师的讲解，一边认真做着笔记。讲完基本的基数词汉英互译知识后，R 老师要求学生做一个巩固练习："同学们，我们现在已经基本了解了基数词的翻译。熟能生巧，因此在这里我们做一个巩固练习。希望这次大家能够以较快的速度将其译出。"

在经过学习后，学生能快速译出时间及基本的基数词，但对较大的数字还是不够熟练。

随即，R 老师说道："不论做什么，都不能一蹴而就。因此大家现在不能立马译出来是很正常的事情。况且现在还未学到数字口译技巧，所以大家也不要气馁。好的，现在学完了最常见的基数词及时间的中英文表达。那接下来我们讲学习序数词、小数、分数、倍数。请大家看向幻灯片。"（见图 14.3）

---

① 任文. 交替传译［M］. 北京：外语教学与研究出版社，2011.

图 14.3　PPT 页面：序数词英译

"序数词是表示顺序的数词，如第一、第二等。除了四个特殊的序数词 first，second，third，fifth，其他的序数词都是在基数词词尾加-th。ninth，twentieth 等词在拼写上有区别，但在口译过程中差别不大。注意，基数词前一般要加定冠词 the。在谈论编了号的事物时，我们有时用基数词表达。比如说 number one—No. 1，Room One—1 号房间。在数字口译中，我们最有可能遇到序数词的情况就是排名，如比赛名次等。'排名第几'常常用不带定冠词 the 的序数词来表达，方法主要有 4 种，课件上展示了四种，be 动词、rank 的主被动形式、come、finish 等可加序数词表排名。有没有同学可以举个例呢？"R 老师问道。

F 同学自告奋勇："Richards finished second in the World Athletic Final 2000 last week to her compatriot Allyson Felix. 老师，我这里用的是 to finish＋序数词的形式。在这种表达方式后，通常可以用介词 to 表示负于谁。"

"F 同学举的例子很好。我发现大家对数字口译都挺感兴趣的，好像都做了一定的准备。"R 老师赞许地点了头。"学习完序数词，我们接下来学习分数和小数。"R 老师说完后立马切换至下一张 PPT。（见图 14.4）

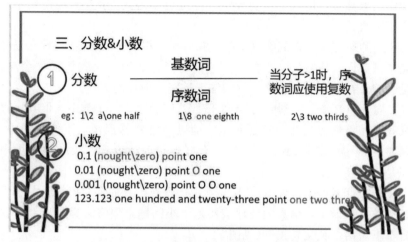

图 14.4　PPT 页面：分数 & 小数英译

"基数词和序数词合用可表示分数。分子用基数词，分母用序数词。若分子大于一，表分母的序数词则要使用复数。如：1/2，a/one half；2/3，two thirds；1/8，a/one eighth，但大家注意，在口语中，像 1/2，1/3 这样的分数，都常用不定冠词 a 来代替 one half/quarter/third 中的 one。但像 1/8 或 1/16 这种比较精确的分数，则使用 one。那么有同学知道，如何翻译复杂的分数呢？比如 40/75 如何翻译呢？"

A 同学说："老师，这个我知道，直接说 forty seventy-five"

"其实 A 同学说的也没错，但有时候会造成误解，特别是中英文化相差较大的情况下。正确的处理方式是，先说分子的基数词形式，然后用介词 over 表示分数线，再说分母的基数词形式。所以 40/75 应该译为 forty over seventy-five。当分母比较大时，我们甚至可以逐一读出分母的每一位，如 5/123，five over one hundred and twenty-three 或 five over one-two-three。带分数又怎么处理呢？在英语里，我们先说其整数部分，再说其分数部分，中间用 and 连接五又三分之一应译为 five and a third" R 老师补充道。"分数的知识点虽然很少，但还是存在一定的难度。在英语中，小数点前的数字按一般基数词的读数原则读。小数点读作 point，千万不要念 dot！数字 0 有两种表达法。如果它在小数点前，英式英语读作 nought，美式读作 zero；在小数点后，读作字母 O。小于 1 的小数，常常可以省略小数点前的 nought 或 zero。例如：0.1（nought）point one；0.01（nought）point o one；0.001（nought）point oo one；123.123 one hundred and twenty-three point one two three。另外，我补充一点，百分数相信大家都会，即数字加 percent，在此就不再赘述，感兴趣的同学可自行查找资料。"

R 老师站起来，走到教室中间，并向大家提了个问："我们现在已经讲解完了基数词、序数词、小数、分数，还有什么数字是我们平常会遇到，但是我们又在潜意识里并不把它归结于数字这一块的呢？"

E 同学回答道："老师，是不是倍数？因为也有一个数字，但其实很多时候我接触倍数都是在语法题目里，而且经常容易混淆，不像我们中文，只需要说大/少/多/小多少倍，英文有好多种表达方式，长度和数量用的都不是一个表达式。"

R 老师点了点头，说道："E 同学说得很对，我们要介绍的下一个内容就是倍数。口译中，倍数的处理虽然是个小问题，但常常容易出错，我们来看看下面两个英文句子"（见图 14.5）。

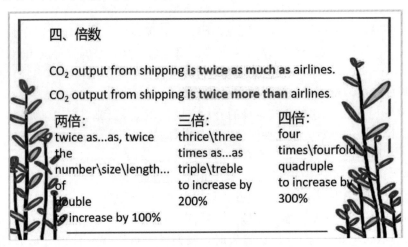

图 14.5　PPT 页面：倍数英译

"这两个英文句子，一个使用了形容词原级，另一个使用了比较级，它们的意思却是一样的。第一句话在传译过程中一般不会出什么问题：'航运过程中排出的二氧化碳是空运的两倍'。译第二句就得小心。若译为"航运过程中排出的二氧化碳比空运多两倍"，便产生了歧义，即'多两倍'是两倍还是三倍？事实上，大多数英语母语者更习惯第一句的表达方式。第二句在语法上无误，但语感上比较奇怪。其实，在英汉两种语言里，都有不少固定的倍数表达方式。只要在口译前做足功课，就可以应付自如。倍数的表达其实不难，常见的倍数已经在课件上展示了，比如两倍就是 twice as... as, twice the number/size/length... of; double; to increase by 100%。四倍以上就以此类推即可，比如说八倍 8-fold increase。但问题是汉语的倍数表达与英文表达有差别。有同学可以说说吗？"

此时，B 同学站了起来，答道："老师，我所了解的汉语的倍数表达有翻倍、翻番。"

"增加、减少多少" F 同学补充。

R 老师非常赞许地点了点头，说道："同学们说得很对，翻两番，就是两次翻倍。$1 \times 2 \times 2 = 4$，最终结果是原来的 4 倍，但'一番'代表'两倍'，也就是说奇数词是不能用'番'来表示；翻两倍，就是两次增加一倍，$1 + 1 + 1 = 3$，最终结果是原来的 3 倍；翻倍，就是增加一倍，$1 + 1 = 2$，最终结果是原来的 2 倍；涨两倍，就是一次增加两倍，$1 + 2 = 3$，最终结果是原来的 3 倍。比如说，年产值 1000 万，翻一番是 2000 万，翻二番是 4000 万，翻三番是 1000 乘以（2 的 3 次方=8），结果是 8000 万；年产值 1000 万，翻两倍是 3000 万，翻三倍是 4000 万，翻四倍就是 5000 万。同学们，我们的基本数字知识就讲解完了，大家在今后的口译实践中要注意运用我们今天讲到的方法。"

> **教学评价：** 任务驱动的教与学的方式，围绕任务展开学习，以任务的完成结果检验和总结学习过程，改变学生的学习状态，使学生主动建构探究、实践、思考、运用。在此教学环节中，学生最容易觉得枯燥乏味，学生可能会仗着自己的基础而选择不认真听讲。因此在导入环节中，R 老师首先播放了张京译员现场交传视频，引起学生对张京译员及交传的崇拜和兴趣。自然而然地激发了学生的求知欲，使他们怀着"我怎样学习才能成为像张京老师一样优秀的译员"的梦想，认真听老师讲解。这也就完成了任务驱动的第一步。在讲解过程中，R 老师有强有略，给学生创设了多个问题，让学生思考，后加以补充，有意识地激发学生对数字口译的兴趣。同时，R 老师深信学习加实践才能出真知，因此在学习了新知识后都会让学生加以练习，巩固所学。第一阶段通过数字的强化训练，让学生熟悉并内化中英数级差异机制，做到迅速准确地进行数级转换。教师可先列出图表展示差异，指出难点在于汉语中的有些单位在英语中没有对应的表达，必须转为对应数字，并将这种数字互译形式固定在脑子长时记忆里，从而内化数级差异的机制。整个知识介绍的过程中，有问有答，形成了探讨学问的良好氛围。

(二) 数译技巧心中记，轻松译出想错难

接着，老师将学生分组，并给各小组布置数字翻译任务。完成之后，R 老师说道："刚才，我们对基础数字知识有了初步的了解，并且老师了解到有些同学有口译的经验，甚至有些同学还实习当过口译员，老师很支持你们在日常生活中多积累，多实践。今天的数字口译对同学们来说，应该也不会太陌生，大家在自己翻译的过程中以及和小组成员谈论的过程中，有没有遇到一些疑问呢？"

G 同学挠了挠头，小声地说："老师，其实我觉得单纯地译数字不难，难就难在如果译文是很长的一篇，里面包含很多数字。刚刚的翻译练习里面就有一小段材料，里面包含了很多数字，虽然数字很小，但还是记不全。"

R 老师点了点头，说："这确实是数字口译过程中比较常见的问题。我们数字口译为什么难，其实主要有两个原因，一是主观原因。数字信息所携带的信息量要比一般的语义信息所携带的信息量大出约 20 倍。这意味着，译员在进行数字口译时很可能要承受比一般性政治演讲口译高出许多的信息压力。而且，数字信息相对一般的语义信息而言具有比较显著的信息单位之间的'割断'特征，译员很少有凭借上下文预测待译数字信息①。数字的这种高信息量、低相关性、低冗余度通常造成译员心理过载。换言之，由于口译是瞬间的语言转换活动，译员遇到大量数字，必将给其造成极大的信息处理负担。译员所承受的压力之大是可以想象的。因此，即使是在国际会议中也常有数字错译或漏译现象。二是客观原因。'数级差异'带来的干扰。众所周知，汉语与印欧语系互译时存在数字换算的数级差异问题。汉语中'万'以上数字由四位一组进位组合，而英语中却是三位一组进位组合，这种双语数字进位或组合不一致造成的数级差异会干扰译员思路并带来额外负担，错误也常常因此产生②。"

听到 R 老师的讲述数字口译困难的原因，同学们十分赞同地猛点头，F 同学迅速地提问道："那老师，我们应该怎么样攻克这些困难呢？"

R 老师答道："这个问题也就是我们这个环节要讲的内容了——数字口译技巧。"同时，R 老师切换了课件。（见表 14.1）

---

① 黄建凤. 数字口译探究 ［J］. 中国科技翻译，2006，（01）：26—27.
② 杨莉. 数字口译教学探究 ［J］. 中国科技翻译，2010，23（04）：38—40

表 14.1 数字口译技巧

数字翻译很简单，看似麻烦满头乱；四字口诀记心间，轻松译出想错难			
一百以内	One two three...	注意区分-teen &-ty	
百 hundred	千 thousand	英语在百位和十位之间要加 and，美语不用	Eg: 207——英语：two hundred and seven；美语：two hundred seven
万、十万等在英语中无对应单位，需转换	汉：四位制计数法 英：三位制计数法	个十百千万亿兆 h th m b tr	点三杠四法
四字口诀：必须跟读，四位一空，不足零补（如何记录数字）			

R 老师开始专注讲课："在交传中，对付数字口译目前最有效的方法仍然是记笔记。释义派理论主要代表人物达妮卡·塞莱斯科维奇也认为，数字、专有名词、技术术语、题目等必须用笔记才能有效地保存下去，因为人的脑力是有限的①。因此，如何迅速、准确地记录源语数字，是数字口译的成败所在。首先我给大家说一个老师自创的顺口溜，希望能够帮助大家有效记录数字——数字翻译很简单，看似麻烦满头乱；四字口诀记心间，轻松译出想错难；必须跟读，四位一空，不足零补。总结数字口译的笔记法，主要有以下类型。一是'表格'或'标尺'法，即提前做好数级'表格'或'标尺'，并清楚地标出中文和英文的数位，在口译时将数字填进相应的位置即可。但是只适用于初学者熟悉数级转换，缺陷在于操作性不强，较为死板，在即时性上也有所缺失。二是直接使用阿拉伯数字笔记，不采用任何符号。这样做虽然避免开了数级，但在出现多位'零'时会有所不便。三是数字加缩略语法。主要是用阿拉伯数字结合'B'、'M'、'K'等缩略语来记录，在听辨原语的同时立即译成译语，如'seven billion thirty five million nine hundred and twelve thousand four hundred and fifty six'记录成'7B35M912K456'。前提是译员已经非常熟悉数级的转换，基本功硬，缺陷在于读成汉语时依然要进行再次转换。四是小数点法。该法主要用小数点将较大或较复杂的数字转化成单位较少、相对简单的数字。如'八百三十四万两千'可记录成'8.342M'；又如

---

① 塞莱斯科维奇 D，勒代雷 M. 口译训练指南［M］. 北京：中国对外翻译出版公司，2007：56.

'九亿七千万'可记录成'0.97B'。 '三十二亿六千五百万'记录为'3.265B'。此法适合于多位整数的口译。五是分节号记录法。此法用分节号表示单位,从千位开始每节换一个单位,并且在书面形式上用逗号隔开。如'千'用一个分节号',' 表示;'百万'用两个分节号',,' 表示,'十亿'用三个分节号",,," 表示。适合于英译中,译员在听到英语数字时,可以迅速根据其节数分档,将数字放入相应的挡位中,如'five thousand two hundred'可记录为'5, 2', 'seven million',可记录为'7,,' 'one billion three hundred and twenty million'可记录为'1,,, 320,,'。缺点是需要译员牢记转换规则,否则容易出错。六是'点三杠四'法,也称'点线法',即英文三位一组记录,汉语四位一竖记录,这也是目前普遍认可并推广的方法。中译英如'十二亿七百二十一万四百七十二'可先记录为'12/0721/0472',再打逗号记录为'1, 2/07, 21/0, 472'译出。英译中如'Five hundred forty-nine million nine hundred forty-six thousand seven hundred and sixty-eight square meters'则可先记录为'549, 946, 768',再划线记录为'5/49, 94/6, 768'译出。此法将数字化繁为简,分割记录,一目了然。总之,无论哪种方法,数字口译的笔记必须简单、方便、迅速、易辨,否则便难以面对数字信息所带来的强大压力。大多数译员都会对数字做笔记,而越是经验丰富的译员,在口译数字时越感到轻松,越没有压力。译员们所用方法不一,最常用的是数字加缩略语法、小数点法以及点线法三种。可见,数字口译笔记完全不必多法兼顾,只需根据自己思维习惯,熟练掌握其中一种即可[①]。"

　　在学习完如何记录数字后,R 老师翻动 PPT。PPT 上呈现了各种各样的数字,包括基数词、序数词、分数、小数、倍数等。老师让学生利用刚刚所学的几种记录方法,选择自己最感兴趣的一种进行记录。

　　教学评价:第二阶段教师介绍了数字口译的不同笔记方法,引导学生找出自己最擅长的一种。这种训练在课堂上充分调动了学生思维的积极性,同时也锻炼了学生思维的灵活性,提高了数字敏感度和处理能力。通过训练,有的同学发现自己用数字加缩略语法最方便,有的则发现点线法最便捷,最终学生可形成一套个人较为固定的数字口译法。

---

①　杨莉. 数字口译教学探究［J］. 中国科技翻译,2010,(04):38—40.

（三）数译技巧开口练，口译能力方养成

在数字口译技巧告一段落之后，进入了本课的最后一个环节，也就是进行口译实践。大家都准备好了纸笔，跃跃欲试。R 老师说："今天我们在课堂上要练习两篇材料，一个较短，另一个较长。首先我们要进行的是短篇章数字口译，在开始前，先做一下词汇准备，the average life expectancy 人均寿命，the new rural medical project 新农村合作医疗，也就是我们现在说的 New Rural Cooperative Medical System。我想请两位同学上台，在黑板上记录后现场口译。如果没有自告奋勇的同学，就学号为 6 和 16 的两位同学上台进行交替传译训练。"学生们开始动笔，老师在座位间来回走动，认真看着他们的笔记。

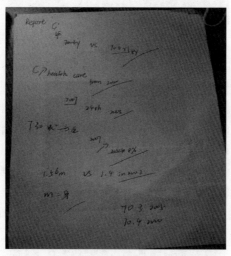

图 14.6　学生练习页面：Z 同学口译笔记

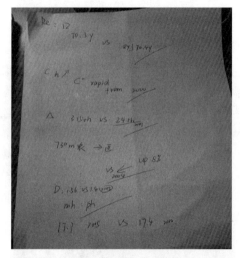

图 14.7　学生练习页面：H 同学口译笔记

"同学们，请注意，大家注意看 Z 同学（见图 14.6）和 H 同学（见图 14.7）的笔记。我们先不说正确与否，首先我们说笔记法。两位同学都运用了纵向笔记法，而且信息层都用横线或者斜线划分出来，对于非平级的信息则采用了内错的方式表现。这样，信息间的逻辑关系就可以通过不同位置展现出来。口译员也可以借此获得更直观的篇章意思。所以两位同学都使用了正确的笔记法，这是值得表扬的一点。第二点要说的是，内容的正确性。Z 同学的笔记中写 2005 年我国平均寿命增长至 70.3，而 H 同学写的是 17.3。到底是 70 还是 17 呢？这个就涉及在第一环节我们学习的基础数字知识，-teen 和-ty 的区别。十几有两个重音，而几十只有一个重音。我们现在反复听，大家看看到底是 70 还是 17"R 老师点评道。

随后，R 老师反复播放视频片段。

"70。"

"17。"

R 老师笑了笑："我听到了两种不同答案。经过反复地听，其实正确答案是 70，如果大家分辨不出重音的话，也可以从我们所听的内容中推测到底应该是 70 还是 17。这里讲的是中国的人均寿命在 2007 年的时候由最初的 2000 年的 70.3 增加至 70.4。人均寿命怎么说都不可能是 17.4 的数值。"

D 同学听完后，立马向老师提问："口译培训中说笔记的记录应该是纵向内缩，可是我就是习惯横着写，一定要改变吗？"

　　R 老师笑了笑便答道："口译笔记的目的是服务于口译，而不是为了记录而记录。纵向内缩式笔记法，在记笔记的同时已经开始为之后的口译作准备。从语言框架到内容已经开始向译入语转换，这个模式是职业译员多年经验的总结，避免了许多横向笔记可能出现的问题，如数字张冠李戴或找不出句子重点。建议可以缩小笔记纸张宽度到一眼可见的范围，慢慢培养良好的口译笔记习惯。现在给大家 10 分钟的时间，看视频，做笔记，在停顿处口译。"

　　十分钟过去了。R 老师说："时间有限，所以如果还有同学没有完成口译任务，下课后利用空闲时间完成。现在我们要继续练习第二篇材料，这篇材料是关于汽车，Shanghai General Motors Company Recalling Cars。其中 Regal 君威，LaCrosse 君越都是通用集团生产的汽车，大家注意词汇积累。看视频，做笔记，分组口译。还是跟上次一样，我想请两位同学上台记录并现场口译。这次有自告奋勇的同学吗？"

　　F 同学和 A 同学举起了手，并自信地走向讲台。

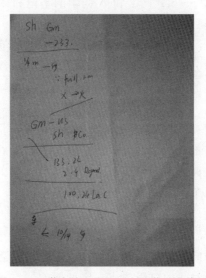

图 14.8　学生练习页面：F 同学口译笔记

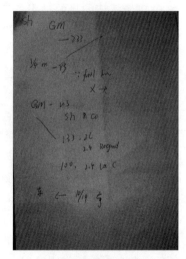

图 14.9　学生练习页面：A 同学口译笔记

　　"有同学愿意点评一下 F 同学和 A 同学的笔记和译文（见图 14.8、图 14.9）吗？" R 老师问道。

　　B 同学站了起来，说："老师，我觉得 A 同学的笔记更好，虽然我们刚刚说需要横线加以分隔信息层，但我觉得 F 同学横线太多，看起来很杂乱，反而缺乏逻辑性的感觉。另外，两位同学都很棒，都能把数字准确地记录下来。"

　　R 老师赞赏地点头说："B 同学说得很好。但笔记是不分好坏，我们作为旁观者看不看得懂都无所谓，主要还是译员自己能看懂即可。那除了笔记，还有其他同学点评一下两位同学的口译吗？"

　　全场鸦雀无声。于是 R 老师笑着说："既然如此，不如我们请 F 同学自己点评一下自己的口译，如何？"

　　F 同学临危受命，说道："我非常感谢老师给我这个机会。那我就简单地说两点，一是口音问题。我是 X 市本地人，所以说话的时候带一股 X 市口音。我想这可能会对我的口译造成一定的影响。二是我在翻译的时候很怕说错，所以我很重视保证翻译质量，所以我口译就说得很慢。有时候为了目标与表达流畅我会改变源语信息，就跟我们笔译的'信、达、雅'一样，我首先确保的是达。我也不知道这样正确与否，烦请老师指正。"

　　R 老师答道："口译的首要标准之一是完整准确，其他的质量标准都是建立在这一基础之上的。大家所谓的'口译感觉'更多的是在谈语言表达和口译风格。这些对于一个成功的专业译员来说非常重要。但是在目前的学习阶段，必须以信息的完整准确为第一要求。在语速上，一开始宁可慢一点，但是要注意语言简洁、语气连贯。逐渐熟练后，可以讲究语言节奏和速度，达到译文比原文稍短的要求。同时，这要看口译受众的要求以及源语信息的修改程度。比如，政治类翻译要求严谨，若用词不当，可能会引起国际争端，因此绝对不可为表达流畅而改变源语信息。而一般商务陪同可以在不影响主要意思的前提下，对表达作稍许修改，提高语言流畅性。某些庆典类活动为了烘托气氛，译入语的表达可以更为自由演绎。①"

距离下课时间还有五分钟，R老师说："好的。时间关系，大家课后都仔细修改一下自己的笔记，发到微信群中，我分别给大家点评。此外，下节课我们要做一个活动。所有的同学分为两组，选出本组认为最好的笔记，大家一起修改。下次课我希望大家能够做一个现场口译表演。大家回去准备好，下节课我们到本科生的口译实训课堂上去展示，由他们选出优胜者。"R老师顿了顿继续说："最后，我们总结一下今天我们学习的知识。"大家跟着老师一起回忆，"第一，掌握基础数字中英文表达及转换技巧；第二，掌握数字口译技巧，重点学习的是如何记录数字；第三，培养数字口译实践能力及译员素质。我们今天的课堂学习结束，大家课后有什么问题可以在微信群中留言。"

教学评价： 数字加信息综合训练。在学生熟练掌握了数级差异，并有了一定数字口译技巧之后，第三阶段就是数字加信息综合训练。刘宓庆认为，口译行为是一种语际解释行为，它的根据是原语的语言符号化表现，通过对语言符号化表现的解释，获得对原语意义的理解②。可见，在口译中，意义的传达必不可少。孤立的数字除了大小没有实际意义，在口译中，数字通常与相关信息结合产生意义，因此，数字口译必须结合信息练习。可将数字带上度量衡单位，如长度、面积、体积、重量等不同单位，通过练习，让学生熟悉常用的英美制和公制单位。再将数字信息放入语段之中，将数字训练穿插在笔记和记忆训练之中，以提高口译综合能力。

---

① 戴惠萍. 交替传译实践教程 上［M］. 上海：上海外语教育出版社，2014.
② 刘宓庆. 口笔译理论研究［M］. 北京：中国对外翻译出版公司，2004.

三、总结

数字口译为什么难，难就难在口译数字的准确性。在数字口译实践中，汉英数字表达相差较大，难以第一时间分辨。因此在进行翻译的时候，必须要精准、科学、恰当地来进行翻译，确保翻译结果的准确无误。只有这样才能够实现信息的正向输出。本堂课，采用任务驱动教学法，以数字口译技巧为主线，串联三个教学环节，基本涵盖数字口译各种情况，提出了具有实操性的数字口译技巧，引导学生在理论学习中注意总结，在口译实践中学习理论并加以运用。学生在教师的帮助下，紧紧围绕数字口译中心，通过对学习资源的积极主动应用，进行自主探索和互动协作的学习，并在完成既定任务的同时，产生强烈学习兴趣。R 老师的这堂数字口译课为英语笔译专业学生的口译能力培养教学提供了一个真实完整的教学案例。从中我们可以获得一些有益启示：第一，数字与口译的紧密结合，提高自身的专业度；第二，将课堂还给学生，以学生为主，教师为辅，注重培养学生通过自主学习、合作探究发现知识的能力，让学生享受通过自己思考获得的成就感；第三，升华教学内容，将理性认知上升为思维意识的培育，保持学生对口译的好奇心；第四，打破了笔译专业研究生不会口译的刻板印象，促使笔译方向研究生的全面发展。

案例思考题

1. 本案例中 R 老师主要介绍了一些基础数字知识，是否还有没有被介绍到的内容？比如说俗语中存在的数字应该如何翻译？

2. R 老师在第二个教学环节介绍了笔记法，学生是怎么在口译实践中运用这种方法的？

3. R 老师是如何激发学生的求知欲和积极性，形成与学生的良性互动的？

4. R 老师是如何将口译的理论与学生的口译翻译实践相结合进行教学，并且用教学理论对实际教学过程中存在的难点以及问题进行解释，从而保证翻译教学活动顺利进行的？

四、案例使用说明

（一）适用范围

适用对象：MTI 教师、翻译硕士、翻译专业本科生。

适用课程：MTI 基础口译、BTI 口译概述、翻译专业教师发展。

（二）教学目的

1. 启发学生丰富自己的翻译实践经历，尽可能全面发展。

2. 提高学生独立思考、发现问题、团队合作等各方面的能力。

3. 充分发挥教师授业解惑的作用，对学生在实践中遇到的问题进行解答，充分发挥学生主体性，不是一味灌输知识，而是引导学生自发思考。

4. 验证本案例的教学模式的可行性和有效性：提出问题—译例分析—讨论总结—评价与反思。

（三）关键要点

1. 相关理论

任务驱动教学法是一种建立在建构主义学习理论基础上的教学法。它将以往以传授知识为主的传统教学理念，转变为以解决问题、完成任务为主的多维互动式的教学理念；将再现式教学转变为探究式学习，使学生处于积极的学习状态，每一位学生都能根据自己对当前问题的理解，运用共有的知识和自己特有的经验提出方案，解决问题。

2. 关键知识点

实践问题的解决办法、任务驱动型教学、口译教学设计、评价与反馈。

3. 关键能力点

对口译材料进行加工，引导学生发现问题、分析问题、解决问题。在理论学习的过程中，注意分析有关实践的问题并总结有关经验。

4. 案例分析思路

通过分析 R 老师在课堂上对学生实践的分析以及实例的讨论，引导翻译专业教师与教研员在翻译教学中运用任务驱动型教学法，实现学生问题意识和解决能力的提高，为翻译专业教师创新课堂教学设计提供借鉴。

（四）教学建议

1. 时间安排：研究生标准课两节（45 分钟＋45 分钟）。

2. 环节安排：课前预习与准备→老师讲解→根据教学情境小组合作讨论，解决问题→各组代表小结并汇报→师生共同研讨→课后笔记总结。

3. 人数要求：20 人左右的班级教学。

4. 教学方法：以学生合作探究为主，以教师讲授点评为辅。

5. 工具选择：同声传译专用教室，其他工具根据教学内容而定。

6. 活动建议：

（1）课前要求学生自行搜集相关课程内容资料，进行初步了解，教师也要根据教学内容进行教学情境的初步构建。

（2）上课过程中让学生分小组合作完成任务，并进行汇报，尽量让更多的学生参与课堂，教师准备好点评资料和提纲。

（3）下课后学生给予评价与反馈，教师及时进行教学反思，总结得失，以便改进后续的教学行为。

（五）推荐阅读

［1］戴惠萍. 交替传译实践教程 上 ［M］. 上海：上海外语教育出版社，2014.

［2］塞莱斯科维奇 D，勒代雷 M. 口译训练指南 ［M］. 北京：中国对外翻译出版公司，2007.

［3］黄建凤. 数字口译探究 ［J］. 中国科技翻译，2006，（01）：26－27.

［4］刘宓庆. 口笔译理论研究 ［M］. 北京：中国对外翻译出版公司，2004.

［5］杨莉. 数字口译教学探究 ［J］. 中国科技翻译，2010，（04）：38－40.

［6］刘建军，肖德法. 英－汉同声传译中的数字口译错误：一项基于2008 年天津达沃斯世界经济论坛口译语料的实证研究 ［J］. 外语教学理论与实践，2010，（04）：90－96.

［7］任文. 交替传译 ［M］. 北京：外语教学与研究出版社，2011.

［8］王军. 中英交替口译中繁复数字的笔记及传译技术初探 ［J］. 北

京第二外国语学院学报，1995，（06）：52—59.

　　[9] 谢玥. 吉尔精力分配模式下交替传译中数字口译研究 [D]. 大连：辽宁师范大学，2013.